墨人著

本全集保留作者手批手稿

墨人博士作品全集【全60冊】

第三十五冊　龍鳳傳

文史哲出版社印行

國家圖書館出版品預行編目資料

墨人博士作品全集 / 墨人著 -- 初版 -- 臺北
市:文史哲, 民 100.12
頁： 公分
ISBN 978-957-549-987-7 (全套 60 冊：平裝)

1.現代文學 2. 中國文學 3.別集

848.6　　100022602

墨人博士作品全集【全60冊】

第三十五冊　龍鳳傳

著　　者：墨　　人
出 版 者：文史哲出版社
http://www.lapen.com.tw
登記證字號：行政院新聞局版臺業字五三三七號
發 行 人：彭　正　雄
發 行 所：文史哲出版社
印 刷 者：文史哲出版社
臺北市羅斯福路一段七十二巷四號
郵政劃撥帳號：一六一八〇一七五
電話886-2-23511028・傳真886-2-23965656

【全60冊】定價新臺幣 36,800 元

中華民國一百年（2011）十二月初版

ISBN 978-957-549-987-7　　08992

墨人博士著作品全集　總　目

一、散文類

二、長篇小說

三、中短篇小說散文合集

四、詩詞及論評

附：外篇

墨人的一部文學千秋史

張萬熙先生，筆名墨人，江西九江人，民國九年生。爲一位享譽國內外名小說家、詩人、學者。歷任軍、公、教職。六十五歲始自從國民大會簡任一級加年功俸的資料組長兼圖書館長公職崗位退休，但已是中國文壇上一位閃亮的巨星。出版有：《全唐詩尋幽探微》、《紅樓夢的寫作技巧》、二百九十多萬字的大長篇小說《紅塵》、《白雪青山》、《春梅小史》；詩集：《哀祖國》；散文集：《小園昨夜又東風》……。民國五十年、五十一年連續以短篇小說，兩次入選維也納納富出版公司出版的《世界最佳小說選集》。七十歲時自東吳大學中文系教席二度退休，仍著述不輟，爲國寶級文學家。墨人博士在臺勤於創作六十多年（在大陸時期已創作十年），並以其精通儒、釋、道之學養，綜理戎機、參贊政務、作育英才，更以其對傳統文學的精湛造詣，與對新文藝的創作，在國際上贏得無數榮譽，如：美國世界大學榮譽文學博士、美國馬奎士國際大學榮譽文學博士、美國艾因斯坦國際學院榮譽人文學博士（包括哲學、文學、藝術、語言四類）、英國劍橋國際傳記中心副總裁（代表亞洲）、英國莎士比亞詩、小說與人文學獎得主，現在出版《全集》中。

壹、家世．堂號

張萬熙先生，江西省德化人（今九江），先祖玉公，明末時以提督將軍身份鎮守雁門關，蒙古騎兵入侵，戰死於東昌，後封爲「河間王」。其子輔公，進士出身，歷任文官。後亦奉召領兵「三定交趾」，因戰功而封爲「定興王」。其子貞公亦有兵權，因受奸人陷害，自蘇州嘉定（即今上海市一區），謫居潯陽（今江西九江）。祖宗牌位對聯爲：嘉定源流遠，潯陽歲月長；右書「清河郡」、左寫「百忍堂」。

貳、來臺灣的過程

民國三十八年，時局甚亂，張萬熙先生攜家帶眷，在兵荒馬亂人心惶惶時，張先生從湖南長沙火車站，先將一千多度的近視眼弱妻，與四個七歲以下子女，從車窗口塞進車廂，自己則擠在廁所內動彈不得，千辛萬苦的從湖南長沙搭火車南下廣州，從廣州登商輪來臺。七月三日抵基隆，由同學顧天一先生，接到臺北縣永和鎮鄉下暫住。

參、在臺灣一甲子奮鬥的過程

一、初到臺灣的生活

家小安頓妥後，張萬熙先生先到臺北萬華，一家新創刊的《經濟快報》擔任主編，但因財務不濟，四個月不到便草草結束。幸而另謀新職，舉家遷往左營擔任海軍總司令辦公室秘書，負責紀錄整理所有軍務會報紀錄。

民國四十六年，張先生自左營來臺北任職國防部史政局編纂《北伐戰史》（歷時五年多浩大工程，編成綠布面精裝本、封面燙金字《北伐戰史》叢書），完成後在「八二三」炮戰前夕又調任國防部總政治部，主管陸、海、空、聯勤文宣業務，四十七歲自軍中正式退役後轉任文官，在臺北市中山堂的國民大會主編研究世界各國憲法政治的十六開大本的《憲政思潮》，作者、譯者都是台灣大學、政治大學的教授、系主任，首開政治學術化先例。

張先生從左營遷到臺北大直海軍眷舍，只是由克難的甘蔗板隔間眷舍改爲磚牆眷舍，大小一般，但邊間有一片不小的空地，子女也大了，不能再擠在一間房屋內，因此，張先生加蓋了三間竹屋安頓他們。但眷舍右上方山上是一大片白色天主教公墓，在心理上有一種「與鬼爲鄰」的感覺。張夫人有一千多度的近視眼，她看不清楚，子女看見嘴裡不講，心裡都不舒服。張先生自軍中假退役後，只拿八成俸。

張先生因爲有稿費、版稅，還有些積蓄，除在左營被姓譚的同學騙走二百銀元外，剩下的積蓄還可以做點別的事。因爲住左營時在銀行裡存了不少舊臺幣，那時左營中學附近的土地只要三塊多錢一坪，張先生可以買一萬多坪。但那時政府的口號是「一年準備，兩年反攻，三年掃蕩，五年成功。」張先生信以爲真，三十歲左右的人還是「少不更事」，平時又忙著上班、寫作，實在不懂政治、經濟大事，以爲政府和「最高領袖」不會騙人，五年以內真的可以回大陸，張先生又有「戰士授田證」。沒想到一改用新臺幣，張先生就損失一半存款，呼天不應。但天理不容，姓譚的同學不但無后，也死了三十多年，更沒沒無聞。張先生作人、看人的準則是：無論幹什麼都是「誠信」第一，因果比法律更公平、更準。欺人不可欺心，否則自食其果。

二、退休後的寫作生活

張先生四十七歲自軍職退休後，轉任台北市中山堂國大會主編十六開大本研究各國憲法政治的《憲政思潮》十八年，時任簡任一級資料組長兼圖書館長。並在東吳大學兼任副教授二十年、香港廣大學院指導教授、講座教授、指導論文寫作、不必上課。六十四歲時即請求自公職提前退休，以業務重要不准，但取得國民大會秘書長（北京朝陽大學法律系畢業）何宜武先生的首肯，六十五歲依法退休。當時國民大會、立法院、監察院簡任一級主管多延至七十歲退休，因所主管業務富有政治性，與單純的行政工作不同，六十五歲時張先生雖達法定退休年齡，還是延長了四個月才正式退休，何秘書長宜武大惑不解地問張先生：「別人請求延長退休而不可得，你為什麼反而要求退休？」張先生答以「專心寫作」，何秘書長才坦然不疑。退休後日夜寫作，因胸有成竹，很快完成了一百九十多萬字的大長篇小說《紅塵》，在鼎盛時期的《臺灣新生報》連載四年多，開中國新聞史中報紙連載最大長篇小說先河。但報社還不敢出版，經讀者熱烈反映，才出版前三大冊。當年十二月即獲行政院新聞局「著作金鼎獎」與嘉新文化基金會「優良著作獎」，亦無前例。《台灣新生報》又出九十三章至一百二十二章，只好名為《續集》。墨人在書前題五言律詩一首：

浩劫未埋身，揮淚寫紅塵，非名非利客，孰晉孰秦人？

毀譽何清問？吉凶自有因。天心應可測，憂道不憂貧。

二〇〇四年初，巴黎 **youfeng** 書局出版豪華典雅的法文本《紅塵》，亦開「五四」以來中文作家大長篇小說進入西方文學世界重鎮先河。時為巴黎舉辦「中國文化年」期間，兩岸作家多由政府資助出席，張先生未獲任何資助，亦未出席，但法文本《紅塵》卻在會場展出，實為一大諷刺。張先生一生「只問耕耘，不問收穫」的寫作態度，七十多年來始終如一，不受任何外在因素影響。

肆、特殊事蹟與貢獻

一、《紅塵》出版與中法文學交流

《紅塵》寫作時間跨度長達一世紀，由清朝末年的北京龍氏家族的翰林第開始，寫到八國聯軍、滿清覆亡、民國初建、八年抗日、國共分治下的大陸與臺灣，續談臺灣的建設發展、開放大陸探親等政策。空間廣度更遍及大陸、臺灣、日本、緬甸、印度，是一部中外罕見的當代文學鉅著。墨人五十七歲時應邀出席在西方文藝復興聖地佛羅倫斯所舉辦的首屆國際文藝交流大會，會後環遊地球一周。七十歲時應邀訪問中國大陸四十天，次年即出版《大陸文學之旅》。《紅塵》一書最早於臺灣新生報連載四年多，並由該報連出三版，臺灣新生報易主後，將版權交由昭明出版社出版定本六卷。由於本書以百年來外患內亂的血淚史為背景，寫出中國人在歷史劇變下所顯露的生命態度、文化認知、人性的進取與沉淪，引起中外許多讀者極大共鳴與回響。

旅法學者王家煜博士是法國研究中國思想的權威，曾參與中國古典文學的法文百科全書翻譯工作，他認為深入的文化交流仍必須透過文學，而其關鍵就在於翻譯工作。從五四運動以來，中西文化交流一直是西書中譯的單向發展。直到九十年代文建會提出「中書外譯」計畫，臺灣作家才逐漸被介紹到西方，如此文學鉅著的翻譯，算是一個開始。

王家煜在巴黎大學任教中國上古思想史，他指出《紅塵》一書中所引用的詩詞以及蘊含中國思想的博大精深，是翻譯過程中最費工夫的部分。爲此，他遍尋參考資料，並與學者、詩人討論，歷時十年終於完成《紅塵》的翻譯工作，本書得以出版，感到無比的欣慰。他笑著說，這可說是「十年寒窗」。

《紅塵》法文譯本分上下兩大冊，已由法國最重要的中法文書局「友豐書店」出版。友豐負責人潘立輝謙沖寡言，三十年多來，因對中法文化交流有重大貢獻而獲得法國授予文化「騎士勳章」的榮譽。他於五年前開始成立出版部，成爲歐洲一家以出版中國圖書法文譯著爲主業的華人出版社。

潘立輝表示，王家煜先生的法文譯筆典雅、優美而流暢，使他收到「紅塵」譯稿時，愛得不忍釋手，他以一星期的時間一口氣看完，經常讀到凌晨四點。他表示出版此書不惜成本，不太可能賺錢，卻感到十分驕傲，因爲本書能讓不懂中文的旅法華人子弟，更瞭解自己文化根源的可貴之處，同時，本書的寫作技巧必對法國文壇有極大影響。

二、不擅作生意

張先生在六十五歲退休之前，完全是公餘寫作，在軍人、公務員生活中，張先生遭遇的挫折不少。軍職方面，張先生只升到中校就不做了，因爲過去稱張先生爲前輩、老長官的人都成爲張先生的上司，張先生怎麼能做？因爲張先生的現職是軍聞社資科室主任（他在南京時即任國防部新創立的「軍事新聞總社」實際編輯主任，因言守元先生是軍校六期老大哥，未學新聞，不在編輯之列）。但張先生以不求官，只求假退役，不擋人官路，這才退了下來。那時養來亨雞風氣盛行，在南京軍聞總社任外勤記者的姚秉凡先生頭腦靈活，他即時養來亨雞，張先生也「東施效顰」，結果將過去稿費積蓄全都賠光。

三、家庭生活與運動養生

張先生大兒子考取中國廣播公司編譯，結婚生子，廿七年後才退休，長孫修明取得美國南加州大學電機碩士學位，之後即在美國任電機工程師。五個子女均各婚嫁，小兒子選良以獎學金取得美國華盛頓大學化學工程博士，媳蔡傳惠爲伊利諾理工學院材料科學碩士，兩孫亦已大學畢業就業，落地生根。

張先生兩老活到九十一、九十二歲還能照顧自己。（近年以一印尼女「外勞」代做家事）張先生一伏案寫作四、五小時都不休息，與臺大外文系畢業的長子選翰兩人都信佛，六十五歲退休後即吃全素。低血壓十多年來都在五十五至五十九之間，高血壓則在一百一十左右，走路「行如風」，年輕人很多都跟不上張先生，比起初來臺灣時毫不遜色，這和張先生運動有關。因爲張先生住大直後山海軍眷舍八年，眷舍右上方有一大片白色天主教公墓，諸事不順，公家宿舍小，又當西曬，張先生靠稿費維持七口之家和五個子女的教育費。三伏天右手墊填著毛巾，背後電扇長吹，三年下來，得了風濕病，手都舉不起來，花了不少錢都未治好。後來章斗航教授告訴張先生，圓山飯店前五百完人塚廣場上，有一位山西省主席閻錫山的保鑣王延年先生在教太極拳，勸張先生天一亮就趕到那裡學拳，一定可以治好。張先生一向從善如流，第二天清早就向王延年先生報名請教，王先生有教無類，收張先生這個年已四十的學生，王先生先不教拳，只教基本軟身功攀腿，卻受益非淺。

四、耿直的公務員性格

張先生任職時向來是「不在其位，不謀其政」。後來升簡任一級組長，有一位「地下律師」的專員，平時鑽研六法全書，混吃混喝，與西門町混混都有來往，他的前任爲大畫家齊白石女婿，平日公私不分，是非不明，借錢不還，沒有口德，人緣太差，又常約那位「地下律師」專員到家中打牌。那專員平日不簽到，甚至將簽到簿撕毀他都不哼一聲，因爲爲他多報年齡，屆齡退休時想更改年齡，但是得罪人太多，金錢方面更不清楚，所以不准再改年齡，組長由張先生繼任。

張先生第一次主持組務會報時，那位地下律師就在會報中攻擊圖書科長，張先生立即申斥，並宣佈記過。簽報上去處長都不敢得罪那地下律師，又說這是小事，想馬虎過去，張先生以秘書處名譽紀律爲重，非記過不可，讓他去法院告張先生好了。何宜武祕書長是學法的，他看了張先生簽呈同意記過，那位地下律師「專員」不但不敢告，只暗中找一位不明事理的國大「代表」來找張先生的麻煩。因事先有人告訴他，張先生完全不理那位代表，他站在張先生辦公室門口不敢進來，幾分鐘後悄然而退。人不怕鬼，鬼就怕人。諺云：「一正壓三邪」，這是經驗之談。直到張先生退休，那位專員都不敢惹事生非，西門町流氓也沒有找張先生的麻煩，當年的代表十之八九已上「西天」，張先生活到九十二歲還走路「行如風」，一坐到書桌，能連續寫作四、五小時而不倦，不然張先生怎麼能在兩岸出版約三千萬字的作品？

（原載新文豐《紮根台灣六十年》，墨人民國一百年十一月十三日校正）

墨人博士作品全集

文學是千秋藝業
秦皇漢武今何在
李白杜甫仍風流

全集共分四大類
一、散文類 二、小說類
三、文學理論類
四、新詩古典詩詞類

我出生於一個「萬般皆下品，惟有讀書高」的傳統文化家庭，且深受佛家思想影響，因祖母信佛，兩個姑母先後出家，大姑母是帶著賠嫁的錢購買依山傍水風景很好，上名山廬山的必經之地的「天后宮」出家的，小姑母的廟則在鬧中取靜的市區。我是父母求神拜佛後出生的男子，並寄名佛下，乳名聖保，上有二姊下有一妹都夭折了，在那個重男輕女的時代！我自然水漲船高了。我記得四、五歲時一位面目清秀，三十來歲文質彬彬的李瞎子替我算命，母親問李瞎子，我的命根穩不穩？能不能養大成人？李瞎子說我十歲行運，幼年難免多病，可以養大成人，但是會遠走高飛。母親聽了憂喜交集，在那個時代不但妻以夫貴，也以子貴，有兒子在身邊就多了一層保障。母親的心理壓力很大，李瞎子的「遠走高飛」那句話可不是一句好話。

到現在八十多年了，我還記得十分清楚。母親暗自憂心。何況科舉已經廢了，不必「進京趕考」，更不會「當兵吃糧」，安安穩穩作個太平紳士或是教書先生不是很好嗎？我們張家又是大族，人多勢眾，不會受人欺侮，何況二伯父的話此法律更有權威，人人敬仰，去外地「打流」又有什麼好處？因此我剛滿六歲就正式拜孔夫子入學啓蒙，從《三字經》、《百家姓》、《千字文》、《千家詩》、《論語》、《大學》、《中庸》……《孟子》、《詩經》、《左傳》讀完了都要整本背，在十幾位學生中，也只有我一人能背，我背書如唱歌，窗外還有人偷聽，他們實在缺少娛樂。除了我父親下雨天會吹吹笛子、簫，消遣之外，沒有別的娛樂，我自幼歡喜絲竹之音，但是很少聽到。讀書的人也只有我們三房、二房兩兄弟，二伯父在城裡當紳士，偶爾下鄉排難解紛，他是一族之長，更受人尊敬，因為他大公無私，又有一百八十公分左右的身高，眉眼自有威嚴，能言善道，他的話比法律更有效力，加之民性純樸，真是「夜不閉戶，道不失遺」。只有「夏都」廬山才有這麼好的治安。我十二歲前就讀完了四書、詩經、左傳、千家詩。我最喜歡的是《千家詩》和《詩經》。

關關雎鳩，在河之洲，
窈窕淑女，君子好逑。

我覺得這種詩和講話差不多，可是更有韻味。我就喜歡這個調調。《千家詩》我也喜歡，我背得更熟。開頭那首七言絕句詩就很好懂：

雲淡風清近午天，傍花隨柳過前川。
時人不識余心樂，將謂偷閒學少年。

老師不會作詩，也不講解，只教學生背，我覺得這種詩和講話差不多，但是更有韻味。我也了解大意，我以讀書爲樂，不以爲苦。這時老師方教我四聲平仄，他所知也止於此。

我也喜歡《詩經》，這是中國最古老的詩歌文學，是集中國北方詩歌的大成。可惜三千多首被孔子刪得只剩三百首。孔子的目的是：「詩三百，一言以蔽之，曰思無邪。」孔老夫子將《詩經》當作教條。詩是人的思想情感的自然流露，是最可以表現人性的。先民質樸，孔子既然知道「食色性也」，對先民的集體創作的詩歌就不必要求太嚴，以免喪失許多文學遺產和地域特性。楚辭和詩經不同，就是地域特性和風俗民情的不同。文學藝術不是求其同，而是求其異。這樣才會多彩多姿。文學不應成爲政治工具，但可以移風易俗，亦可淨化人心。我十二歲以前所受的基礎教育，獲益良多，但也出現了一大危機，沒有老師能再教下玄。幸而有一位年近二十歲的姓王的學生在廬山一未立案的國學院求學，他問我想不想去？我自然想去，但廬山夏涼，冬天太冷，父親知道我的心意，並不反對，他對新式的人手是刀尺的教育沒有興趣，我便在飄雪的寒冬同姓王的爬上廬山，我生在平原，這是第一次爬上高山。

在廬山我有幸遇到一位湖南岳陽籍的閻毅字任之的好老師，他只有三十二歲，飽讀詩書，與民國初期的江西大詩人散原老人唱和，他的王字也寫的好。有一天他要六七十位年齡大小不一的學生各寫一首絕句給他看，我寫了一首五絕交上去，廬山松樹不少，我生在平原是看不到松樹的，我是即景生情，信手寫來，想不到閻老師特別將我從大教室調到他的書房去，在他右邊靠牆壁另加一桌一椅，教我讀書寫字，並且將我的名字「熹」改為「熙」，視我如子。原來是他很欣賞我那首五絕中的「疏松月影亂」這一句。我只有十二歲，不懂人情世故，也不了解他的深意。時任漢口市長張群的侄子張繼文還小我一歲，卻是個天不怕、地不怕的小太保，江西省主席熊式輝的兩個小舅子大我幾歲，閻老師的侄子卻高齡二十八歲。學歷也很懸殊，有上過大學的、高中的，多是對國學有興趣，支持學校的袞袞諸公也都是有心人士，新式學校教育日漸西化，國粹將難傳承，所以創辦了這樣一個尚未立案的國學院，也未大張旗鼓正式掛牌招生，但聞風而至的要人子弟不少，校方也本著「有教無類」的原則施教，閻老師也是義務施教，他與隱居廬山的要人嚴立三先生也有交往。（抗日戰爭一開始嚴立三即出山任湖北省主席，諸閻老師任省政府秘書，此是後話。）同學中權貴子弟亦多，我雖不是當代權貴子弟，但九江先組玉公以提督將軍身分抵抗蒙古騎兵入侵雁門關戰死東昌(雁門關內北京以西縣名，一九九〇年我應邀訪問大陸四十天時去過。)而封河間王；其子輔公。以進士身分出仕，後亦應昭領兵三定交趾而封定興王；其子貞公亦有兵權，因受政客讒害而自嘉定謫居潯陽。大詩人白居易亦曾謫爲江州司馬，我另一筆名即用江州司馬。我是黃帝第五子揮的後裔，他因善造弓箭而賜姓張。遠祖張良是推薦韓信爲劉邦擊敗楚霸王項羽的漢初三傑之首。他有知人之明，深知劉邦可以共患難，不能共安樂，所以悄然引退，作逍遙遊，不像韓信爲劉邦拼命打天下，立下汗馬功勞，雖封三齊王卻死於未央宮呂后之手。這就是不知進退的後果。我很敬佩張良這位遠祖，抗日戰爭初期（一九三八）我爲不作「亡國奴」，即輾轉赴臨時首都武昌以優異成績考取軍校，一位落榜的姓熊的同學帶我們過江去漢口。中共未公開招生的「抗日大學」（當時國共合作抗日，中共在漢口以「抗大」名義吸收人才。）辦事處參觀，接待我們的是一位讀完大學二年級才貌雙全，口才奇佳的女生獨對我說負責保送我免試進「抗大」一期，因未提其他同學，我不去。一年後我又在軍校提前一個月畢業，因我又考取陪都重慶中央政府培養高級軍政幹部的中央訓練團，而特設的新聞「新聞研究班」第一期，與我同期的有爲新詩奉獻心力的覃子豪兄（可惜五十二歲早逝）和中央社東京分社主任兼國際記者協會主席的李嘉兄。他在我訪問東京時曾與我合影留念，並親贈我精裝《日本專欄》三本。他七十歲時過世，這兩張照片我都編入「全集」一百九十多萬字的空前大長篇小說（紅塵）照片類中。而今在台同學只有兩位了。

民國二十八年（一九三九）九月我以軍官、記者雙重身分，奉派到第三戰區最前線的第三十二集團軍上官雲相總部所在地，唐宋八大家之一，又是大政治家王安石，尊稱王荊公的家鄉臨川，（屬撫州市）作軍事記者，時年十九歲，因第一篇戰地特寫《臨川新貌》經第三戰區長官都主辦的行銷甚廣的《前線日報》發表，隨即由淪陷區上海市美國人經營的《大美晚報》轉載，而轉爲文學創作，因我已意識到新聞性的作品易成「明日黃花」，文學創作則可大可久，我爲了寫大長篇《紅塵》、六十四歲時就請求提前退休，學法出身的秘書長何宜武先生大惑不解，他對我說：

「別人想幹你這個工作我都不給他，你爲什麼要退？」我幹了十幾年他只知道我是個奉公守法的張萬熙，不知道我是「作家」墨人，有一次國立師範大學校長劉真先生告訴他張萬熙就是墨人，劉校長看了我在當時的「中國時報」發表的幾篇有關中國文化的理論文章，他希望我繼續寫，劉校長真是有心人。沒想到他在何宜武秘書長面前過獎，使我不能提前退休，要我幹到六十五歲多四個月才退了下來。現在事隔二十多年我才提這件事。鼎盛時期的（台灣新生報）連載四年多的拙作《紅塵》出版前三冊時就同時獲得新聞局著作金鼎獎和嘉新文化基金會「優良著作獎」，劉真校長也是嘉新文化基金會的評審委員之一，他一定也是投贊成票的。「世有伯樂而後有千里馬」。我九十二歲了，現在經濟雖不景氣，但我還是重讀重校了拙作「全集」我一向只問耕耘，不問收穫，我歷任軍、公、教三種性質不同的職務，經過重重考核關卡，寫作七十三年，經過編者的考核更多，我自己從來不辦出版社。我重視分工合作。我頭腦清醒，是非分明，歷史人物中我更敬佩遠祖張良，不是劉邦。張良的進退自如我更歎服。在政治角力場中要保持頭腦清醒，人性尊嚴並非易事。我們張姓歷代名人甚多，我對遠祖張良的進退自如尤爲歎服，因此我將民國四十年在台灣出生的幼子依譜序取名選良。他早年留美取得化學工程博士學位，雖有獎學金，但生活仍然艱苦，美國地方大，出入非有汽車不可，這就不是獎學金所能應付的，我不能不額外支持，他取得化學工程博士學位與取得材料科學碩士學位的媳婦蔡傳惠雙雙回台北探親，且各有所成，幼子曾研究生產了飛機太空船用的抗高溫的纖維，媳婦則是一家公司的經理，下屬多是白人，兩孫亦各有專長，在台北出生的長孫是美國南加州大學的電機碩士，在經濟不景氣中亦獲任工程師，我不要第三代走這條文學小徑，是現實客觀環境的教訓，我何必讓第三代跟我一樣忍受生活的煎熬，這會使有文學良心的人精神崩潰的。我因經常運動，又吃全素二十多年，九十二歲還能連寫四、五小時而不倦。我寫作了七十多年，也苦中有樂，但心臟強，又無高血壓，一是得天獨厚，二是生活自我節制，我到現在血壓還是60－110之間，沒有變動，寫作也少戴老花眼鏡，走路仍然「行如風」，十分輕快，我在國民大會主編《憲政思潮》十八年，看到不少在大陸選出來的老代表，走路兩腳在地上蹉跎，這就來日不多了。個人的健康與否看他走路就可以判斷，作家寫作如在八十歲以後還不戴老花眼鏡，沒有高血壓，長命百歲絕無問題。如再能看輕名利，不在意得失，自然是仙翁了。健康長壽對任何人都很重要，對詩人作家更重要。

一九九〇年我七十歲應邀訪問大陸四十天作「文學之旅」時，首站北京，我先看望已九十高齡的老前輩散文作家，大家閨秀型的風範，平易近人，不慍不火的冰心，她也「勞改」過，但仍心平氣和。本來我也想看看老舍，但老舍已投湖而死，他的公子舒乙是中國現代文學館的副館長，他也出面接待我，還送了我一本他編寫的《老舍之死》，隨後又出席了北京詩人作家與我的座談會，參加七十賤辰的慶生宴，彈指之間卻已二十多年了。我訪問大陸四十天，次年即由台北「文史哲出版社」出版照片文字俱備的四二五頁的《大陸文學之旅》。不虛此行。大陸文友看了這本書的無不驚異，他們想不到我七十一高齡還有這樣的快筆，而又公正詳實。他們不知我行前的準備工作花了多少時間，也不知道我一開筆就很快。

我拜會的第二位是跌斷了右臂的詩人艾青，他住協和醫院，我們一見如故，他是浙江金華人，卻體格高大，性情直爽如燕趙之士，完全不像南方金華人。我們一見面他就緊握著我的手不放，侃侃而談，我不知道他編《詩刊》時選過我的新詩。在此之前我交往過的詩人作家不少，沒有像他如此豪放真誠，我告別時他突然放聲大哭，陪我去看他的北京新華社社長族侄張選國先生，陪我四十天作《大陸文學之旅》的廣州電視台深圳站站長高麗華女士，文字攝影記者譚海屏先生等多人，不但我爲艾青感傷，陪同我去看艾青的人也心有戚戚焉，所幸他去世後安葬在八寶山中共要人公墓，他是大陸唯一的詩人作家有此殊榮。台灣單身詩人同上校軍文黃仲琮先生，死後屍臭才有人知道，他小我二歲，如我不生前買好八坪墓地，連子女也只好將我兩老草草火化，這是與我共患難一生的老伴死也不甘心的，抗日戰爭時她父親就是我單獨送上江西南城北門外義山土葬的。這是中國人「入土爲安」的共識。也許有讀者會問這和文學創作有什麼關係？但文學創作不是單純的文字工作，而是作者整個文化觀、文學觀，人生觀的具體表現，不可分離。詩人作家不能「瞎子摸象」，還要有「舉一反三」的能力。我做人很低調。寫作也不唱高調，但也會作不平之鳴、仗義直言。我不鄉愿，我重視一步一個腳印，「打高空」可以譁眾邀寵於一時，但「旁觀者清」，讀者中藏龍臥虎，那些不輕易表態的多是高人。高人一旦直言不隱，會使洋洋自得者現出原形。作品一旦公諸於世，一切後果都要由作者自己負責，這也是天經地義的事。

我寫作七十多年無功無祿，我因熬夜寫作頭暈住馬偕醫院一個星期也沒有人知道，更不像大陸的當代作家、詩人是有給制，有同教授的待過，而稿費、版稅都歸作者所有。依據民國九十八年一月十日「中國時報」A十四版「二〇〇八年中國作家富豪榜單」二十五名收入人民幣的數字統計，第一高的郭敬明一年是一千三百萬人民幣，第二名鄭淵潔是一千一百萬人民幣，第三名楊紅櫻是九百八十萬人民幣。最少的第二十五名的李西閩也有一百萬人民幣，以人民幣與台幣最近的匯率近一比四．五而言，現在大陸作家一年的收入就如此之多，是我一九九〇年應邀訪問大陸四十天作文學之旅時所未想像到的，而現在的台灣作家與我年紀相近的二十年前即已停筆，原因之一是發表出版兩難，二是年齡太大了。民國九十八年（二〇〇九）以前就有張漱菡（本名欣禾）、尹雪曼、劉枋、王書川、艾雯、嚴友梅六位去世，嚴友梅還小我四、五歲，小我兩歲的小說家楊念慈則行動不便，鬍鬚相當長，可以賣老了。我托天佑，又自我節制，二十多年來吃全素，又未停止運動，也未停筆，最近在台北榮民總醫院驗血檢查，健康正常。我也有我的養生之道，每天吃枸杞子明目，吃南瓜子抑制攝護腺肥大，多走路、少坐車，伏案寫作四、五小時而不疲倦，此非一日之功。

民國九十八（二〇〇九）己丑，是我來台六十周年，這六十年來只搬過兩次家，第一次從左營搬到台北大直海軍眷舍，在那一大片天主教白色公墓之下，我原先不重視風水，也無錢自購住宅，想不到鄰居的子女有得神經病的，有在金門車禍死亡的，大人有坐牢的，有槍斃的，也有得神經病的，我退役養雞也賠光了過去稿費的積蓄，讀台大外文系的大兒子也生病，我則諸事不順，直到搬到大屯山下坐北朝南的兩層樓的獨門獨院自宅後，自然諸事順遂，我退休後更能安心寫作，遠離台北市區，真是「市遠無兼味，地僻客來稀。」同里鄰的多是市井小民，但治安很好，誰也不知道我是爬格子的，連警察先生也不光顧舍下，除了近十年常有人打電話來騙我，幸未上大當外，我安心過自己的生活。當年「移民潮」去不了美國的也會去加拿大，我是「美國人」的祖父，我不移民美國，更別說去加拿大了。娑婆世界無常，早年即移民美國的琦君（本名潘希真）、彭歌，最後還是回到台灣來了，這不能說台灣是「天堂」，以我的體驗而言是台北市氣候宜人，夏天三十四度以上的日子少，冬天十度以下的日子也很少，老年人更不能適應零度以下的氣溫，我只有冬天上大屯山、七星山頂才能見雪。有高血壓、心臟病的老人更不能適應。我不想做美國公民，做台灣平民六十多年，也沒有自卑感。

娑婆世界是一個無常的世界，天有不測風雲，人有旦夕禍福，老子早說過：「福兮禍所倚，禍兮福所伏。」禍福無門，唯人自招。我一生不起歪念，更不損人利己，與人爲善。雖常吃暗虧，只當作上了一課。這個花花世界是我學不完的大教室，萬丈紅塵其中也有黑洞，我心存善念，更不造文字孽，不投機取巧，不違背良知，蒼天自有公斷，我本著文學良心寫作，盡其在我而已，讀者是最好的裁判。

民國一〇〇年（二〇一一）辛卯七月二十九日下午六時二十三分於紅塵寄廬

1951 年墨人 31 歲與夫人曾麗春女士（30 歲）結婚十周年紀念合影於左營

墨人博士七十壽辰與夫人曾麗春女士合影。此照為大翻譯家、文學理論家黃文範先生所攝，並在照片背後題「南山北海惟仁者壽」。

民國二十九年(1940)作者墨人在江西南城戎裝照。

1939 年墨人即自戰時陪都四川重慶奉派至江西臨川王安石家鄉，第三戰區前線任軍事記者創辦軍報，提供抗日官兵精神食糧。時年 19 歲。

2010 年「五四」作者墨人 91 歲在花蓮和南寺家人合影

2003 年 8 月 26 日作者墨人（中）在含鄱口觀山景點與
作者長女韻華、長子選翰、三女韻湘、二女韻真合影。

2005 年 2 月作者次子選良（右一）回台北與父（右二）及
作者夫人（中）三女韻湘（左二）二女韻真（左一）合影。

作者墨人在書房留影，時年八十五歲。

《墨人博士大長篇小說〈紅塵〉法文譯本封面照片》

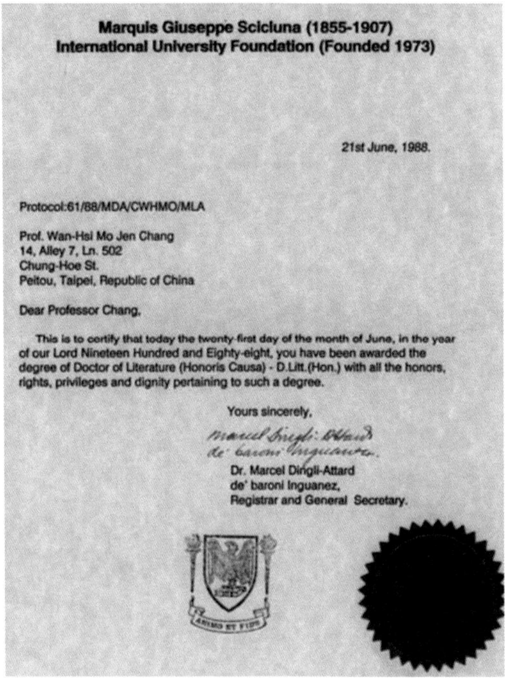

Marquis Giuseppe Scicluna (1855-1907)
International University Foundation (Founded 1973)

21st June, 1988.

Protocol:61/88/MDA/CWHMO/MLA

Prof. Wan-Hsi Mo Jen Chang
14, Alley 7, Ln. 502
Chung-Hoe St.
Peitou, Taipei, Republic of China

Dear Professor Chang,

This is to certify that today the twenty-first day of the month of June, in the year of our Lord Nineteen Hundred and Eighty-eight, you have been awarded the degree of Doctor of Literature (Honoris Causa) - D.Litt.(Hon.) with all the honors, rights, privileges and dignity pertaining to such a degree.

Yours sincerely,

Dr. Marcel Dingli-Attard
de' baroni Inguanez,
Registrar and General Secretary.

1988 年美國馬奎士國際大學基金會，授予張萬熙墨人教授榮譽文學博士學位證書。

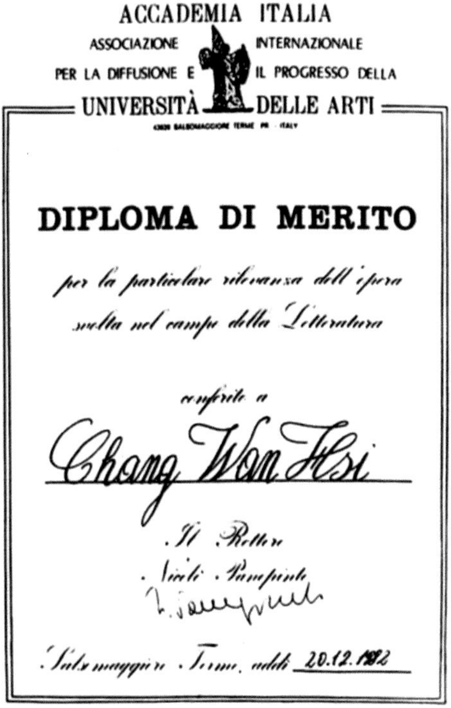

ACCADEMIA ITALIA
ASSOCIAZIONE INTERNAZIONALE
PER LA DIFFUSIONE E IL PROGRESSO DELLA
UNIVERSITÀ DELLE ARTI

DIPLOMA DI MERITO

per la particolare rilevanza dell'opera
svolta nel campo della Letteratura

conferito a

Chang Wan Hsi

Il Rettore
Nicola Pampinella

Salsomaggiore Terme, addì 20.12.1982

義大利出版英、法、德、義四種文字的「國際文學史」的 ACCADEMIA ITALIA, 1982 年授予墨人的文學功績證書。

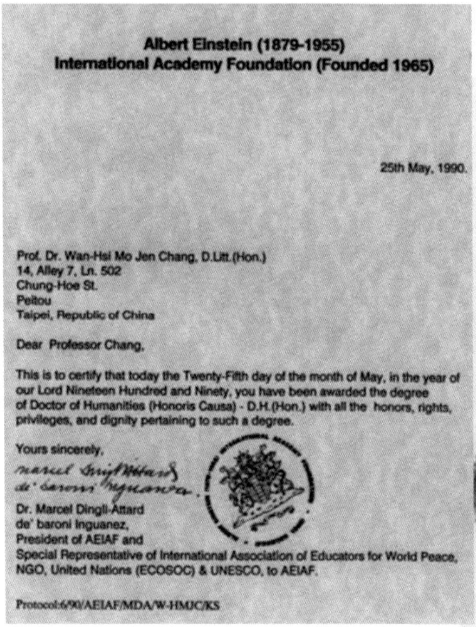

Albert Einstein (1879-1955)
International Academy Foundation (Founded 1965)

25th May, 1990.

Prof. Dr. Wan-Hsi Mo Jen Chang, D.Litt.(Hon.)
14, Alley 7, Ln. 502
Chung-Hoe St.
Peitou
Taipei, Republic of China

Dear Professor Chang,

This is to certify that today the Twenty-Fifth day of the month of May, in the year of our Lord Nineteen Hundred and Ninety, you have been awarded the degree of Doctor of Humanities (Honoris Causa) - D.H.(Hon.) with all the honors, rights, privileges, and dignity pertaining to such a degree.

Yours sincerely,

Dr. Marcel Dingli-Attard
de' baroni Inguanez,
President of AEIAF and
Special Representative of International Association of Educators for World Peace, NGO, United Nations (ECOSOC) & UNESCO, to AEIAF.

Protocol:6/90/AEIAF/MDA/W-HMJC/KS

1990 年美國愛因斯坦國際學院基金會授予張萬熙墨人教授榮譽人文學（含哲學文學藝術語言四種）博士學位

WORLD UNIVERSITY ROUNDTABLE
In Corporate Affiliation with the World University
Greetings
In recognition of Distinguished Achievement within the principles and purposes of the World University development, the Trustees of the Corporation, upon the nomination of the Secretariat, confer doctoral membership and this honorary award upon
Chang Wan-Hsi (Mo Jen)
The Cultural Doctorate in Literature
with all rights and privileges there to pertaining.

Witness our hand and seal at the
International Secretariat
Regional Campus, Benson, Arizona
April 17, 1989

President of the Board of Trustees
Secretary of the Board of Trustees

1989 年美國世界大學授予張萬熙墨人榮譽文學博士學位，文化大學創辦人張其昀（曉峰）先生亦獲此榮譽。

THIS
PICTORIAL
TESTIMONIAL
OF ACHIEVEMENT
AND DISTINCTION
proclaims throughout the world that
DR. CHANG WAN-HSI (MO JEN)
is the recipient of the above-mentioned Honour,
granted by the Board of Editors of the
2000 OUTSTANDING SCHOLARS
OF THE
20TH CENTURY
meeting in Cambridge, England, on the date set out below,
AND that the Board also resolves that a portrait photograph of
DR. CHANG WAN-HSI (MO JEN)
be attached to this Testimonial as verification
of the Honour bestowed.
2000 OUTSTANDING SCHOLARS OF THE 20TH CENTURY
First Edition
Signed and sealed on the
14th December 1999
Authorized Officer

1999 年 10 月張萬熙墨人博士榮登英國劍橋國際傳記中心《二十世二千位傑出學者》第一版證書。

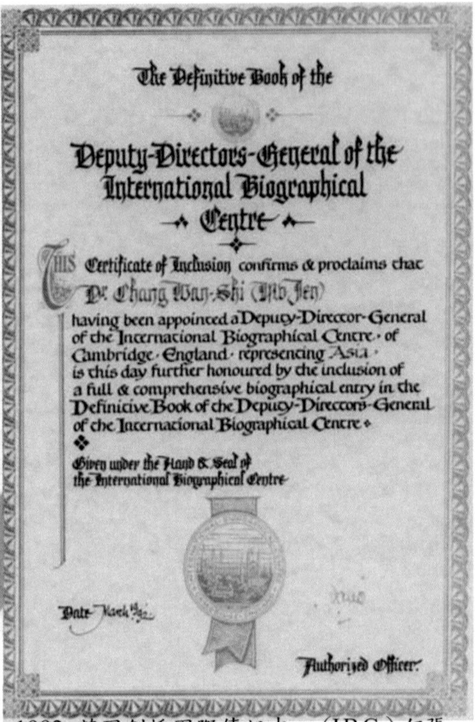
The Definitive Book of the
Deputy-Directors-General of the
International Biographical
Centre
THIS Certificate of Inclusion confirms & proclaims that
Dr Chang Wan-Shi (Mo Jen)
having been appointed a Deputy-Director-General
of the International Biographical Centre, of
Cambridge, England, representing Asia,
is this day further honoured by the inclusion of
a full & comprehensive biographical entry in the
Definitive Book of the Deputy-Directors-General
of the International Biographical Centre.
Given under the Hand & Seal of
the International Biographical Centre
Date
Authorized Officer

1992 英國劍橋國際傳記中心 (I.B.C.) 任張萬熙墨人博士為代表亞洲的副總裁。

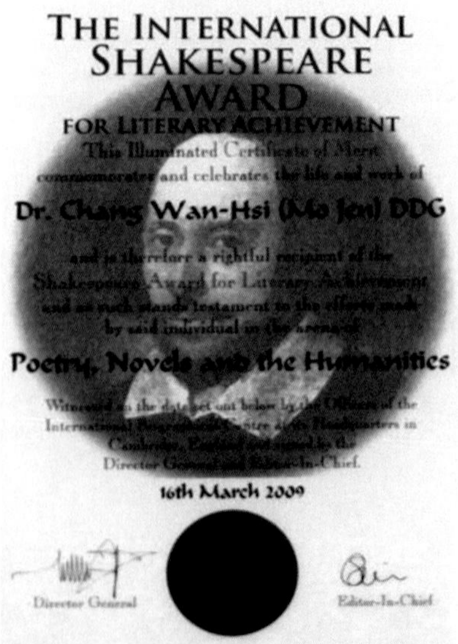
THE INTERNATIONAL
SHAKESPEARE
AWARD
FOR LITERARY ACHIEVEMENT
This Illuminated Certificate of Merit
commemorates and celebrates the life and work of
Dr. Chang Wan-Hsi (Mo Jen) DDG
and is therefore a rightful recipient of the
Shakespeare Award for Literary Achievement
and as such stands testament to the efforts made
by said individual in the arena of
Poetry, Novels and the Humanities
Witnessed on the date set out below by the Officers of the
International Biographical Centre at its Headquarters in
Cambridge, England and signed by the
Director General and Editor-In-Chief.
16th March 2009
Director General
Editor-In-Chief

2009 年 3 月 16 日英國劍橋國際傳記中心總裁與總編輯聯合授予張萬熙墨人博士國際莎士比亞文學成就獎。

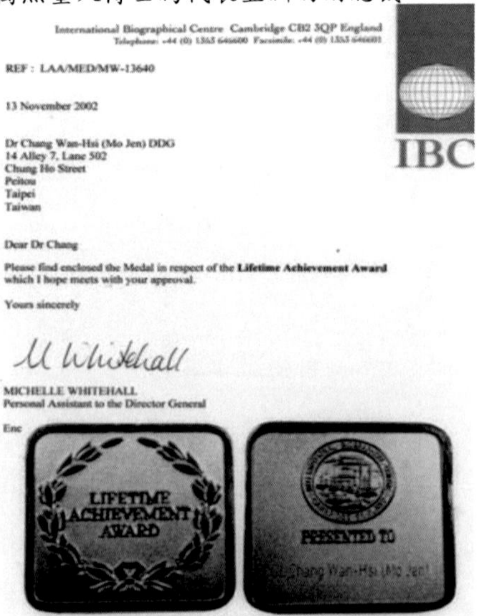
International Biographical Centre Cambridge CB2 3QP England
IBC
REF : LAA/MED/MW-13640
13 November 2002
Dr Chang Wan-Hsi (Mo Jen) DDG
14 Alley 7, Lane 502
Chung Ho Street
Peitou
Taipei
Taiwan
Dear Dr Chang
Please find enclosed the Medal in respect of the **Lifetime Achievement Award** which I hope meets with your approval.
Yours sincerely
M Whitehall
MICHELLE WHITEHALL
Personal Assistant to the Director General
Enc
LIFETIME ACHIEVEMENT AWARD
PRESENTED TO
Dr Chang Wan-Hsi (Mo Jen)

英國劍橋國際傳記中心(I.B.C.) 2002 年頒發詩人作家張萬熙（墨人）博士終身成就獎，英文信及金牌正反面照片墨人早年即被 I.B.C.推選為副總裁。

龍鳳傳

目次

第一章 聯考科系難選擇 個人興趣巧安排

龍彩雲和葉鳴鳳一道回家，龍彩雲把綠帆布書包往書桌上一放，摸出一張大專聯考分組剪報，往她父親龍文淵手上一塞：

「爸，你看我到底考那一組？」

「這得問妳自己？」龍文淵沒有看剪報，笑着回答：「爸還不知道妳是那塊料？」

「反正甲組丙組沒有資格考，」龍彩雲說：「剩下的只有乙組丁組，我就不知道該考乙組還是丁組？」

「葉鳴鳳，妳打算考那一組？」龍文淵望望小女兒的好同學說

「龍伯伯，我也不知道該考那一組？」葉鳴鳳笑瞇瞇地回答。她又矮又胖，活像一尊小彌勒佛。

「怎麼妳們自己沒有摸摸妳們的米桶？」龍文淵望望她們兩人。「臨到快考學校了還拿不定主意？」

「就是嘛！」葉鳴鳳把嘴巴一嘟：「這可怪不得我們！誰叫他們分什麽鬼組！考取就行，讀那一系我們再選不好？」

「妳想的倒很好，妳爸爸的意思呢？」龍文淵問。

「我爸爸希望我考甲組，不然就考丙組。」葉鳴鳳回答。

「那不很好？」

「可是我數理化不行，怎麽敢考？」葉鳴鳳嘟着嘴，鼓着眼睛說。

「妳想檢個便宜是不是？」龍文淵笑問。

「龍伯伯！」葉鳴鳳笑着跺脚：「乙組丁組也不容易，我還檢得到什麽便宜？」

「那妳總不能不考？」

「龍伯伯，說眞的，我要是有錢婷婷那樣會唱歌，有梁娟娟那樣會跳舞，我眞不想考什麽鬼的大學！」葉鳴鳳說：「偏偏我生成這麽個矮冬瓜，眞氣死人！」

「會唱歌，會跳舞就可以不考學校？」

「可不是？錢婷婷、梁娟娟她們才不在乎！」

「她們眞不打算讀書？」

「她們可不像我們這麽窮緊張！」龍彩雲說：「考得取就讀，考不取就下海。」

「下海？」龍文淵望着小女兒，半天才說：「她們也够格下海？」

龍彩雲還沒有回答，葉鳴鳳就搶着說：

「龍伯伯，你別瞧不起她們。梁娟娟是阿哥哥舞的冠軍，什麼舞都會跳；錢婷婷上過電臺廣播，人家都說她是金嗓子，她會唱的歌兒才多！只有我是笨蛋，既不會唱歌，又不會跳舞，只好硬着頭皮考大學。」

「考大學才是正路。」

「鬼的正路！」葉鳴鳳把嘴角一撇：「大學畢業還不是找不到工作？縱然找到個小事情，也不過千把塊錢一個月，抵不上人家唱幾支歌，跳幾場舞。」

「葉鳴鳳，妳年紀輕輕的，怎麼會有這樣的思想？」龍文淵笑問。

「龍伯伯，這是事實，不止我一個人有這樣的思想。」葉鳴鳳坦然回答。

龍文淵又望望小女兒。龍彩雲抿着嘴笑。龍文淵正色地對她們兩人說：

「妳們兩人可要好好地唸書。」

「爸，唸書太難！」龍彩雲說：「代數理化不行，英文也沒有一點興趣。乙組丁組有沒有完全不唸英文的系？」

「大一總少不了英文。」龍文淵回答：「妳哥哥姐姐都唸的是乙組，我不希望妳再唸乙組。」

「爸，丁組是法律、政治、經濟、國際貿易、工商管理……也難唸的很；你不要我唸乙組，恐怕我還考不取哩！」

「別這麼洩氣！」龍文淵白了女兒一眼：「妳既然怕考甲組丙組，退而求其次，也該考丁組，不要一家人都走上一條路，大家沒出息。」

「爸，你別想得那麼美！」龍彩雲說：「我算算我連乙組都考不上，乾脆，你替我找個小雇員幹算了。」

龍文淵罵了女兒一句「沒出息」，葉鳴鳳笑了起來。

龍彩雲的弟弟龍士舜也放學回來。他把書包往桌上一摞，就在房裏找東西吃，找報紙看，一不小心踩了龍彩雲一腳，龍彩雲用力把他一推，瞪着他說：

「你眼睛長到那裏去了？東一頭，西一腦的亂碰亂撞，就只好吃！」

龍士舜打量她一眼，用公鴨般的喉嚨說：

「妳考取了大學再神氣好不好？三等生，現在沒有什麼了不起！」

「放屁！你管我考不考得取？」龍彩雲馬上回嘴。

「我就知道妳考不取！」龍士舜故意輕蔑她。

「你別神氣，你又是什麼了不起的好學生？」

「反正不像妳那麼賴！」龍士舜回答。

「你別吹，明年看你的！」

「我一定考甲組，」龍士舜把胸脯一挺：「還會像妳這樣沒出息？」

「滾，滾，滾！去你的！」龍彩雲把他往外推。

龍士舜隨手在他父親手上抄走那份剪報，兩手扯着，站在門外高聲朗誦：

「甲組，共有一百零一個系。臺大：數學系、物理系、化學系、地質學系、地理學系、土木工程學系、機械工程學系、化學工程學系。清華：核子工程學系、物理學系、數學系、化學系……」

他突然停止朗誦，笑問龍彩雲：

「雲姐，妳的第一志願是那一系？」

龍彩雲氣得腳一跺，指着他笑罵：

「你別死相，看你考取臺大、清華好了！」

「妳放心，我不是臺大物理學系，就是清華核子工程學系。」龍士舜神氣地回答。

「哎喲！哎喲！眞不要鼻子！」龍彩雲笑着罵他。

葉鳴鳳也好笑。龍士舜又問她：

「葉姐姐，妳考那一系？」

葉鳴鳳笑着雙手把臉一蒙，靠在龍彩雲的肩上。龍彩雲把她兩手拉開，笑着說：

「妳還怕他高二劣等生？妳就說妳考臺大物理學系好了！他還不夠格哩！」

「算了吧！我還想考臺大？我才不做那個夢！能考取一個賴學校的夜間部就算不錯了。」葉鳴鳳紅着臉說。

「妳怎麼會那麼差勁？別長那個劣等生的志氣！」龍彩雲說。

「他是建中的高材生，該他吹牛。」葉鳴鳳笑着說。

龍文淵和龍士舜都笑了起來。龍文淵說：

「如果我們一家人都考乙組那眞不像話，將來就靠士舜考個甲組。」

「爸，你別寵他！他將來會考個大鴨蛋，那才丟人！」龍彩雲笑着接嘴。

「我們家裏還沒有考不取大學的，就怕妳——」龍文淵笑着說。

「爸，你既然瞧不起我，我乾脆不考好了。」龍彩雲順水推舟。

「妳別想得那麼好！」龍士舜接嘴：「給妳吃了喝了，花了那麼多錢，你想不考？丟人也得丟！」

「你少多嘴！我考不考關你什麼事？」龍彩雲瞪着他說。

「妳不考大學，去當下女好了，賺兩個錢回來用用，我們家裏正窮。」龍士舜說。

「你這個死鬼，你去蹬三輪好了！你比爸爸還高，正有力氣。」龍彩雲說。

「我才不蹬三輪，我要當科學家，用火箭送人上星球。」

「噯喲！噯喲！你看你吹成什麼樣子？」

葉鳴鳳笑着搖搖龍彩雲說：

「妳別儘和妳弟弟鬭嘴，我們的正經事兒還沒有決定呢。」

龍彩雲走到門邊，從龍士舜手裏把剪報搶了過來，遞給父親：

「爸，你仔細看看，學校要我們決定志願，準備報名。」

龍文淵望了剪報一眼，又望望女兒說：

「妳縱然不能考甲組，我也希望妳考丙組。」

「不行哪，考不取嘞！」龍彩雲拖聲拖氣地說：「我們班上的同學都考乙組丁組，我怎麼敢考丙組？」

龍文淵仔細看看乙組丁組的科系，他覺得丁組也比乙組實際一些。他自己是學中國文學的，大兒子大女兒也是學文學的，如果小女兒再攻取中文系或外文系，那一家人都擠到一條窄巷子裏了。

「那妳考丁組好了。」龍文淵說。

龍彩雲望望父親，眉頭一皺，嘟着嘴說：

「丁組也要英文數學好。國際貿易、工商管理、經濟、會計，……都使人頭痛。」

「頭痛隨它頭痛，就是不要再考乙組。」龍文淵堅決地說。

龍彩雲無可奈何地望望葉鳴鳳，葉鳴鳳向她苦笑。

「鳴鳳，妳打算怎樣？」龍彩雲問。

「我本來想和妳一道考乙組，龍伯伯要妳考丁組，我眞不知道怎樣是好？」葉鳴鳳說。

「妳爸爸的意思怎樣？」龍文淵問葉鳴鳳。

「我爸爸希望我大學畢業就能賺大錢。讀乙組又辦不到，別的組我又不能讀，眞氣死人！」

「葉姐姐，不要氣，回去開汽車。」龍士舜說。

「龍伯伯，我們從小學到大學，這樣過五關，斬六將，簡直逼死人，究竟爲的什麼？」葉鳴鳳走到門口，忽然回頭問龍文淵。

龍文淵一楞，回答不出來，只好向她一笑：

「回去問妳爸爸好了。」

「龍伯伯，我爸爸沒有你讀的書多，他只要我混個資格，賺錢養他。」

「妳爸爸也對。」龍文淵笑着回答。

「可是大學畢業還不如開計程車。」葉鳴鳳仍然不走，「如果我是男生，我情願去學生意，學手藝，眞不想上什麼鬼的大學！」

龍文淵沒有作聲，葉鳴鳳望了他一眼，腳步咚咚地走了。

龍士舜早餓了，葉鳴鳳一走，他就吵着要吃飯。每天早晨他要趕着上學，轉兩次車，只隨便在學校附近的攤販買兩塊錢的東西吃，中午在學校買零飯，他總是吃三盌白飯，一小盌魚丸湯，實在吃不飽。只有晚上這一頓，他可以儘量吃；不管菜好菜壞，他要吃四盌。十六七歲的人，正在上長，肚皮裏需要東西來塡。龍文淵收入很少，四個兒女上學，捉襟見肘。

晚飯的菜不好，龍彩雲皺着眉吃了一小盌飯，就放下盌筷。龍太太看女兒又瘦又小，功課又重，十分憐惜，哄着她說：

「乖，再吃半盌，妳看，妳一根線兒都吊得起來。」

「媽，我只能吃這麽多，吃飯何必也要勸？」龍彩雲說。

「媽，總有一天，雲姐會被颱風吹走。」龍士舜說。

「你少廢話！」龍彩雲白弟弟一眼。

「妳看士舜多會吃飯？」龍太太笑着對女兒說：「妳一半也抵不上他。」

「他是個飯桶，吃也會被他吃窮！」

「他不吃怎麽長得高？」

「長得高有個屁用？做衣服還多費兩尺布！」

「像妳這樣又瘦又小，將來準不會有人要！」龍士舜對龍彩雲說。

說：

「放屁！」龍彩雲用筷子在弟弟頭上敲了一下。

龍士舜捉住她的手往後一推，她差點跌倒。她氣得又想打他，龍太太連忙站在中間，笑着對她說：

「妳吃這麽一點點飯，留點精神讀書。他吃四、五盌妳打他不痛，等會我來打他。」

龍彩雲啐了弟弟一口，回到自己的房間。

她又拿起那份剪報，仔細研究丁組八十二個科系。她聽老師說過，唸法律要背條文，枯燥無味；政治她沒有興趣；又是空洞的東西；其他如經濟、會計、銀行、統計……她覺得沒有一樣適合。她把剪報往旁邊一擱，兀自發呆。

龍士舜從她窗前經過，看她呆頭呆腦，故意逗她：

「雲姐，妳怎麽像個呆頭鵝？」

「呸！」她向窗外唾了一口：「別在我面前死相！去你的！」

「考不取沒有關係，當下女也有幾百塊錢一個月。」龍士舜往旁邊一閃，躲在牆角說。

「小鬼，我打死你！」她抓起一本書，手一揚，想打。

因爲隔了一層尼龍紗，龍士舜一點也不在乎。她趕到外面去打，他扯起兩脚就跑，她又追不上，氣得哇哇叫。

「彩雲，妳別和弟弟打打結結，做功課要緊。」龍太太說。

「媽，我眞不想讀書了。」龍彩雲鼓着兩腮說。

「別糊塗，不讀書妳能幹什麼？」

「當車掌總可以。」她賭氣地說。

「當車掌也不是那麼簡單。再說，妳總不能當一輩子車掌？」

「媽，那我怎麼辦？」她幾乎哭起來。

「混張大學文憑再說；再不濟，也可以嫁個大學畢業的姑爺。」龍太太笑着說。

「媽，人家煩死了，妳還和我窮開心！」她紅着臉說。

「好，媽不打擾妳，妳乖乖地做功課。」龍太太附在她耳邊輕輕地說：「等會我下盌麵給你消夜，不給士舜吃。」

龍彩雲又粲然一笑。走進房裏，在桌邊坐下，慢慢打開書包，準備做功課。

她在班上的功課並不算差，總在十名以內，就是英、數、理、化沒有興趣，感覺很吃力。

她埋頭用功時，龍士舜躡手躡脚從她窗前經過，她沒有注意。龍太太悄悄地對兒子說：

「你別作弄雲姐，今年她過關，可憐巴巴的！明年你不也是一樣？」

「媽，前年我考高中，她還不是說風凉話？這叫一報還一報。」龍士舜笑嘻嘻地說。

「別淘氣，你們都是可憐蟲。」龍太太拍拍兒子說：「應該同病相憐才是。」

「媽，別說得那麼可憐兮兮的，只怪雲姐自己差勁。」

「不是她不用功，是考的人太多、太難，這怎麼能怪她差勁？」

「好，怪我，怪我！」龍士舜笑着走開。

龍太太望着兒子又好笑，又好氣。又瞄了女兒一眼。

龍彩雲做功課做到十二點還沒有去睡，龍太太眞的煮了一碗麵，悄悄地端給她。她站起來接過去，臉上浮起一絲笑意。

「今天晚上早點睡，我看妳越熬越瘦。」龍太太囑咐女兒。

「媽，妳對爸講講情好不好？我實在不想考丁組。」龍彩雲懇求地說。

「現在是工商業時代，讀丁組出路比較好。」龍太太說：「你爸自己吃了虧，他無論如何不要妳再唸文學。」

「媽，不順着性子來，恐怕會弄巧反拙！」她覺得勉強做與自己志趣相反的事，不但不會成功，徒然招致痛苦，她記得幾年前有一位被迫讀理工的男生自殺而死之後，父母也痛不欲生，這眞是何苦？

「時代如此，這又有什麼辦法？」龍太太摸摸女兒的頭髮，一臉的苦笑。

龍彩雲望着母親，心裏想哭。

第二章　姑娘十八一朵花　眉毛彎彎眼睛大

龍彩雲龍士舜兩姐弟不到六點鐘就起床，龍彩雲只睡四個多鐘頭。龍太太把她叫醒之後還呵欠不停。

龍太太弄的炒飯他們兩人都沒有吃，就匆匆地去趕第一班車。

葉鳴鳳已先到站，一見面就問龍彩雲昨夜幾點睡？龍彩雲說一點多。她嗨了一聲說：

「我眞倒楣，兩點才上床。」

「妳怎麼比我還睡得晏？」龍彩雲問。

「爲了考學校的問題，我和我爸爭了半天。」龍彩雲唉聲唉氣。

「妳爸要妳考那一組？」

「他和妳爸的意見一樣。」葉鳴鳳把嘴角一撇。

「奇怪，他們大人的想法總和我們不同！」龍彩雲說。

「我爸也是考慮我以後的出路。其實他既沒有一個幹銀行的親戚，又沒有一個辦工廠開商店的朋友，我縱然考取工商管理、銀行、會計，又有誰要？」葉鳴鳳說。

「我爸爸更好笑！」龍彩雲又氣又笑地說：「他旣沒有一個有錢有勢的親戚，交的朋友不是窮文人就是窮敎員，比他還寒酸，我考丁組又有什麼出息？」

「唉，眞氣人！」葉鳴鳳大大地嘆口氣。

「是他們花錢送我們讀書，又有什麼辦法？」龍彩雲無可奈何地一笑。

「我們乾脆讀夜間部，白天找個小事做，半工半讀，妳看怎樣？」葉鳴鳳說。

「哼！找事才不容易。」龍彩雲聳聳鼻子說：「我哥哥讀國文系，連家敎都找不到。我姐姐讀外文系，好不容易找到一個家敎，那孩子又有肺病，敎了一個月就不敢再敎。」

「唉，我們眞倒楣！」葉鳴鳳脚一跺，臉上的肉一晃。

「我們比男孩子還好一點，我哥哥眞沒有人要。」龍彩雲自我安慰地說。

龍士舜聽了不服氣，馬上接嘴：

「誰說男孩子沒有人要？」

「誰要？」龍彩雲輕啐了弟弟一口。

「要的人才多呢，就怕自己讀錯了系。」

「你這不是廢話？」龍彩雲頂龍士舜：「你以爲人人都能考取甲組，唸上理工？」

「除非自己不爭氣，怎麼不能唸？」

「你別窮吹，你還早呢！」

車子來了，人很多，大家一湧而上。龍士舜也搶上去，葉鳴鳳又矮又胖。龍彩雲又瘦又小，擠不上前，最後塞在車門口，被別人擠得哇哇叫。在車上擠了半個鐘頭，才到北門。

一到北門，龍士舜和龍彩雲就分道揚鑣。葉鳴鳳仍然和龍彩雲一道，而且碰上錢婷婷和梁娟娟。她們又站在一塊等車，嘰嘰喳喳。

梁娟娟身材苗條，比葉鳴鳳龍彩雲都高，這也許和跳舞運動有關。錢婷婷完全像個大人，像個歌星，風度很好，眼睛也會說話。龍彩雲問她們決定考那一組？第一志願是那一系？梁娟娟無所謂地回答：

「我家裏只要我考得取，隨便那一組那一系都行。可惜沒有舞蹈系，要不然我第一志願一定塡舞蹈。」

「婷婷，妳呢？」龍彩雲又問錢婷婷。

「我希望考取音樂系，學學聲樂。」錢婷婷說。

「妳的時代歌曲已經唱的很好，何必再學？」葉鳴鳳說。

「我希望將來去義大利留學，唱西洋歌劇。」錢婷婷回答。

「嘖嘖！妳的野心倒眞不小！」龍彩雲望着她說。

「我是這麼夢想，」錢婷婷兩眼向上一翻，夢幻似地說：「說不定會考個大鴨蛋，那就一切完蛋。」

錢婷婷的功課不好，數理化比龍彩雲葉鳴鳳還差。可是任何歌曲，她一拿起簡譜就會唱，練習一兩次就可以登臺。她會唱的歌已經有三百多首，她得過好多次音樂比賽冠軍。

「妳怕什麼？」葉鳴鳳說：「妳要是去，總會唱歌，一個月不賺上萬才怪！幾個大學生也抵妳不上。」

「有一家酒店找過我，我媽還沒有答應。」錢婷婷說。

「出多少錢一個月？」葉鳴鳳問。

「七千。」錢婷婷嘴角微微一揚，清脆地回答。

「嘜喲！」龍彩雲驚叫起來：「那我們好幾個老師也抵妳不上。」

「當老師就只名義好聽一點，本來就沒有什麼了不起嘛？」梁娟娟說。

「他們是大學畢業呀！」葉鳴鳳說。

「大學畢業當個窮教員，也是可憐兮兮呀！」梁娟娟大聲分辯。

「哼，我們要是考不取大學，連小學教員也當不上呢。」龍彩雲說。

「眞要命！我們既不會唱歌，又不會跳舞，要是再考不上大學，眞是死路一條！」葉鳴鳳說。

「考不考得取大學，沒有什麼大不了！我才不死。」梁娟娟身子一扭，脚步一滑，裙子一旋，自然形成一個很美妙的舞姿。「舞廳夜總會總比碧潭淡水河好。」

「嗨，大清早別談這些鬼事！」錢婷婷揚起女高音，笑着白了梁娟娟葉鳴鳳一眼：「沒上大學的人多的是，何必死呀活的？」

車子嗞的一聲在她們面前停住，車上人不少，站上的人也多。車子沒來以前排隊排得好好的，車子一來就像打翻了一窩蜂，大家亂擠一通，上的不能上，下的不能下，亂了好半天，龍彩雲她們才擠上去，前後左右擠得水洩不通。女生擠得哇哇叫，男生說俏皮話，或者罵人。

她們在學校門口下車，有的在豆漿攤上吃早點，有的買兩個燒餅往書包裏一塞。龍彩雲、錢婷婷、梁娟娟三人走到學校福利社，龍彩雲買了兩個麵包，錢婷婷買了一瓶牛奶，一個麵包，梁娟娟買了兩塊蛋糕，三人匆匆吃了，趕到樓上。葉鳴鳳吃過早飯，在教室門口的走廊上唸書。梁娟娟和錢婷婷把書包往自己的小課桌上一放，坐在走廊欄杆的橫檔上，一手抱着柱子，兩脚盪來盪去，嘴裏東一句西一句地和同學談話。

「妳們的功課準備好了？」葉鳴鳳問她們兩人。

「我才不管它，昨天晚上照樣跳舞。」梁娟娟毫不在乎地說。

「妳呢？」葉鳴鳳又問錢婷婷。

「去電臺唱了幾支歌，回來就睡覺。」錢婷婷輕鬆地回答。

「妳們眞愜意！」龍彩雲說：「昨天晚上我開到一點多鐘。」

「那又何必？」錢婷婷捏捏龍彩雲的膀子說：「妳看妳瘦得像隻板鴨！」

「爲聯考拼命，我才不幹！」梁娟娟說。

「妳們都有一技之長，我們怎麼能比？」葉鳴鳳說。

「妳們是好學生，我們是賴學生，我們才不能比。」錢婷婷說。

「噯呀！別提，別提！」龍彩雲連忙搖手：「我們沒有一點長處，不得不應付考試，眞可憐兮兮。」

「只有十幾分鐘就要上課了。」梁娟娟看看錶說：「妳們還不把書拋掉，輕鬆一下？」

「好，聽妳的！」葉鳴鳳把書扔到桌上，又把龍彩雲的書包向教室一拋。

「來，我教妳們跳慢四步。」梁娟娟從欄杆橫檔上跳下來，拉着葉鳴鳳說。

「訓導主任看見了要挨罵的。」葉鳴鳳膽怯地說。

「管她的！我們是畢業生，她還好意思把我們開除？」梁娟娟拖着葉鳴鳳跳了起來。

葉鳴鳳又矮又胖，身子不大靈活。梁娟娟亭亭玉立，兩人就像勞萊哈臺，看起來十分滑稽，龍彩雲笑得前仰後合。

「妳別拉我出洋相！」葉鳴鳳掙脫了梁娟娟的手，梁娟娟好笑。

「妳要是多跳跳，就不會這麼胖。」梁娟娟打趣地說。

「妳別瞎胡扯！我生來就胖，妳不知道我爸爸是個大胖子？」葉鳴鳳說。

「哦，我忘記了妳是祖傳！」梁娟娟一笑，又把手向龍彩雲一伸，姿勢很美。「彩雲，來，妳是瘦子，我帶妳不吃力。」

「不行，我也不是這塊料。」龍彩雲連忙搖手。

梁娟娟一把將她拉住，拖着她跳，邊跳邊說：

「妳要是像我一樣愛玩，蹦蹦跳跳，就不會這麼瘦小。我從小練芭蕾舞，所以身材還可以pass。」

「妳要是不愛跳舞，功課一定很好。」龍彩雲說：「我們都是顧此失彼。」

「身體是事業的本錢。我寧可不升大學，却不願把自己弄成個林黛玉。」梁娟娟說，又回頭望望錢婷婷：「錢婷婷，妳說是不是？」

「我同意。」錢婷婷右手一擧，姿勢優美。「尤其是唱歌，身體不好，中氣不足，就別想出頭。」

梁娟娟一時興起，越跳越快。她拖着龍彩雲團團轉，龍彩雲跟不上，她手一鬆，率性一個人跳，她跳得又快又好，步伐一變再變，由恰恰而阿哥哥，全身上下抖動，錢婷婷她們也忘了形，鼓掌叫好，英文老師來了她們也不知道，直等到他說：

「看樣子妳們都不想上大學了？」

她們才驀然警覺，抱頭鼠竄。梁娟娟一個狐步滑到教室門口，溜進教室，大家又莫名其妙地一陣喧笑。

「妳們這些女孩子眞不知道天高地厚？」英文老師走上講臺，掃了大家一眼說：「聯考那麼困難，妳們的功課又不好，還不用功。我看要想過關，眞比駱駝穿針眼還難。」

大家面面相覷，有的伸舌頭，有的眨眼睛，怪模怪樣。梁娟娟斗膽說：

「老師，你教我們一點過關的秘訣嘛？」

她們的課程已經上完，總複習也過了一個禮拜。英文老師已經準備好了一套課外習題，是從歷屆大專聯考試題裏摘出來的。他聽梁娟娟這樣說，故意賣個關子，臨時在黑板上出了一個總複習的題目讓大家作，限定十五分鐘交卷，大家慌慌張張地拿出練習簿來，埋頭作答，鴉雀無聲。

大家交卷之後，他才宣佈：

「今天開始敎你們課外習題，如果這些題目你們都會做，英文這一門過關就沒有問題。平時不及格的要格外用功。」

隨後他把油印的習題交給班長，叫班長分發。

平時不及格的學生開始嘰嘰喳喳，想請老師特別補習。梁娟娟悄悄地對錢婷婷說：

「我看老師的話中有話，我們乾脆請他特別補習吧？」

「臨時抱佛脚，怎麽來得及？」錢婷婷說。

「聯考還有兩個月，撈到一題是一題。在這種節骨眼兒上，向家裏要補習費還不是有求必應？」

「死鬼，妳專打歪主意！」錢婷婷用手肘撞了梁娟娟一下。

「將來賺了錢報答他們就是。」梁娟娟輕輕回答：「得人錢財，替人消災。老師收了我們的補習費，總得教我們一點秘訣！」

「怎麽妳早沒有想到？」錢婷婷笑問梁娟娟：「聽說好幾位有錢的同學，早在王老師家裏特別補習了。」

「我玩得昏頭昏腦，那會那麽早想到補習？」梁娟娟兩肩一聳，活像個女明星：「現在才想到臨時抱佛脚，妳補不補？」

「妳補我也補。」

「我當然補。」梁娟娟用力點頭。

「光補英文一門也不行。」錢婷婷想到別的課。

「英數全補，乾脆來個十全大補丸。」梁娟娟一面回答錢婷婷，一面反過身來問後座的龍彩雲和葉鳴鳳：「喂，妳們補不補？」

龍彩雲和葉鳴鳳的家庭環境都不好，兩門全補每月得花兩百，恐怕家庭無力負擔。龍彩雲遲疑了一下，故意說：

「現在禁止補習，不知道老師肯不肯補？」

「放心，沒有人不見錢眼開的。」梁娟娟世故地說：「何況又不是在教室裏補習。老師的學問比我們大，他們早有他們的開門計。」

「那我們怎麼不到補習班去補？」錢婷婷說。

「補習班人太多，一班六七十個，份子又複雜；」梁娟娟說：「再說，我們半途插進去，接不上頭，可能也跟不上。補習班都是回鍋肉，要是我們今年考不取，明年再考，那倒不妨上補習班，從頭學起。現在只有兩個月，不如由自己老師補補，他們知道我們有幾斤幾兩，可以對症下藥，事半功倍。」

「梁娟娟，妳眞鬼！」葉鳴鳳笑着說：「要是妳這份心眼兒用在功課上，保險妳考取臺大。」——

英文老師在講臺上咳嗽了一聲，梁娟娟連忙回過頭去，不再作聲。

上午四堂課不是總複習，就是補充教材。大家都希望從補充教材中探索到聯考的秘訣，要老師教她們「猜題」。尤其是數學，如果能猜中三四題，最好拿分。聯考的成敗，數學的關係最大，有人得滿分，有人考零蛋，因此數學老師在她們心目中最有權威。別的課再好也拿不到滿分，再壞也不會吃鴨蛋。

數學老師也發了補充資料，而且告訴她們那類的題目可能性最大。

中午大家都不回家，有的吃便當，有的買飯買麵包吃，飯後多半伏在課桌上午睡。身體好精力旺的把椅子搬到走廊上當風坐着，談談笑笑。

梁娟娟和錢婷婷的精神很好，她們坐在走廊上有說有笑。葉鳴鳳人胖，愛睡，她伏在桌子很快就睡着了。龍彩雲想睡，錢婷婷梁娟娟的談笑聲却使她無法入睡。梁娟娟看她伏在桌上翻來覆去，就高聲叫她：

「龍彩雲，我們相處的日子不多了，睡不着不如過來聊聊。」

「還不是那麽幾句老話，有什麽好聊的？」龍彩雲邊走邊說：「不如要錢婷婷唱支歌給我們聽。」

「對！婷婷，好久沒有聽見妳唱歌了。」梁娟娟鼓掌附和。「來一個吧？」

「習題一大堆，聯考沒有一點把握，煩都煩死了，還唱什麽歌？」錢婷婷雙眉微微一皺，樣子十分嬌媚。

「黃蓮樹下彈琴，苦中作樂呀！」梁娟娟說：「年紀輕輕的，爲聯考煩死了才划不來呢！」

「對，我們日日夜夜趕三關，緊張死了，連電影都不敢去看，真的應該輕鬆一下。」龍彩雲說。

「金嗓子，來，一二三——唱！」大家起鬨，鼓掌，踏脚打拍子。

「唱什麽好呢？」錢婷婷拗不過大家，笑問。

「妳會唱的歌兒多的很，唱支輕鬆的好了。」大家說。

「好，我唱姑娘十八一朵花。」

於是她微微咳嗽一聲，不高不低地唱起來：

姑娘十八一朵花，一朵花

眉毛彎彎眼睛大，眼睛大

紅紅的嘴唇雪白牙，雪白牙

粉色小臉，粉色小臉賽晚霞，啊……

姑娘十八一朵花，一朵花

她的音色非常甜美，唱完一段大家就熱烈鼓掌叫好。梁娟娟卻學着她的腔調邊跳邊唱：

姑娘十八一朵花，一朵花

大專聯考沒辦法，沒辦法

誰人護航我就嫁給他，嫁給他……

她自編自唱，還沒有唱完，大家都笑的前仰後合，伸不直腰來。錢婷婷和龍彩雲摟着她，又搓又揉，她自己也笑的上氣不接下氣，搖搖晃晃，蹉着醉八仙的步子，十分洒脫優美。

第三章 穿旗袍雍容華貴 看明星異想天開

錢婷婷和梁娟娟揹着書包逛街，兩人像一對姊妹花一樣，手牽着手，看看窗櫥，在書店買了一枝原子筆；在百貨店看到時興的夏季衣料，很想買，身上又沒有錢；穿了這麽多年學生制服，早已生厭，她們很想做件旗袍穿穿。穿了旗袍才像個大人，才會曲線玲瓏，端莊大方。她們看見別的女人穿着旗袍的背影是那麽美那麽優雅，心裏眞有說不出來的羨慕。

「不管考不考得取大學，這身制服以後可以不穿了。」梁娟娟說。

「妳可以做件旗袍穿穿，」錢婷婷說：「妳的身材好，穿了旗袍更漂亮。」

「漂亮不漂亮不管它，穿了旗袍才像個大人，不再是黃毛丫頭了。」梁娟娟說：「妳也做件穿穿看？」

「我也是這樣想。」錢婷婷點點頭。「制服穿在身上好像一輩子也長不大似的。」

「尤其是妳，唱歌一定要穿旗袍，那樣才雍容華貴呢！」

「不管怎樣，畢業時我們每人做一件，表示我們已經長大，和黃毛丫頭正式告別。」錢婷婷高興地說。

「ＯＫ！」梁娟娟清脆地回答：「今天回家我就要我媽帶我去做。」

她們兩人從百貨店又逛到書攤，衡陽路的書攤不少，梁娟娟買了一本電影雜誌，她對於中外電影明星如數家珍。錢婷婷忽然靈機一動，笑着對她說：

「妳要是能當電影明星，一定會大紅大紫。」

「我看那比考大學還難？」梁娟娟望望錢婷婷，隨後又一笑：「要是我眞能當電影明星，我一定請妳幕後代唱。」

「我一定捧場。」錢婷婷笑着回答。

兩人妳望望我，我望望妳，不禁格格大笑。

她們走到博愛路口，看到窗櫥裏有很多歌星明星的勞軍照片，又停下來觀看。那幾位女明星都是五鳳公司新錄取的基本演員，年齡和她們不相上下，高中還沒有畢業，電影也沒有演過，就以明星姿態出現，到處獻花，剪綵。

「她們的運氣眞好！高中還沒有畢業就當上了明星。」梁娟娟說。

「其實妳比她們强，她們的舞沒有妳的好。」錢婷婷說。

「她們長的漂亮。」梁娟娟說。

「妳也不比她們差呀！」錢婷婷打量梁娟娟：「妳要是脫下制服，換上旗袍，再一化粧，不比她們强才怪！」

「那妳比她們更强！」梁娟娟也打量錢婷婷：「她們沒有妳會唱歌，妳也比她們老練成熟，至於face，妳也決不在她們之下，拍起照來妳比誰都上鏡頭。」

「她們運氣好嘛！」錢婷婷笑着回答。

「要是考不取聯考，我們最好也向這方面發展。」梁娟娟說。

「妳可以，我還是喜歡唱歌。」錢婷婷說。

「她們還有一樣好處，不必參加聯考受罪。」梁娟娟說。

「她們的學校比我們的還賴，就是參加也考不取。」錢婷婷說：「我如果不是想去羅馬學聲樂，我才不參加大專聯考。」

「如果考取的不是音樂系，妳讀是不讀？」

「興趣不投，縱然考取了我也不讀。」

「妳不想混個資格？」

「混個資格也是爲了吃飯，光是一個大學資格還不如我去酒店夜總會唱歌。」

「我眞糟糕！」梁娟娟縱肩一笑：「大專旣沒有舞蹈系，臺灣又沒有正式的舞蹈學校，我眞兜着豆子沒有鍋鈔。要是能够考取一個賴學校，我也只好鬼混一張文憑再說。」

一我們的功課賴，學校賴，八成兒會被刷下來。」

「那我們早點回家吧，何必在街上殺時間？」

「我要到電臺錄音，那我們擺擺。」錢婷婷一面說一面擺手。她是鶯聲電臺的特約歌星，每星期六要播她幾支歌。有時是實況，有時是事先錄音。

梁娟娟聽她這樣說，有點羨慕地說：

「妳倒好，沒有畢業就找到了工作。」

「這算什麼工作？」錢婷婷停步一笑：「一個月才三百塊錢的車馬費。」

「那妳何必去？」梁娟娟說。

「這是我媽的主意，」錢婷婷回答：「她還託了電臺上的王阿姨說人情呢！不然還弄不到手。」

「噯喲！」梁娟娟嘆了一口氣：「三百塊錢的事還要託人情，我才不幹！」

「我媽說這是小魚釣大魚。要是沒有電臺的宣傳，人家夜總會怎麼會找我唱歌？」錢婷婷說。

「妳媽眞有政治頭腦！」梁娟娟把大姆指一翹，隨後擺擺手：「擺擺，我要回家了。」

錢婷婷也擺着手走開。

梁娟娟回到家裏，把書包往桌上一摞，大聲大氣對母親說：

「媽，我要補習。」

梁太太望望她，漫不經心地回答：

「妳晚上少跳幾次舞，安心在家做做功課不就得了？何必補習？」

「不行，我自己不會做，一定要老師教。」梁娟娟回答。

「難道妳在學校裏就不聽講？」

「聽一遍我還是不懂，何況課外習題又非補習不可，不然就休想考取聯考。」

「補習了就一定能夠考取？」梁太太打量她。

「要是補習，還有一點希望；不補呢，那就想也別想了！」

梁太太沉吟了一會，望望女兒，問：

「妳打算補習幾門？」

「兩門。」

「那兩門？」

「英文數學，我決定考乙組，不補理化。」

「補習費多少？」

「一門一百，兩門兩百。」

「好吧，好吧！」梁太太無可奈何地說：「妳要是平時多用功，就不要花這筆寃枉錢。」

「媽，只怪我們學校太賴，不能怪我不用功！」

「妳別屁股不正怪板凳歪！」梁太太白了女兒一眼。

「媽，不是我說冤枉話，」梁娟娟申辯：「去年畢業班一個也沒有考取。」

「他們是不是也補習了？」

「事不關己不勞心，那我怎麼知道？」

「今年妳們班上的同學呢？」

「她們老早補習了。」

「那今年看妳們的吧？」

「我不敢說，我們班上有兩個死用功的同學，很可能考取。」

「誰？到我們家裏來過沒有？」

「龍彩雲和葉鳴鳳，上學期來過。」

「是不是那一胖一瘦的兩個女生？」

「正是！」梁娟娟嗤嗤地笑。

「妳笑什麽？」梁太太白女兒一眼：「人家用功妳爲什麽不用功？」

「媽，妳看！一個胖得像矮冬瓜，一個瘦得像板鴨，這就是用功的好處！」梁娟娟揶揄地說。

「妳不用功，長了這麼高又有什麼用？」梁太太看女兒長得婷婷玉立，口裏雖然責備她，心裏却頂歡喜。

「媽，有用沒有用，不一定決定在誰用不用功？」梁娟娟拖聲曳氣地說：「錢婷婷和我一樣不用功，她已經是鶯聲電臺的特約歌星了！夜總會還出高價邀請她呢！」

「那也並不是什麼好事。」

「媽，妳別老古板！說什麼好什麼壞的。我看這年頭兒呀，有錢就好，其他都是假的！」

「鬼丫頭，妳怎麼會有這種想法？」梁太太笑着罵女兒。

「媽，妳別少見多怪！」梁娟娟調侃母親：「事實如此，怎麼能怪我有這種想法？人家錢婷婷的母親就比妳開明得多！她會想辦法，托人情，把女兒弄到廣播電臺去當特約歌星，一登龍門，這才身價百倍啦！」

「難道妳也想媽把妳弄去跳舞？」

「要是考不取學校，跳舞總比在家裏窮泡好。」

「丫頭，妳瘋了？怎麼一回家就胡說八道？」

「媽，人家好好的，怎麼會瘋？」梁娟娟笑嘻嘻地說，向母親把手一伸：「媽，拿錢來！」

「妳要錢幹什麼？」

「繳補習費呀！」

「怎麼一說補習就要繳錢？」

「不繳錢老師會給我補習，那有這麼好的事？」

「沒有錢。」梁太太故意搖搖頭。

「媽，妳何必在我面前裝窮？」

「丫頭，沒有就是沒有，誰在妳面前裝窮？」

「好，妳捨不得補習費，我就不參加聯考。」梁娟娟身子扭了幾扭，輕俏地說。

梁太太望着她無可奈何，只好在皮包裏拿出兩百塊錢給她。她接到手之後又說：

「媽，剛才我和錢婷婷在百貨公司看到兩種好衣料，等會妳帶我去買，我要做件旗袍。」

「妳做旗袍幹什麼？」梁太太兩眼一瞪。

「媽，我這麼大的人了，不該穿旗袍？」梁娟娟指指自己的鼻尖說：「馬上就要畢業了，學生制服還能穿一輩子？」

「妳不是有很多裙裝？」

「裙裝不够意思，穿旗袍才像個大人。」

「丫頭，我沒有看見妳好好地讀書，只看見妳要吃、要玩、要穿！」

「穿衣服也不是什麽壞事，我穿得漂亮，妳臉上也有光彩。錢婷婷已經定做了一件呢，我就這麽寒酸？再說，高中畢業妳總得送我一件禮物呀？」

梁太太又好氣又好笑，指着女兒說：

「妳要是能考取大學，我就送妳一件旗袍。高中畢業算不了什麽，別想。」

「我要是考取了大學，另外得送一份厚禮。高中畢業也是十二載寒窗，送一件旗袍又算得了什麽？」

「妳讀到高中畢業，不知道花了我多少錢？還要我送妳旗袍，看妳將來拿什麽還我？」

「等我賺了錢，我加倍報答妳。」

「現在說得好聽，等妳會賺錢時又要出嫁了，將來有了丈夫還記得我這個娘？」

「媽，妳扯到那裏去了？」梁娟娟用力把母親搖了幾搖：「媽，妳到底送不送？」

「好，我送，我送。」梁太太被女兒搖得暈頭轉向，只好答應。

吃過晚飯，梁娟娟就逼着母親陪她去買衣料，梁太太對她說：

「衣料我會買，妳不必跟着去，妳留在家裏做功課好了。」

「不行，妳是老古板，妳買的花色不合我的意，我要親自去挑。」梁娟娟說。

「到了這種節骨眼兒，妳還不用功讀書，在街上浪費時間幹什麽？」

「從明天起，我安心讀書，今天率性一道把衣服量好，免得以後再去。」

「好吧，寃家，就依妳的！下不爲例，以後妳可別想耍花槍！」梁太太的食指在女兒額上一點。

梁娟娟笑着把母親一摟，推推攘攘地把她推出門來。

來到街上，恰巧碰着錢婷婷從電臺回來。錢婷婷問梁娟娟又上街來幹什麼？她說買旗袍料，梁太太問錢婷婷：

「婷婷，妳是不是眞做了旗袍？」

梁娟娟連忙閃到錢婷婷的身後，拉拉她的黑裙子，錢婷婷會意，連忙回答：

「是的，伯母，我剛做好。」

「說眞的，妳們穿旗袍還早了一點。」梁太太說。

「媽，妳看我們是不是沒有妳高？」梁娟娟把錢婷婷拉着和梁太太站在一塊，兩人都比梁太太高。

梁太太笑着搖頭，打趣地說：

「妳們雖然比我高，看起來還是黃毛丫頭。」

「媽，妳不要倚老賣老，我們早就是大人了。」梁娟娟一面對母親說，又向錢婷婷眨眨眼睛：「婷婷，妳說對不對？」

錢婷婷笑着點頭，又向她們擺擺手。梁娟娟一把拉住她：

「婷婷，不要走，陪我一道去買，一道去量。」

錢婷婷指指肚子說：

「不能奉陪，它在唱空城計。」

梁娟娟母女要請她吃麵，她笑着跑開了。

「我看妳們班上的同學，就是妳們兩人的花樣多！」梁太太對女兒說。

「媽，我們班上五十多位同學，花樣比我們兩人多的有的是，妳還不知道呢！」

「龍彩雲、葉鳴鳳不是規規矩矩的？」

「我說了她們兩人是蛀書蟲，讀死書的。」

「這才是好女兒，她們決不會吵着要母親做旗袍的。」

「媽，妳不知道，她們的家庭環境不好。像我們這麼大的女孩子，誰不愛穿紅着綠的？」梁娟娟指指街上穿得花枝招展奇裝異服的少女說：「我不穿牛仔褲已經算好了。」

梁太太望望那些穿花襯衫，牛仔褲，將身子裹得緊緊的女孩子，心裏有點厭惡，她覺得女兒只要做旗袍，倒還是一件好事。她高興地帶着女兒走進一家大百貨公司。

母女兩人挑了又挑。母親要素的，女兒要花的，費了一番口舌，還是女兒勝利。

買好了料子，母女兩人又一道去西門町那家專做旗袍的成衣店。梁娟娟知道電影明星都是在這一家做的，所以她選了這一家。

裁縫師傅替她量量三圍大小，梁太太要裁縫放寬一點，梁娟娟要裁縫縮緊一點，母女兩人又嘀嘀咕咕，最後梁娟娟對母親說：

「媽，是我穿還是妳穿？是妳穿，我自然由妳；是我穿，妳就由我如何？」

「妳還在長，我怕妳明年穿不上。」梁太太說。

「媽，妳放心，我不會像妳一樣往橫長。」

梁太太氣得罵了女兒一句「死丫頭！」

裁縫笑着說：

「小姐的身材的確很好，穿緊一點更俏。很多電影明星趕不上她。」

梁娟娟開心地一笑，故意望望母親說：

「媽，人家裁縫師傅才是老經驗呢！」

「丫頭，妳穿了旗袍，要是考不上大學，我看妳鑽地洞吧！」梁太太瞪着女兒說。

第四章 守本分提錶見財 養小雞自我解嘲

龍彩雲、葉鳴鳳兩人沒有逛街，一放學就搭車轉到北門。在北門候車時葉鳴鳳想起補習的事，問龍彩雲補不補？龍彩雲說要回家商量。

「妳補不補？」龍彩雲反問她。

「我想補，但是我怕拿不出這筆補習費。」葉鳴鳳回答。

「你們家不是養了一百多隻來亨雞嗎？」龍彩雲知道葉鳴鳳的父親養了幾年雞，那些雪白的來亨雞十分可愛，他看成寶貝似的，她以爲一定有很大的出息。

「別提那些鬼雞！」葉鳴鳳搖頭嘆氣。「雞糞臭死人，現在蛋才十二塊錢一斤，生得又少，還不够本呢！」

「那又何必養牠？」

「我爸爸現在也是騎虎難下！賣嗎，來亨雞才十二塊錢一斤，一隻雞頂多賣三十多塊錢，養大一隻雞却要上百塊，眞賠老本！再說，不養雞，那些架子設備原來花了上萬塊錢，那就一文不值了！」

「世界上的事眞不公平！」龍彩雲說：「梁娟娟，錢婷婷她們的家庭環境比我們好，就是不用功讀書；我們想讀書。家庭環境又不好。」

「妳比我還好些。」葉鳴鳳說。

「我們四個人上學，兩個大學，兩個中學，如果我考得取，那就是三個大學，我爸爸一個人作事，也負擔不起呀！」龍彩雲說。

「眞倒楣！」葉鳴鳳笑着嘆口氣：「我兄弟姐妹比妳還多，偏偏我又是老大！」

「老大有好處也有壞處。」

「哼，我要是考不取大學，就非作事不可！明年休想再考。」

「要是考不取聯考，還可以考夜間部。」

「夜間部要讀五年，遠水不救近火，我爸爸希望我早點賺錢。」

「讀夜間部有個好處，白天可以做事。」

「好是好，就是找不到事。」

「說也奇怪，別人找事那麽容易，我哥哥姐姐找事却那麽困難。」

「我爸說：人事，人事，沒有人就不容易找到事。我爸在家裏泡了好幾年，只好養鷄，我是想也別想的。」

兩人你一句，我一句，直談到車子來時才住嘴。在車上擠得像沙丁魚，索性閉起嘴來。

回到家裏，龍彩雲想提補習的事，遲遲不敢開口。直到飯後，一家人坐在一起聊天，她才試探地說：

「我們班上有好多同學參加補習，不知道我要不要補？」

「補習什麼嘛？」龍太太問。

「考甲組丙組的，補習英數理化；考乙組丁組的，只要補習英數兩門就夠了。」龍彩雲說。

「英文你請君姐給妳補習不就得了？何必化寃枉錢？」龍士舜說。

「小弟，我教她不了。」龍彩君說。

「君姐，妳何必客氣？」龍士舜說：「像雲姐這樣的賴學生，那還不容易教？」

「你狗臭屁！你來教好了！」龍彩雲馬上接嘴。

「怎麽你們兩人一回到家裏就鬪嘴？」龍太太瞪着小兒子小女兒說。

「誰叫他管我的事？」龍彩雲說。

「妳讀那麽個賴學校，花了許多錢，還要補習，妳自己也不想想應不應該？」龍士舜說。

「我也沒有說一定要補習，要你多什麽嘴？」

「好，妳去補習，我去做事。」龍彩君說。

「妳找到了什麽事？」龍太太望望大女兒。

「有一家新開的大使酒店，專門做越南來臺渡假美軍的生意，同學介紹我去。」龍彩君說。

「妳怎麼能去那種地方做事？」龍文淵瞪了女兒一眼。

「那是專門賣酒的，不是酒吧。」龍彩君說。

「賣酒也不是什麼好事。」龍文淵說。

「好事情我們又找不到，都坐在家裏吃閒飯也不是辦法。」

「君姐，有多少錢一個月？」龍士舜問。

「八百。」龍彩君回答。

「妳白天要上學，那有時間做事？」龍太太問。

「人家是晚上的生意。」龍彩君說。

「晚上妳不睡覺？」

「晚上有兩班，六至十二，十二到天亮，還是可以睡覺。」

「不要去幹那種事！」龍文淵生氣地說。

「你的薪水又不够開支，不妨讓她去試試。」龍太太說。「她唸的是外文，也讓她有個開口的機會。」

「胡說！在那種地方還能說出什麼高尚的英語！」

「錢不够用，這樣僵在家裏也不是辦法。」

「慢慢地找別的工作。」

「找了一兩年，還是找不到。像你這樣古板，我看她畢業後也不一定能找到工作。」

「女孩子不比男孩子，找事情不能不慎重。」

「老大是男孩子，他唸的是國文，連當家教都沒有人請。」

「所以我不主張彩雲唸乙組，兩個唸乙組的沒有出路，再加上一個，更沒有出路。」

「本來我想學英文打字，又沒有錢繳學費。」龍彩君說：「現在外國機關，私人公司，徵求英文秘書都要會打字，而且每分鐘起碼打四十個字，我不會打，所以不能應徵。我看不如先到大使酒店工作一兩個月，賺點錢去學打字，再找個英文秘書工作，爸爸你看怎樣？」

龍文淵沉吟不語。龍太太一半埋怨一半慫恿地說：

「你別再死腦筋，把女兒看成千金小姐，怕失身份。現在男女平等，金錢第一，只要不偷不搶，行得正，坐得穩，什麽工作不可以做？她的同學能做，她怎麽不可以做？」

「妳知道大使酒店的情形嗎？」龍文淵問大女兒。

「和酒吧不同，是專門賣酒的。我們的工作只是在櫃臺裏照顧，洋人要什麽酒，我們就拿什麽酒，不做別的事。」龍彩君回答。

龍文淵想起美國西部電影裏酒店的情形：一個橢圓形的櫃臺，櫃臺外面一列圓櫈，客人坐着或靠着櫃臺喝酒，裏面一男一女伺候客人。這種職業自然談不到高尚，太下賤也不至於。以他的意見是決不讓女兒幹這種工作，尤其是晚班。但是他賺的錢不够開支，小女兒要補習費，如果考取私立大學，他更負擔不起，這是現實問題。他朋友的女兒有當空中小姐的，也有在觀光飯店站櫃臺的，都是大學生，能講一口流利的英語，不然還幹不上呢。他想也許自己的思想眞的落伍了？現在的大學生是什麽都幹，只要有錢賺。就是那些在美國留學的，十之七八都是在餐館裏端盤子，洗碟子，或是作零工，當 Sister……這和他讀大學時那種公子小姐的派頭完全不同了。那時他們一心唸書，從來沒有想到找事，他一個月化的零用錢比女兒想去酒店工作的錢還多，只有別人服侍他，他決不服侍別人。尤其是女生，像皇后一樣尊貴，頤指氣使，那會看別人的臉色？現在變了，完全變了，他也捉襟見肘，養家活口都有問題，他能把女兒留在家裏作大小姐嗎？不能，不能，他沒有這個力量。

「妳去試試看，不合適別幹，我不在乎那八百塊錢。」龍文淵對女兒說。

「好，彩雲，妳去補習好了，我負責。」龍彩君對妹妹說。

「妳還沒有上班呢，補習費可得先繳。」龍彩雲說。

「請老師通融一下不行？」龍彩君說。

「我不想讓人家看不起，我寧可不補習。」龍彩雲說。

「我去想辦法好了。」龍太太說。

「媽，算了，我不補習。」龍彩雲說。

「妳們那些賴老師，補習也是白化錢。」龍士舜說。

「你少廢話！」龍彩雲馬上堵住弟弟：「再賴也比你高！」

「妳別和弟弟吵嘴，」龍太太對小女兒說：「妳看葉鳴鳳補不補習？如果她補習，妳也補習，我們再困難，也比她家好一點；如果她不補習，妳也不必補習。反正妳們的功課不算太差。」

龍彩雲心裏雖然極想補習，希望考上好大學。可是家庭情形如此，聽母親的口氣，又是能拖就拖，明知葉鳴鳳無錢補習，要自己和她一致行動，那不是不補？她心裏雖十分失望痛苦，還是匆匆忙忙趕到葉鳴鳳家探聽消息。

葉鳴鳳正在竹房裏幫助父親打掃鷄糞。葉耀湘正蹲在地上在脚盆裏拌混合飼料，他赤膊短褲，頭上，身上冒着豆大的汗珠，他的羅漢肚子使他蹲着做事更加吃力。他看見龍彩雲進來，笑着對她說：「鷄屎好臭，不要進來。」

「我不怕臭，」龍彩雲笑着回答。看他那一身大汗，禁不住問：「葉伯伯，有現成的飼料，你何必自己拌？」

「我這是特別飼料，」葉耀湘回答。「魚粉、奶粉、魚肝油，我親自調配，蛋白質的份量高，鷄吃了這種飼料一天要多生幾個蛋。」

「葉伯伯，你的鷄現在一天能生多少蛋？」龍彩雲問。

「六七十個。」葉耀湘回答。

「那你一天要賣不少錢啞！」龍彩雲羨慕地說，隨手在木盒裏拿起一個大蛋玩弄。

「也不過七十多塊錢。」葉耀湘回答。

「能賺多少？」

葉耀湘臉上泛起一絲苦笑，沒有立刻回答。葉鳴鳳笑着對龍彩雲說：

「妳最好別問我爸賺錢的事。」

「不，」葉耀湘笑着阻止女兒：「現在一天能賺十多塊。就怕鷄生病，換毛。」

「你這樣辛辛苦苦一天才賺十多塊錢，不如幹別的事情好。」

「要是一年四季都能這樣賺，我倒摟着後腦殼笑。換毛、生病、養小鷄時都得硬賠哩！」葉耀湘慢慢站起來，反轉手在背後捶捶腰說。

「葉伯伯，做什麽事都要賺錢，你養鷄怎麽賺不到錢？」

「飼料貴，蛋便宜，我又是小本經營，那有什麽錢好賺？」葉耀湘用手背擦擦額上的汗。再說，臺灣的來亨鷄生蛋率又不高，我買的小鷄又不好，平均只有五成蛋，蛋的本身沒有多少利息，人家養雞還可以賺一筆雞糞錢，我的地方小，鄰居討厭雞屎臭，雞糞送給山上的老百姓種竹子他還不肯按時來挑，反而要向他說好話，這筆雞糞一年倒値四五千塊，我就賺不到手。」

「葉伯伯，那你何必自辛苦呢？不養不行嗎？」龍彩雲說。

「盤蛇的總要有蛇盤，我不養雞幹什麼呢？」葉耀湘向龍彩雲一笑：「妳不知道空坐在家裏有多難過？我這樣餵餵雞，撿撿蛋，掃掃雞糞，忙得團團轉，日子倒很容易打發過去。連頭髮白了自己都不知道呢。」

「葉伯伯，你不覺得辛苦嗎？」

「嗬，」葉耀湘聳肩一笑：「妳不知道葉伯伯從前在軍隊打仗的時候，風裏雨裏，一兩天不吃飯也是常事，現在養養雞這算什麼辛苦？」

說着他把口袋提起來，要葉鳴鳳牽着，龍彩雲連忙上前幫忙。他把脚盆裏拌好的飼料一瓢瓢地勺進袋裏，最後端起脚盆往口袋裏倒。龍彩雲笑着說：

「葉伯伯，你的力氣倒不小。」

「光賣力氣不行，還得懂點技術。」葉耀湘笑嘻嘻地說：「我不會砌房子作木工，所以七十塊錢一天的工錢我就賺不到。」

「要是眞有人找你做工你也幹？」龍彩雲打量他那副身架，完全像個做大官發大財的樣子，根本不像個做工的，她覺得連養鷄也受了委屈。

「怎麽不幹？」葉耀湘笑嘻嘻地回答：「只要不當小偷，不做壞事，憑力氣賺錢，怎麽不幹？」說着他把一大袋的飼料拖到木架上放着，以免受潮。隨後又把葉鳴鳳掃好的兩桶鷄糞，挑到角落裏藏着，一身輕鬆地對龍彩雲說：

「養鷄雖然賺不到什麽錢，我倒很有興趣。」隨即用手向隔壁指指，作了一個怪相說：「就是怕他們嫌鷄屎臭，打鷄駡狗。」

龍彩雲看她那副老天眞的樣子，心裏好笑。他却走到鷄架邊，用手敲敲食槽，很多鷄都伸出頭來啄飼料。他用手摸摸那鮮紅的大冠，鷄非常馴，一點不怕。他高興地對龍彩雲說：

「以前葉伯伯帶的是虎豹兵，現在葉伯伯帶的是娘子軍，一個個嬌滴滴，比妳們女學生還嬌嫩。」

「爸，你又開玩笑！」葉鳴鳳說。

「彩雲不是外人，妳們的功課也壓得太緊，講句笑話輕鬆輕鬆不好？」葉耀湘對女兒說，又望望龍彩雲：「彩雲，妳說對不對？」

「葉伯伯，我眞沒有想到你還是這麽快活！要是我，愁也愁死了。」龍彩雲說。

「我從槍林彈雨中過來，活了這麽一把年紀怎麽不快活？」葉耀湘笑着摸摸大肚皮說：「愁死了才划不來，我還要帶鳴鳳他們回湖南老家呢。」

「葉伯伯，要是眞的回到湖南老家，你還養不養鷄？」龍彩雲問。

「要是我那份家業還收得回來，要養鷄也不是這麼小兒科。我隨便幹什麼一家人幾輩子也吃用不完，單是我屋後那片山，最少有二三十甲，要是像在臺灣一樣種果樹，妳說要值多少錢？」

「那我怎麼知道？」龍彩雲好笑。

「那我就變成臺灣的青果大王了。」葉耀湘翻翻眼睛一笑。

「爸，你別說夢話，我們想種一棵芭拉樹也沒有地方呢！」葉鳴鳳笑着潑冷水。

「我說的當然不是現在啦！」葉耀湘彷彿從夢中醒來，自嘲地說：「現在這點地方，眞是放屁也透不出臭氣。」

龍彩雲聽了好笑，他忽然想起什麼似的問她：

「彩雲，妳來了這麼半天，我還沒有問妳有什麼事？是不是關照葉伯伯的生意，要買幾斤蛋？」

龍彩雲笑起來，連忙搖搖頭：

「不是，不是，我買不起蛋。我是來問鳴鳳補不補習？」

「妳補不補？」葉鳴鳳問她。

「我正要問妳呢，」龍彩雲說：「妳補，我就補；妳不補，我也不補。」

「我沒有錢繳補習費，怎麼能補？」葉鳴鳳說。

「我還不是和妳一樣？那我們兩人都不補好了。」

「彩雲，妳媽藏了好多黃金美鈔，妳怎麼不補？」葉耀湘笑着說，若有其事。

「葉伯伯，你眞會講笑話？」龍彩雲說：「我家裏連新臺幣也沒有，那來的黃金美鈔？」

「妳媽藏起來了，妳怎麼知道？」葉耀湘穿起破汗衫說。

龍彩雲看他身上一個洞，一個洞，忍不住笑。葉鳴鳳對他說：

「爸，你別穿還好些。」

「這是我的洞洞裝，」葉耀湘嘻嘻笑，更像個彌勒佛。「妳們小姐現在不正趕時髦？穿什麼洞洞裝，上空裝嗎？」

「爸，彩雲來講正經事，你怎麼又講笑話？」

「好，我不講笑話，」葉耀湘往小櫈上一坐，望着龍彩雲說：「彩雲，我剛才說妳媽有黃金美鈔，妳相不相信？」

「我媽向來不藏私，」龍彩雲說：「我爸又不會賺錢，她愁都愁死了，一張美鈔都沒有見過。」

「妳別上妳媽的當，她是故意裝窮。」

「葉伯伯，你這話眞笑人！窮也是裝得像的？」

「妳看我們村子裏那個陳老頭子，他還不是裝得很像？他看起來比我還窮呢！」

「他不是很窮嗎？」龍彩雲馬上想起那個布衣布鞋，經常提着個小布包擠公共汽車的白眉白鬚的土老兒，那副窮樣子怎麼會是裝的呢？

「妳知道什麼？」葉耀湘故意白她一眼：「他在大陸上當西北王時妳還沒有出世呢！妳回去問妳爸爸，他的錢是不是可以開幾個銀行？」

「葉伯伯，你又講笑話！」龍彩雲忍不住笑說：「他買個雞蛋也要左挑右揀，買斤青菜也要自己帶秤，秤了又秤，他那會有錢嘛？」

「妳們小孩子見識少，所以容易上當。」葉耀湘笑着說：「當年我祖父冬天一件破棉襖，腰上繫根草繩，脚上一雙破棉鞋，不知道的人誰都會說他窮。有一年他和一羣人在路遇到攔路打刼的，別人都搜得精光，土匪看他那副窮相，揮揮手叫他滾，摸都沒有摸他一下，其實他腰上的板帶裏綑了兩三百光洋。」

「葉伯伯，這是你編的，你騙我們！」龍彩雲笑着打斷他的話。

「誰說是我編的？這是我祖父的事，我親眼得見。那年日本人打來時，我還幫着他挖地窖，埋了幾罈子光洋呢，我騙妳幹什麼？」

龍彩雲看他說得那麼認眞，瞪着兩眼望着他，葉鳴鳳也望着他。過了一會，龍彩雲又問：

「我眞不明白，他爲什麽要裝窮呢？」

「裝窮的好處多啦！妳回去問妳媽就知道。」

龍彩雲葉鳴鳳都被他逗笑了。龍彩雲將信將疑地問：

「葉伯伯，你說的陳老頭一點也不像做過大官發過大財的人，裝窮也裝不到那麽像呀？」

「這才是有辦法的人哪！隨時都會變。」葉耀湘笑着摸摸大肚皮：「像我窮得要死，一走出去別人還以爲我有幾千萬呢！」

「葉伯伯，誰叫你長得這麽胖？」龍彩雲望望他那一身肉，那個大肚皮，不禁好笑。

「肉又不値錢，我還不到一百公斤，賣給屠戶也不過幾千塊臺幣。」葉耀湘笑嘻嘻地說。

「嗳喲！葉伯伯！你講這種話聽來都怕人！」龍彩雲大驚小怪地說。

「爸，你一天到晚像撿了發財票，也不另外想想辦法多賺幾個錢給我繳補習費？」葉鳴鳳說。

「妳別傻，要我另想辦法賺錢給妳老師花。」葉耀湘笑着對女兒說：「只要妳多用點功，比老師補習還强。彩雲家裏有黃金美鈔都不補習，妳何必打腫了臉充胖子？」

龍彩雲又被他逗得笑了，笑後又說：

「葉伯伯，我家裏才沒有黃金美鈔，看樣子你眞有不少？」

「我是有好多。」葉耀湘笑着回答：「我不像妳媽一樣，私自藏起來，沒有一點利息，又不保險，我都存在臺灣銀行裏。」

「爸，你別窮吹！」葉鳴鳳說：「好在彩雲不是外人，不然眞要笑掉大牙！」

「她笑掉大牙我才高興呢！」葉耀湘指着龍彩雲說。

龍彩雲摟着葉鳴鳳格格笑，隨後又忍住笑說：

「葉伯伯，我才不笑你。說眞的，你借錢給我繳補習費好不好？」

「不是我不肯借，是妳的功課太好，用不着補習。」葉耀湘說。

他們正在說笑，那陳老頭却悄悄地走了進來。葉耀湘站起來問：

「老先生，是不是要買蛋？」

「我想買一斤蛋，新不新鮮？」陳老頭四周打量一眼說。那雙眼睛還很有殺氣，是唯一和他的「窮相」不大配合的地方。

「全是今天生的，保險新鮮。」葉耀湘回答。

陳老頭在蛋盒裏左挑右揀，又拿到耳邊搖搖。葉耀湘生怕他把蛋搖壞了，又不好不准他搖，只是一疊連聲地說：「保證新鮮，保證新鮮！」陳老頭還是左挑右揀，照搖不誤。他費了好半天，揀了十一個大蛋，交給葉耀湘過秤，葉耀湘稱了一下，拿出一個放進蛋盒。陳老頭馬上說：

「上次一斤十一個，今天怎麽只有十個？」

「上次的蛋小，今天的蛋大。」葉耀湘說。

「不是你少了秤？」陳老頭瞪着葉耀湘說。

「老先生，你自己有秤，你可以拿回去稱。」葉耀湘說。

陳老頭又嫌他的紙袋太厚，要他換個塑膠袋，他說沒有，陳老頭却從自己褲子口袋裏摸出一個塑膠袋遞給他，要他重秤。葉耀湘說：

「不必再稱，秤很够。」

陳老頭不相信，自己裝好再稱，不錯，是六百公分。陳老頭搭訕地說：

「我拿回去過秤，要是不够，可要一個罰兩個？」

「行！」葉耀湘爽快地回答：「除非你是十八兩老秤。」

陳老頭問多少錢？葉耀湘說十二塊五。陳老頭又討價還價，葉耀湘說：

「老先生，早晚市價不同，少了不能賣。」

陳老頭這才掏出十二塊五毛錢，雙手捧着蛋走了。

「吃不起就別吃，何必這麽窮嘍囌？」龍彩雲輕輕地說。

「他才吃得起呢，一天吃一隻雞也是小意思。」葉耀湘說。

「那他眞是爲富不仁！」龍彩雲說。

「我也多算了他五毛錢，這老傢伙也沒有撿到便宜。」葉耀湘說。

龍彩雲和葉鳴鳳都笑了起來。葉耀湘笑着說：

「俗話說：只有錯買的，沒有錯賣的。這老傢伙要是厚道一點，我就照批發價十二塊賣，他既然這麽厲害，我就照零售算。」

隨後他又檢查蛋，發現撞破了一個，他拿在燈下看看，裂了一條大縫，他又搖頭一笑：

「還是我吃虧。」

龍彩雲又好笑，他把破蛋交給葉鳴鳳：

「妳明天早晨煎了帶飯，營養營養。」

「葉伯伯，你養了這麽多鷄，自己不吃蛋？」龍彩雲問。

「俗話說：賣油的娘子水梳頭。我要是吃蛋，那不更要賠老本了？」

「反正你有錢，自己養自己吃不是更好？」龍彩雲笑着說。

「那有這麽傻的人？妳媽藏了那麽多黃金美鈔，她就捨不得到我這裏來買蛋。」

「彩雲，別和葉伯伯胡扯。」葉太太在房子裏傳過話來：「回去做功課要緊。」

「葉媽媽，我以後到處講你們家裏有黃金美鈔。」龍彩雲敞聲說。

「彩雲，千萬使不得！」葉耀湘連忙搖手，故意壓低聲音說：「小心壞人來綁票。」

葉太太聽到了，隔着窗子笑着罵他：

「把你綁到肉案子上去！」

龍彩雲和葉鳴鳳都笑了起來。葉耀湘笑着對女兒說：

「妳媽就想謀財害命。」

「說得那麼難聽！你的命能值幾個錢？」葉太太說。

「要是別人謀害我，鳴鳳的媽，妳倒可以敲他一竹槓呢！」

龍彩雲和葉鳴鳳又笑了起來。龍彩雲拍着葉鳴鳳說：

「你們家裏眞有意思。」

「可惜沒有錢，不然我爸更快活。」葉鳴鳳說。

「妳別丟我的人好不好？」葉耀湘望望女兒，又笑着摸摸自己的大肚皮：「從我算起，我們家裏誰又是窮相？」

「眞的！葉伯伯，你看起來比陳老頭富多了。」龍彩雲說。

葉耀湘開心地笑了起來。葉太太要龍彩雲回去做功課，龍彩雲笑着走開，葉鳴鳳送她出來，龍彩雲輕輕地問葉鳴鳳：

「妳眞的不參加補習？」

「我還會說假話？」葉鳴鳳回答：「妳別信我爸窮吹。」

「剛才我在家裏煩死了，聽妳爸說笑一頓，我也開心。」

「我爸眞是窮開心，好像我不補習也能考取？我心裏可眞急！」

「如果錢婷婷和梁娟娟考取了，我們兩人名落孫山，那才丟人！」

「那眞說不定？她們有錢補習，人又聰明。」

「那我們只好天天開夜車，把書讀的滾瓜爛熟。」

「除此以外，還有什麼辦法？」葉鳴鳳向龍彩雲苦笑。

龍彩雲也向她苦笑。要是葉鳴鳳補習，她就可以理直氣壯地回家去對母親講，葉鳴鳳既不補習，她回家去連口也不能開。她望望葉鳴鳳，輕輕嘆口氣，自言自語：「我眞希望妳能補習。」

我也有藉口

第五章 葉耀湘君子固窮 彩雲姐酒店上班

葉鳴鳳送走龍彩雲之後，趕忙洗澡。剛才打掃鷄糞時，裙子弄髒了。臺糖飼料的鷄糞稀而且特別臭，不如混合飼料乾爽。本來她父親不要她做這些髒事，她覺得父親太辛苦，往往抽空幫幫他的忙。她自己洗過澡後，又幫着最小的弟弟洗澡，她母親也忙不過來。

她正準備做功課，她父親晃過來輕輕地對她說：

「妳補習好了，明天早晨我給妳兩百塊錢。」

葉鳴鳳又驚又喜，停了一會說：

「爸，你不是說欠了一千多塊飼料錢嗎？」

「讓它再欠一下，妳考學校要緊。」葉耀湘說。

「現在只有五六斤蛋，你那裏去變兩百塊錢呢？」

「有幾隻生蛋不大好的鷄，我決定淘汰，明天大清早送出去，回來就有錢。」

「這樣不是賣一隻少一隻，以後的日子不更艱難嗎？」

「本來我還想保住一點老臉皮。」葉耀湘抓抓後腦說：「現在事情急了，不拉下這張老臉皮不行。」

「爸，你準備幹什麼？」葉鳴鳳發急地問。

「不要慌，」葉耀湘笑着搖搖手：「爸不會做强盜賊。」

「那你幹什麼？」

「我決定賣菜。」葉耀湘從容地回答：「這問題我考慮了很久，不是今天才想起的，光靠養鷄實在不能維持生活。可是以前我下不了這個決心，現在非幹不可。也許眞的窮則變，變則通也說不定。老王賣了幾年菜就發了個小財，買了三間瓦屋，一部三輪機車，這是我們親眼看見的。」

「爸，你和他的地位不同。」葉鳴鳳提醒父親。老王過去是他的雜兵。

「儍孩子，好漢不提當年勇，現在還談什麼地位？」他摸摸女兒的頭髮：「想當年，陳老頭進出小包車，一呼百諾，威風凜凜，一提起他的名字都會使人大吃一驚，現在他又怎樣？比起他來爸眞是小巫，賣賣菜也不算怎麼丢人。只要妳考取大學，爸以後不照樣作老太爺？」

葉鳴鳳聽了悲喜交集，眼淚在眼眶裏打轉，不知道怎樣說好？隨後她又想到錢，連忙問：

「爸，賣菜也要本錢，你給我繳了補習費，那有錢買菜？」

「羊毛出在羊身上，多賣幾隻鷄作本。好在青菜不要大本錢。當年如果我不是爲了面子，一開始就賣菜，不養鷄，那今天的情形可能好多了。」

「老王賣菜有三輪機車，你怎麽辦？」葉鳴鳳知道老王清早四點鐘就騎着三輪機車去中央市場買菜，他買了一大車菜回來時她正好上學。

「我也有一部老爺腳踏車。」葉耀湘笑着回答。

「腳踏車能載多少菜？」

「幾十斤就行。」葉耀湘說：「開頭不能貪多，我也不想一天發財。老王開頭不也是一部老爺腳踏車？」

「可是老王比你年輕。」

「妳以爲爸眞的老了？」他作了一個拉弓的姿勢，胸脯一挺，笑嘻嘻地說：「幸喜青山還在。憑爸這副身架，作粗事，賣力氣，也可以幹十來年，那時妳不老早大學畢了業？弟弟妹妹不也大了？有兒窮不久，無兒富不長，我怕什麽？」

葉鳴鳳激動得叫了一聲「爸」，眼淚滾了出來。葉耀湘拍拍她的背，走開，來到竹房。

他找出塞在角落裏的破門板，拼拼湊湊，把它釘起來，作爲賣菜的案板。隨後他又翻查生蛋紀錄簿，找出十幾隻只有三四成蛋的寡產雞，他一直捨不得賣，因爲養大一隻雞要五六個月，上百塊錢的成本，賣肉連一半價錢也賣不回來。三四成蛋自然只勉强够飼料，但也賠不了多少錢。而最難的是他和這些雞都有情感，雞從蛋殼出來他們就相處在一起，他認識每一隻雞，他知道牠們的冠上、脚上、尾巴上、翅膀上，都各有特徵，生蛋特別好的鷄他還在翅膀上掛了牌子。他替牠們治傷風感冒，打新城鷄瘟和霍亂預防針，餵驅蟲藥，他對鷄和父母對子女沒有兩樣。尤其是最初幾個禮拜，他半夜裏都要起來加水加飼料，看看牠們是不是啄毛啄脚？實在比養孩子還要辛苦。現在爲了女兒的前途，他不能不割愛了。

查過生蛋紀錄，他又走到鷄架邊上去看看那十幾隻寡產的鷄，牠們生了三四個月的蛋，頭一個月還有十六七個蛋，以後只有十一二個，總是生一個隔兩三天，或是生兩三個隔幾天，和那些多產鷄生十來個蛋隔一天完全不同，有兩三隻鷄甚至生六十多個蛋才隔一天，但大多數是生兩三個隔一天兩天，所以平均下來很不理想。

他抓出一隻七十八號的鷄出來，秤了一下，有三斤四兩，這是一隻比較肥的鷄。其他那些鷄他伸手摸摸胸脯和屁股，就猜得出牠們有多重？寡產的鷄有幾個特徵：就是屁股窄狹，肩背不寬，性情急躁。這完全是他觀察體驗出來的，證之生蛋紀錄，完全符合。他對着那十多隻準備明天賣掉的鷄，心裏有幾分歉意。他知道一賣出去，牠們頂多能活三兩天，甚至當時就宰。

「你要是能多生兩三個蛋，我就不忍心賣你。」他摸摸六十七號的鷄自言自語。這隻鷄生了四個多月的蛋，上個月只生十一個，四個月平均每月十二個。大概有三斤重，能賣三十多塊，足足要賠六十多塊錢。

葉鳴鳳悄悄走了過來，看他自言自語，禁不住問：

「爸，你對鷄說些什麽話？」

「我有點捨不得賣牠。」葉耀湘回答。

「捨不得就別賣。」葉鳴鳳說。

「我在牠身上已經賠了六七十塊，不賣也不行；要是這批鷄都像牠，這一下我就垮光了。」

「爸，你早點睡吧，明天早晨還得起個大早。」

「妳放心，我起得來。妳的功課作好了沒有？」

「還得一兩個鐘頭。」

「不要天天熬到一兩點，早點睡。」

「現在正是緊要關頭，不開夜車不行。」

「妳說實話，聯考妳到底有沒有把握？」葉耀湘和顏悅色地問女兒。

「爸，這很難說！」葉鳴鳳惶恐地回答：「去年畢業班就一個也沒有考取。」

「妳在班上的成績很好，應該有點希望？」

「爸，我們的學校賴，我不過是矮子當中的長子，怎麽能和北一女北二女那些好學生比？」

葉耀湘楞了一下，隨後又搖頭一笑：

「妳們現在考學校也像我當年打仗，以劣勢裝備和優勢的敵人作戰，自然很苦。」他伸手拍拍女兒：「不過不要緊張，妳放心考好了。我們父女兩人合作來打這一仗。」

「爸，我眞怕使你失望！」

「沒有關係，只要盡力。爸不怕失敗，跌倒了再爬起來。」他輕輕把女兒一推：「不要站在這裏，去做功課，做什麼事都要有信心，不能自己洩氣。」

「爸，你到現在還沒有灰心？」她回頭望望父親。

「灰心有什麼用？」葉耀湘向女兒一笑：「吃飯也得自己吃，不能靠別人餵妳，奮鬪才是辦法。我們是湖南人，應當有騾子精神。」

「爸，什麼是騾子精神？」葉鳴鳳只在動物園見過一隻小騾子，垂頭喪氣，沒有什麼了不起，她也看不起牠。

「吃苦、耐勞、堅强不屈、傲在骨子裏，這就是騾子精神。」

「爸，人家看你是一尊彌勒佛，爛好人，那裏有一點傲氣？」

「爸現在不是妳這種年紀，爸是一隻老騾子。」葉耀湘笑着回答。

葉鳴鳳忽然覺得父親有點偉大，平時她一點看不出來，媽更是天天駡他沒有出息，因此他們子女也覺得他眞沒有出息。

「爸，你何必自己挖苦自己？」葉鳴鳳說：「現在我才知道你不是一個普通的爸。」

「妳可別把爸看大了！」葉耀湘笑着搖手：「爸是個普通騾子，只要把你們這些小騾子苦大，爸就心滿意足。」

葉鳴鳳又催他去睡，他看看沒有什麼事，便把竹房裏的電燈熄掉，對着鷄羣自言自語地說：

「你們已經吃得够飽了！我沒有虧待你們，看你們明天能生多少蛋？」

葉鳴鳳看他進房之後，再來做功課。葉耀湘在房裏傳過話來：

「鳴鳳，十二點了，妳也該睡了。」

葉鳴鳳沒有睡，她埋着頭做功課，直到兩點多才上床。

上床不久，她迷迷糊糊地聽見父親起床，推脚踏車，捉鷄；她想起來看看，可是疲倦得不能動彈，眼睛也睜不開。最後她似乎聽見父親開竹房的門，母親起來把門關上。

她被母親叫醒時，連忙跑到竹房去看，少了十四隻鷄，架子上現出十四個空格，地上落了一些鷄毛。架子上的鷄正埋頭吃新添的飼料，啄得「剝剝剝……」的響。

「妳還不快去洗臉！」葉太太一面上飼料，一面對女兒說。

「媽，爸幾點鐘出去的？」葉鳴鳳問。

「三點。」葉太太回答。

「爸眞辛苦，爸眞偉大！」葉鳴鳳說。

「偉大個屁！」葉太太鼻孔裏嗤了一聲：「他自己沒出息，害得我們娘娘囝囝受活罪！」

「媽，妳不能這麽說。」

「我怎麽不能這麽說？」葉太太望着女兒：「他往日的同事不都比他幹得好？比他低一級的孫仲鳴孫伯伯，現在都是洋房汽車，他反而王小二過年，一年不如一年！我跟他吃了一輩子苦，還沒有個了日。」

葉太太說着說着眼圈紅了起來。用手臂擦了一下又接着說：

「想當年，我在娘家做大小姐時，茶來伸手，飯來張口，坐着享福。現在跟他聞鷄屎臭！服侍鷄奶奶！連蛋都吃不到一個，眞正倒了八輩子楣！」

「媽，妳別說了，爸也够可憐的。」葉鳴鳳笑着說。

「媽不是故意損他，」葉太太擦擦眼淚說：「妳爸是個渾人，我們這麽窮了，他還笑口常開，若無其事，看看都氣人！」

「爸又不是好吃懶做，他是眞能吃苦耐勞，這也許就是他的騾子精神？」

「騾子有什麽好？我嫁了他這個湖南騾子就沒有享過一天福！」

「媽，好日子還在後頭。」葉鳴鳳强作歡笑，安慰母親說：「也許爸這一賣菜，我們的日子眞會轉好？」

「本來別人幹什麽都有起發，連老王賣菜也發了小財，偏偏他連養鷄也賠本。」

「這也怪不得他。實在是蛋太便宜，飼料貴，沒有發鷄瘟就算萬幸。」

「唉！眞像鬼摸了頭，也不知道他走的是什麽鬼運？」葉太太嘆口氣，丟下鷄來替女兒炒飯。

她把那個破蛋煎了給葉鳴鳳帶便當，早晨這一頓就馬馬虎虎對付過去。

葉鳴鳳吃飯時葉耀湘還沒有回來。她心裏有點急，不知道鷄賣沒賣掉？她聽到老王的三輪機車卜卜卜的聲音，心裏更七上八下，暗自躭心。

她正拿起書包，準備上學時，葉耀湘却滿頭大汗地騎着車子趕回來，他的汗衫也濕透了。他脚踏車前面把手上掛了兩隻菜籃，後坐還綁了一隻大菜籃。葉鳴鳳看這樣子知道鷄賣掉了，笑着上前迎接。葉耀湘跨在車上，從褲子口袋掏出兩百塊錢，笑嘻嘻氣吁吁地說：

「幸好妳沒有走，這段路眞趕出我一身大汗。」

他把鈔票交給女兒，葉鳴鳳有點不忍地說：

「爸，我不想補習。」

「胡說，怎麽可以改變主意？」他笑着責怪女兒：「爸今天交好運，兩百塊錢很快就可以賺回來，妳放心。」

「爸，你買了多少菜？」葉鳴鳳問。

「一百多斤！」葉耀湘愉快地回答，又輕輕地對女兒說：「難怪老王發財！中央市場一塊三毛錢一斤的四季豆，老王販回來賣兩塊五，幾乎是對本對利！其他的茄子、小白菜……沒有一樣不是這麽賺，比養鷄眞强十倍！」

「你早不聽我的話，」葉太太也高興地說：「要是早兩年賣菜，我們也少吃點苦。」

「只怪我臉皮拉不下來！」葉耀湘笑着回答：「這下好了！從今後，妳養鷄，我賣菜，夫唱婦隨，日子一定會好起來。鳴鳳的媽，妳說對不對？」

「我跟你丢人丢够了！果眞有點賺頭，也只好丢下去。」葉太太半瞋半喜地說。

葉鳴鳳聽了心裏很高興，笑着跑開。

她在起站候車時，望見母親幫着父親把補好了的門板抬出來，在馬路邊擺菜攤子，兩人有說有笑。她奇怪母親也好像她們女孩子一樣，眞是黃梅天：晴一陣，雨一陣。還是父親好，倒底是男人，挨一棍子也不哼一聲，天塌下來還是笑嘻嘻的，還是那尊彌勒佛的樣子。

葉鳴鳳到站不久，龍彩雲也來了。葉鳴鳳問她：

「妳到底補不補？」

龍彩雲只說「補」，沒有說她姐姐準備去酒店工作的事。因爲她姐姐和父母都不願意讓別人知道這件事。

「妳呢？」龍彩雲隨後又問葉鳴鳳，葉鳴鳳照實告訴她。她望望葉耀湘剛擺好的菜攤子，轉過頭來對葉鳴鳳說：

「妳爸爸眞偉大！」

「我爸是湖南騾子。」葉鳴鳳愉快而又有幾分得意地回答。

第六章 喝冷飲鋼筆權抵押 出難相古怪刁鑽

她們兩人很早就到了學校，坐在走廊上看書。學校的環境比她們家裏好，走廊上三面通風，空氣新鮮，十分涼爽，看書的效率很高，記得十分清楚。

她們兩人正一心埋頭看書，一句話也不講。梁娟娟和錢婷婷却笑嘻嘻地走了上來。梁娟娟跑來在龍彩雲肩上一拍：

「嗨！妳們在這裏死用功，到底補不補習？」

「老師又不免費，我們怎麽去補？」葉鳴鳳故意這麽說。

「胖子，妳想得美！世界上那有這麽好的事？」梁娟娟說。

「老師到底補些什麽嘛？」龍彩雲問。

「聽說都是教室裏沒有講過的秘訣，都是課外習題，老師詳細講解，而且附有答案。」梁娟娟說。

「眞有這回事？」龍彩雲將信將疑。

「補習的人這麽說，我還騙妳？」

「那老師眞是兩樣的心腸了。」

「這也難怪，敎室的人多，他講得自然馬虎；補習的人少，他敎得自然仔細；再說，他們不留一手兒課外補習，賺點外快，怎麽生活？」

「妳們決定補？」葉鳴鳳問梁娟娟和錢婷婷。

「我們今天晚上就去。」梁娟娟回答。

「彩雲，那我們兩人也只好去了。」葉鳴鳳說。

「其實妳們兩人死用功，不補也比我們强。」梁娟娟說。又望望錢婷婷：「婷婷，妳說是不是？」

錢婷婷點點頭。

「我情願聽老師講解，比自己死啃好得多。」

「只聽老師講，自己不做功課還是不行。」錢婷婷說。

「晚上妳在家裏幹什麽？」龍彩雲問。

「如果不和我媽出去應酬，不去電臺唱歌，就看看電視，聽聽唱片。」錢婷婷回答。

「難道妳完全不做功課？」葉鳴鳳問。

「不是不做；一拿起代數、幾何、三角、十題總有六七題不會做，一不會做我心裏就煩，懶得再用惱筋；拿起國文、史地來唸嘛，又想睡覺；英文生字又那麼多，不知道從那裏下手，文法更加討厭，實在提不起興趣。」

「妳想去外國學聲樂，英文不弄好怎麼行？」龍彩雲問。

「音樂舞蹈是共同的語言，文字並不太重要。」錢婷婷說。

「我們兩個懶人，就只想檢這點便宜。」梁娟娟插嘴。

「妳們能檢便宜，我們可不能檢便宜；談了這一會子又躭擱幾課書了。」葉鳴鳳說。

「妳這樣用功怕不要考個聯考狀元？」錢婷婷說。

「我才不做那個夢，能考取一個賴學校就算了不起。」葉鳴鳳回答。

「如果妳只能考取賴學校，那我們連賴學校也沒有希望了。」梁娟娟說。

同學越來越多，梁娟娟、錢婷婷又和別的同學談話，葉鳴鳳、龍彩雲才又埋頭看書，心裏却很惋惜浪費了幾十分鐘。

班長古婉貞突然向大家宣佈，畢業晚會正在積極籌備，晚會節目由畢業班同學擔任，她們「仁」班最少要擔任三個節目，多多益善，請大家推舉。

大家自然把錢婷婷、梁娟娟推舉出來。班長說：

「兩個不夠，最好再推兩個。」

「她們兩人是我們班上的兩張王牌，要她們一人擔任兩個節目不就得了？」有人建議。

「不行，這是同樂晚會，應該大家參加才有意思。」錢婷婷說。

「讓龍彩雲、葉鳴鳳也一人參加一個節目，她們是我們班上的高材生。」梁娟娟說。

「不行，我們什麽都不會，不能丢大家的面子。」葉鳴鳳說。

「妳們兩人說相聲好了。」有人惡作劇地說。

「不能開玩笑。」龍彩雲說：「要麽另推別人；要麽請錢婷婷、梁娟娟多擔任兩個節目，爲本班爭光。我們只能在臺下鼓掌。」

「好！錢婷婷的歌兒唱不完，要她一個人包辦都行。」有人附議龍彩雲的話。

「梁娟娟什麽舞都會跳，讓她們兩人去壓臺好了。」

「我們兩人的功課賴，看樣子妳們是不讓我們畢業了？」梁娟娟笑着說。

「彼此，彼此，保險大家畢業。」班長笑着插嘴：「那我就這麽報上去好了？」

大家說了聲OK，班長高興地對錢婷婷和梁娟娟說：

「衆望所歸，拜托，拜托，爲本班爭光。」

「考不取聯考，就該我們倒楣！」梁娟娟說。

「妳們都有一技之長，考不考得取？根本無所謂。」班長笑着說：「我要是考不取，就只好當下女了。」

「別說得那麽可憐兮兮，」葉鳴鳳說：「妳是我們的一班之長，妳當下女，那我們連下女也當不上了。」

「那可不是？」龍彩雲接嘴。

「妳們兩位高材生也說這種話？」古婉貞望望她們兩人：「我們這一班，恐怕只有妳們兩位能金榜題名？」

「沒有那回事，我一定考不取。」葉鳴鳳說。

「胖子，妳何必太謙？」古婉貞笑着打趣：「我當了三年班長，還不知道妳的袖裏乾坤？」

「妳弄錯了，龍彩雲倒有希望，我可不行。」

「我更摸不到邊呢！」龍彩雲說。

「好，妳們都考不取，只有我一個人考得取，這該好吧？」梁娟娟說。

「梁娟娟，妳這麽自信？」英文老師悄悄地走近，打量她一眼說。

「老師，不是我有自信，是她們太客氣，我就討厭婆婆媽媽的。」梁娟娟囘答。「老師，爲了爭取萬分之一的錄取機會，今天晚上我們四個人都去補習。」

「不要大聲哇叫，」英文老師走近梁娟娟輕輕地說：「妳們去好了，我是因材而敎，不是替妳們惡補，我總希望妳們能考取幾個。」

「是，老師，我們也希望考取。」梁娟娟仍然大聲說。

「妳現在應該停止跳舞，專心用功讀書。」

「老師，她們剛推我在畢業晚會跳舞，照你這樣說我該拒絕了。」

老師望望她，笑着抓抓後腦殼。古婉貞抗議：

「老師，那可不成，那天要是她們兩人不出場，我們班上可要丟人。」

英文老師左右為難，隨後解嘲地對梁娟娟和錢婷婷說：

「只在臺上露那麽一下子，倒也沒有什麽關係。」

「可是平時就得練習呀！」梁娟娟說。

「妳們修養有素，一上臺就能跳能唱，何必練習？」古婉貞說。

忽然上課鈴叮噹叮噹地響起來，談話自然停止。

晚上，梁娟娟、錢婷婷、龍彩雲、葉鳴鳳四人一道去英文老師家補習，還有兩個男生孫元彪、鄭天霸也跟了過來。他們一直追求錢婷婷和梁娟娟，醉翁之意不在酒。

客廳權作教室，沙發，椅子全部利用，一塊活動的小黑板懸在上方。她們這一班是一三五，每晚兩小時，共有十六位同學。二四六還有一班。

那兩個男生坐在錢婷婷和梁娟娟後面，不時伸過頭去和她們輕輕講話，根本沒有心思聽講。

由於沙發舒服，又有立地電扇吹風，和冷開水解渴，老師的態度也比在教室裏親切得多，而且講解的十分仔細，時間也自然過得很快，中間沒有休息也不覺得累。

九點半準時下課，有些同學匆匆趕車子回家，錢婷婷、梁娟娟走在後面，孫元彪、鄭天霸替她們提着書包，像兩個聽差的兼保鑣。

走到附近一家冷飲店門口，鄭天霸對梁娟娟、錢婷婷說：

「我請妳們吃酸梅湯。」

「免了，時間不早了。」梁娟娟說。

「現在還不到十點，時間早的很。」鄭天霸把她往冷飲店裏拖。

孫元彪也拉錢婷婷。

龍彩雲和葉鳴鳳一直往前走。梁娟娟指指她們對鄭天霸說：

「你不能厚此薄彼，請我們也得請她們。」

鄭天霸楞了一下，摸摸牛仔褲口袋，望望孫元彪，孫元彪把口袋拍了兩下，鄭天霸挺挺胸脯說：

「好，請就請吧！」

梁娟娟趕了上來，把龍彩雲、葉鳴鳳拉住：

「走，我們去喝酸梅湯。」

「妳請客？」龍彩雲問。

「妳別管，自然有人請。」

「吃得不明不白，我才不去。」龍彩雲說。

「有人作冤大頭，妳何必這麼傻？」梁娟娟輕輕對龍彩雲和葉鳴鳳說：「走，我們去喝它個痛快！」

她不由分說地把她們兩人拖回來，拖進冷飲店。

「到底是誰請客？」龍彩雲笑問鄭天霸和孫元彪。

「我們兩人。」鄭天霸說：「小意思。」

「那我們兩人叨光了。」葉鳴鳳說。

「有吃就吃，別客氣。」錢婷婷把兩杯酸梅湯往龍彩雲葉鳴鳳面前一推。

梁娟娟端起酸梅湯猛喝一口，淺了半杯。她望望錢婷婷她們一笑，又一口氣喝完，把杯子在玻璃板上篤了兩下，又要了一杯。同時對龍彩雲葉鳴鳳說：

「今天他們兩位大請客，多喝兩杯。」

葉鳴鳳一喝完，她就搶着替她要，打趣地說：

「胖子，妳最少該喝五杯。」

葉鳴鳳笑着搖搖頭。鄭天霸楞着眼睛望着梁娟娟，她裝作沒有看見。

錢婷婷、龍彩雲、葉鳴鳳一人喝了兩杯，梁娟娟喝了三杯，最後一杯剩了一半，她實在喝不下了。

鄭天霸和孫元彪一人只喝一杯梁娟娟取笑他們說：

「怎麽你們男子漢大丈夫，比我們的量還小？」

「這家的酸梅湯不酸，不對胃口。」鄭天霸說。

「那下次再換一家好了。」梁娟娟說。

「下次我找一家好的請妳。」鄭天霸說。

「我們都是同學，你只請我一個人不太小器？」梁娟娟說。

「我輪流請好了。」鄭天霸回答。

「輪流請沒有意思，大家在一塊熱鬧一點。」梁娟娟說。

錢婷婷拿起書包，意興闌珊地說：

「時間不早，我們謝了。」

梁娟娟也拿起書包。鄭天霸從牛仔褲口袋裏摸出十塊錢，望着孫元彪，孫元彪摸出五塊，鄭天霸一楞，計算一下喝了十一杯，兩塊錢一杯，一共二十二塊，還差七塊。鄭天霸猛然從上衣口袋裏拔出一枝鋼筆，和十五塊錢一道交給女服務生：

「今天不溱巧，，妳先收下這枝筆，明天我帶錢來取。」

「我身上也不湊巧，這怎麽好意思？」梁娟娟輕盈淺笑地說。

「男子漢，大丈夫，妳有我也不能要妳出。」鄭天霸說。

「免得你押鋼筆呀！」梁娟娟說。

「小意思！」鄭天霸挺挺胸說：「下次我身上多放點錢就是了。」

「你亂用錢不怕你爸爸罵？」

「我爸才不管我。」

「鬼話！那有父親不管兒子的？」

「他成天開會、應酬，忙不過來。」

「你媽呢？」

「我媽忙着打牌。」

「那你太自由了？」

「可不是？我就有這點好處！」鄭天霸得意地說：「我愛怎麽玩就怎麽玩。」

「那你何必補習？」

「還不是爲了陪妳？」他滿臉媚笑。

「我這麼大了，用不着人陪。」

「大了才要人陪。」

「錢婷婷她們可以陪我。」

「她們和妳一樣，只能作伴，不能當保鑣。」鄭天霸掃了錢婷婷她們一眼，又指指孫元彪和自己說：「只有我們才能保護妳。」

「請放心，誰也不敢動我一下。」梁娟娟兩眉一挑說。

「錢婷婷不像妳，她可要人保護。」

「到處是警察，我也用不着私人保鑣。」錢婷婷說。

走到大街上，正好來了一部公共汽車。梁娟娟領先趕過去。鄭天霸、孫元彪和她們不同路，她向他們揚揚手，說聲「擺擺」，跳上車去。

「梁娟娟，妳眞缺德！」葉鳴鳳看鄭天霸孫元彪楞頭楞腦地望着她們，笑着罵她。

「一個願打，一個願挨，我怎麼缺德？」梁娟娟笑着回答。

「妳一個人喝了三杯酸梅湯，存心出他們的洋相，還不缺德？」龍彩雲說。

「他們以爲一杯酸梅湯就可以談戀愛，那有這麼便宜的事？」

「妳不理他不就得了？」錢婷婷說。

「我不像妳那樣愛理不理，我要他們自己打退堂鼓。」梁娟娟刁鑽地說：「下次他要是再請客，我要他去統一飯店，看他有多少錢化？」

「妳何必這麼刁鑽古怪？」

「我要把他們嚇跑。」

大家格格地笑了起來。說說笑笑直到北門才分手。

葉鳴鳳回到家裏，看父親正躺在竹躺椅上休息，十分愉快地問她：

「補習了沒有？」

「補習了。」葉鳴鳳回答，又問父親：「菜賣完沒有？」

「賣完了！」葉耀湘點點頭。

「沒有賠本吧？」

「怎麼會賠？」葉耀湘白了女兒一限，又輕輕地對她說：「賺了七十多塊，家裏還有菜吃。裏外合算，上百！」

葉鳴鳳高興得跳了起來，俯下身子對父親說：「爸，你眞轉運了！」

第七章 黑白兵酒店尋歡 臨歸補對[illegible] 嬌彩淑女 心痛難言

黑人 100年11月22 批校

龍彩雲回到家裏，洗過澡，吃過飯，已經十一點。她把姐姐龍彩君叫醒。龍彩君七點多就上床去睡，因爲睡得太早，陡然改變生活習慣，一時睡不着；在床上輾轉反側，直到十點才朦朧入夢。睡得正酣時，龍彩雲突然把她叫醒，她的眼睛睜不開，身子動都不想動一下。龍彩雲用力搖她：

「姐，妳不是說要去大使酒店上班嗎？現在十一點了，再遲就趕不上十一點半最後一班車了。」

龍彩君微微睜開眼睛，望了妹妹一眼。龍彩雲伸手把她一拉，她順勢坐了起來。楞了一會，又用手摸摸新做的頭髮，問龍彩雲：

「我的頭髮亂了沒有？」

「沒有，」龍彩雲回答：「還是好好的。」

爲了去大使酒店上班，這是她第一次做頭髮，所以她小心謹慎，生怕弄亂了。

她打了一個呵欠，嬌慵無力。龍彩雲想到她一去上班就要熬到天亮，八點鐘又要上課，怎麼吃得消？不禁對她說：

「姐，不要去熬夜班算了，另外找個工作吧！」

「妳以爲我眞喜歡幹那種鬼事？」龍彩君望望妹妹：「現在找工作眞不容易，所以才出此下策。」

「妳這樣天天熬夜，睡眠不足，小心把身體拖壞了。」

「慢慢也許會習慣。」

她邊說邊下床來，匆匆洗完臉，換過衣服，揀了幾本書，就去趕車。

這是最後一班車，去市區的人很少，只有一位做臨時特別護士的少婦杜太太在那裏等車。杜太太看她挾着幾本書出去，奇怪地問她：

「妳怎麼半夜去上學？」

「不，我是去上班。」她笑着回答。

「妳在那裏上夜班？」

「報館。」她不敢說去酒店上夜班，怕人家瞧她不起。靈機一動，想到報館的人多是夜貓子，信口謅了一句。

幸好杜太太沒有問她是那家報館，反而羡慕地說：

「報館的工作可不容易，那要一肚子學問。」

「那也要看什麼工作，」她裝作內行地說：「像我剪貼資料，就很簡單。」

關於報館方面的知識，她是從她父親那方面得來的。她父親的朋友有三類：一是教書匠，二是賣文章的，三是新聞界的。那些人時常到他家來聊天，她從小就聽慣了他們的談話。她眞想要父親替她找個報館資料室工作，可是沒有辦法。

杜太太是半路出家的護士，因爲膽大，不怕鬼，專作三更半夜的特別護士。對於報館的情形，她知道的實在有限。龍彩君信口開河，她都信以爲眞。

車子來了，下車的也只有十來個人，他們看龍彩君這時出去，都好奇地望了她一眼。

車子調轉頭來，上車的人只有她們兩個，車子裏空空蕩蕩的，車掌小姐也無精打彩。中途上車的人也很少，中山北路漸漸沉寂下來，一般商店都已打烊，只有酒吧格外炫耀地閃着霓虹燈光，有些吧女坐在門口彼此閒聊，或是和美國黑人搭訕；有的從酒吧裏面挽着黑人的臂膀走出來，坐着計程車疾馳而去。龍彩君看在眼裏，心裏有種屈辱的感覺。大使酒店的門面和酒吧差不多，光顧的客人也是這一類，唯一的差別只是供應酒不供應女人。但在外表上是分別不出來的。

本來她要在中途下車，但這些地方酒吧酒店林立，就是沒有報館。她只好等杜太太先下車，估計杜太太已經走進醫院她再下車。可是已經過了四站，她又搭着另一路車子往回走，在大使酒店附近下車，在酒店隔壁的皮鞋店門口前後左右張望了一下，看看有沒有熟人？一發現沒有車子經過，沒有行人來往，她便頭一低，身子一閃，鑽進了窄門。

她的同學劉玫正在櫃臺裏和一個美國白人講話，那美國人要法國「亨奈西」，劉玫告訴身邊一位十六七歲，穿着白制服的男孩子，那男孩子從架子上取下一個大肚子的酒瓶，倒了一杯酒給那美國人。劉玫這才招呼龍彩君走進櫃臺，告訴她架子上那些酒的價格：一瓶多少？一杯多少？還有汽水果樂之類。那男孩子會調酒，也知道價格，就是英語不行。

劉玫把櫃臺裏的事情都告訴她之後，就帶她到經理的小房間，當面告訴經理，十二點起由龍彩君接班。經理見過龍彩君一次，她點頭同意，同時告訴她：

「龍小姐，做生意是和氣生財，對客人要服務週到，禮貌第一，不分黑白，要一律看待。他們也難免魚龍混雜，小心忍耐就是，劉小姐在這裏已經工作一個多月，以後妳隨時請教她好了。」

龍彩君唯唯而退。劉玫對她說：

「彩君，辛苦妳了，我回去睡覺。」

她聽劉玫這樣說，不自覺地打了一個呵欠。平時此刻她睡得正酣，現在却正開始工作，要一直熬到天亮，心裏不是味兒。

劉玫剛走到門口，一個黑人像鬼樣地闖了進來，他們兩人幾乎撞了個滿懷。劉玫迅速地向旁邊一閃，黑人側着頭打量她，露出雪白的牙齒一笑，劉玫及時溜了出去。

黑人回過頭來，走到櫃臺旁邊，把整個身體的重量往圓櫈上一篤，雙手往櫃臺上一撲，把下巴擱在櫃臺上，瞪着兩隻牛眼，望着架子上的酒瓶，選了一種威士忌。

龍彩君聞着他嘴裏一股酒氣，知道他已經在別處喝了酒，怕他喝醉了鬧事，問他要不要放冰塊？他點點頭，她輕輕囑咐那男孩子多放幾塊冰。

廳裏有好幾個黑人白人一面喝酒，一面聊天，還有兩人在玩撲克。這黑人向他們掃了一眼，發現有兩個熟人，連忙哈囉一聲，端起酒杯走到一個黑人一個白人的小圓桌那邊去。

這黑人剛離開櫃臺，又一道來了一個黑人一個白人。黑人又高又大，白人和中國人差不多高矮，白人非常滑稽，像個舞臺上的小丑。他的話特別多，又愛開玩笑；開黑人的玩笑，也開龍彩君的玩笑。她裝作不懂，沒有理他。他從褲子口袋裏掏出一個貝殼做的飾物送給她，說是從越南帶來的，她婉謝了。他搖搖頭，聳肩一笑。黑人調侃他說：

「你枉費心機，什麽也沒有得到。」

「釣魚自然也有打空手的時候，」白人說：「有耐性必有收穫。」

「我們在臺灣只有一個禮拜，你有再大的耐性也釣不到一條中國魚。」黑人說。

白人又望望龍彩君，笑着對黑人說：

「釣不到就買。」

「那只好到別家。」

白人仰起脖子把一杯威士忌一飲而盡，拉着黑人就走。走到門口忽然把兩根指頭往嘴上一貼，向龍彩君來了一個飛吻。

龍彩君又羞又惱，但是不好發作，也沒有時間讓她生氣。客人來來去去，川流不息。

那位客人走後不久，一下又進來五個，四黑一白，個個高頭大馬。他們環坐在櫃臺外面，要這要那，弄得她手忙腳亂。她看見他們那一雙雙毛茸茸的大手，心裏就有些害怕；同時她想起西部片子裏的打鬪場面，萬一喝醉了酒，打了起來，桌、椅、酒瓶齊飛，那她躲也無處躲。因此越想越怕！她眞希望那些瓶子裏裝的是水不是酒。她不管客人要不要，她吩咐那男孩子在每一隻杯子裏都加冰塊。偏偏他們喝酒像喝水，一杯杯地往嘴裏倒。她從來沒有看見過中國人這樣喝酒。

經理看見客人這麼多，又這麼豪飲，眉開眼笑。她暗自提心吊膽，希望這批人趕快走。

他們一面喝酒，一面大聲說笑，談越南女人和戰場實況。她聽得出來他們不是一個單位的，也不是一個地區的，是從各方面湊合起來到臺北渡假的。他們談到自己危險的遭遇，和袍澤生死一髮間的故事，一點也不誇張。那黑人說他的腳掌被越共埋伏的竹籤刺穿時，眉頭也不皺一下。說到用刺刀刺死越共時，他拿起叉子又叉起一片木瓜在空中轉動了幾下，然後哈哈大笑。

龍彩君聽得心驚肉跳，一個胖子白人卻講起他在峴港的風流韻事。他說他差點死在那個越南情婦手裏，而他還念念不忘那個小巧玲瓏的女人。

「她現在在什麼地方？」黑人問。

「早進地獄了，」胖子兩肩一縱，笑着掠了龍彩君一眼。「臺北很安全，我眞想在這裏交個女朋友。」

別人都笑了起來，胖子舉起高脚杯子一飲而盡。

他們幾個人喝得醉醺醺，才你扶着我，我扶着你，歪歪倒倒，笑着唱着走了出去。

龍彩君如釋重負，輕輕地吁了一口氣。

「龍小姐，這算不了什麽。」那男孩子安慰她說：「見怪不怪，做久了妳就會習慣。」

「他們會不會打架，摔酒瓶子？」她問。

「還沒有發生過。」他說。

「他們會不會毛手毛脚？」

「開開玩笑是免不了的。如果妳不答腔，他們也不好意思亂來。」

客人川流不息，又來了兩個黑人，皮膚黑得放亮，頭髮卷得像綿羊，嘴唇翹起，瘦瘦高高的，年輕的很；蚱蜢腿，像裝了彈簧，走路一蹦一跳，一定是跑跳能手。他們天眞得近乎幼稚，吸煙的姿勢也十分生硬笨拙，說話土腔土調，而且夾着 Slang ，龍彩君有一大半聽不懂。他們不喝烈酒，要了一瓶臺灣烏梅酒，兩人你一杯，我一杯，味道甜甜的，喝得笑逐顏開，舐唇咂嘴，喝了一瓶又要一瓶。兩瓶喝完之後，兩人你望着我，我望着你傻笑，醉態可掬。隨後又要兩瓶，龍彩君看他們有七八分醉，不想再賣。那男孩子却悄悄地對她說：

「管他的，只要他們給錢。」

兩個黑人看他們遲遲不給，各自摸出兩張一百元的新臺幣，往櫃臺上一放：

「够不够？我們帶回去喝。」

龍彩君聽他們說帶回去喝，隨手取了兩瓶烏梅酒，往他們面前一放，說了一聲「錢剛好，不多不少。」他們把酒瓶往腋下一挾，搖搖擺擺地走開。走在左邊的黑人忽然把瓶蓋咬開，邊走邊仰着脖子把酒往嘴裏倒灌，一走出大門就摔倒在地上，酒瓶哐啷一聲，摔的粉碎。龍彩君啊了一聲。坐在廳裏的兩個白人連忙趕了過去，幫助那個黑人把他扶了起來，叫了一部計程車走了。

龍彩君撫着胸輕輕吁口氣。

四點以後才漸漸打烊。那些越南來的夜遊神都回旅館去作樂了。

客人走光後，冷冷清清。龍彩君也感到格外疲倦，兩腿站得發痠，眼皮幾乎睁不開來。會計小姐對她說：

「我們上樓去休息一會。」

她看看錶快五點，還可以休息一兩個鐘頭，再去上學。

樓上有一張床，可以睡兩個人。會計小姐姓佘，是商職畢業的，白天無事，晚上讀大學夜間部，放了學就到這邊來上班。

「龍小姐，妳的英文很棒，現在需要英文秘書的很多，妳何必在這裏熬夜？」余小姐說。

「我不會打字，英文秘書一定要會打字才行。」龍彩雲說。

「妳可以去學。」

「我打算暑假去學。」

「妳要是打字打的快，打的好，考上了英文秘書，比這强多了。」

「可是我讀的是日間部，夜間工作也不容易找。」

「這樣說來，我們女孩子讀夜間部倒很合算。」

「可不是？日間的工作機會多。」

「我在這裏也是騎馬找馬，希望能夠換個白天工作。」

「會計很吃香，妳一定能辦到。」

「希望我們彼此關照。」

「我在這裏是初來，希望妳多多關照。」

「別客氣，我來這裏也只有一個多月。」

「看樣子這裏的生意很好，簡直是對本對利。」

「這是一種投機生意，專賺洋人的錢，豈止對本對利？」

「喝一杯酒就幾十塊，那些洋人也眞是寃大頭。」

「洋人就喜歡這個調調兒，他們彷彿有錢無處使。」

「他們喝一瓶法國酒，抵我幹兩三個月。」

「天下事往往如此。」余小姐笑着往床上一躺。「在這種地方我們只能睜一隻眼，閉一隻眼，還得裝聾作啞，不然幹不下去。」

龍彩君覺得余小姐比她世故老練。看她睡在裏邊，她也和衣躺在外面。她怕睡着了，一時醒不過來，就誤了上課，又坐起來問余小姐：

「余小姐，妳幾點起來？」

「六點半。」

「妳能準時醒來？」

「會有人叫。」

「那就好，不然我怕誤了上課。」

她又倒下去睡。但是生地方，又和生人睡在一塊，加上心裏又記掛着上學，一時反而睡不着。要是這時有公共汽車，她眞情願回家去洗臉吃飯再趕上學。

她正要迷迷糊糊入睡時，却聽見人叫。她連忙睜開眼睛，余小姐已經起來。

余小姐帶她到後面洗臉漱口，吃稀飯。本來她有點頭重脚輕，很不好受，吃過稀飯後舒服多了。

余小姐要趕回去安心睡覺，她要趕去上學，兩人在大使酒店門口分道揚鑣。

街上又是人來車往，十分熱鬧。公共汽車塞滿了學生，過站不停，急馳而去；碎紙殘屑，被風捲起，在車子後而旋轉了一會，又落在路邊。

一班車子到站突然刹住，下來了兩個人，車掌小姐又把哨子一吹，車子又在開動；她一步搶了上去，身子還沒有完全擠進來，車子就風馳電掣地飛馳起來。她用力往裏面擠，車掌小姐也用力把門關上，她就背靠着門站着，直到終站。

她首先下車，吐了一口大氣。走了幾步，突然聽見龍彩雲在車子裏叫她，她停下來等候。

龍彩雲趕了過來，問長問短，她支吾過去。龍彩雲說：

「媽昨夜一夜沒有睡好。」

「爲什麼？」龍彩君問。

「還不是躭心妳。」

「媽知道我是出來上班的，何必躭心？」

「媽有點後悔不該讓妳拋頭露面幹這種事。」

「媽不是贊成我幹嗎？」

「還不是爲了幾百塊錢？她那是眞的贊成？」

「媽好像沒有吃定心丸？」

「姐，妳呢？」

「不幹也得幹，誰肯按月送我們幾百塊錢？」

她們姊妹兩人談話的聲音很低，葉鳴鳳擠在車上又沒有下來，所以沒有聽淸楚。等她趕上來時她只隱約聽到龍彩君說「不幹也得幹」，隨後龍彩君就跑去趕另一路公共汽車了。

「妳姐姐說什麼不幹也得幹？她找到工作了？」葉鳴鳳問龍彩雲。

龍彩雲遲疑了一下，沒有立即回答。過後她對葉鳴鳳說：

「我告訴妳，妳可別亂說？」

「那怎麼會？」葉鳴鳳說：「妳怎麼連我也不相信？」

龍彩雲這才告訴她，隨後又嘆口氣：

「說來說去，姐姐幹這種工作還不是爲了我補習？」

「我爸爸賣菜還不是爲了我？」葉鳴鳳也嘆口氣：「說來說去只怪我們太窮。」

「我們要是考不取聯考，那眞對不起他們。」龍彩雲說。

「錢婷婷、梁娟娟、孫元彪、鄭天霸他們，家庭環境比我們好得多，他們偏不用功讀書；我們很想讀書，又偏偏沒有錢。老天眞不公平」葉鳴鳳說。

「我姐姐的事妳可別講！」龍彩雲看見錢婷婷、梁娟娟一道走來，又特別囑吋葉鳴鳳一句。

「彼此彼此，我爸賣菜妳也別說！」葉鳴鳳說。

第八章 價值判斷錢爲準 電視歌星好處多

她們兩人和錢婷婷、梁娟娟一道上學，晚上沒有補習，四人又一道回家；到了北門又分成兩道。

錢婷婷回到家裏，書包還沒有放下，她母親就興冲冲地對她說：

「婷婷，我告訴妳一個好消息。」

「媽，什麽好消息？」錢婷婷把書包往沙發上一拋，雀躍地問。

「電視公司派人來請妳參加羣星會節目。」錢太太說。

「媽，別開玩笑，羣星會都是名歌星特別會串，電視公司怎麽會請我？」錢婷婷不大相信。

「婷婷，妳別妄自菲薄。自從妳得到鶯聲電臺歌唱比賽冠軍之後，名氣就一天天大了。妳在鶯聲電臺客串也非一日，聽衆歡迎妳，電臺看得起妳。電視公司是幹什麽的？他們自然也有星探。他們來請妳，正是他們的生意眼呢！」

「媽，妳答應了沒有？」錢婷婷瞪着母親問。

「這樣的好事兒，媽怎麽能不答應？」錢太太笑瞇瞇地回答。

「媽，上電視可不比廣播。」錢婷婷說：「廣播員能聽不能看，電視可有好多人看哪！」

「傻孩子，有人看才更容易出頭。妳又不醜，還怕人看？」錢太太歪着頭打量女兒，十分得意。

「媽，那多不好意思。」

「有什麽不好思？」錢太太反問女兒：「羣星會裏那幾位名歌星妳又不是沒有看過？像莉莉、眞眞，實在難看死了？她們在電視裏那種手舞足蹈的得意勁兒，眞够瞧的！」

「媽，她們雖然長得不漂亮，可是歌兒唱得好，又會表演，自然吃香。我只會張着嘴唱，又不會扭來扭去，那怎麽行？」

「那還不簡單？」錢太太輕鬆地一笑：「只要會幾個舞步，做幾個手勢就行，我教妳好了。」

錢太太的舞跳得很好，年輕時演過話劇，當過主角。她說教就教，做了幾個樣子給女兒看。錢婷婷覺得母親的動作，姿勢很有電影明星派頭，足可以和那些名歌星媲美，不禁笑着說：

「媽，妳要是上電視，比我强多了。」

「媽的嗓子不行，還是妳好。」錢太太笑着回答：「再說，歲月欺老不欺少，現在是妳們的世界，電視公司才不會請我這種老太婆。」

「媽，上電視我要練習，那要不少時間。現在快要畢業考試，接着又是聯考，功課已經準備不及，那有時間幹這些玩藝？」

「我寧可讓妳考不取學校，也不願意放棄上電視的機會。」

「媽，妳這打的什麽算盤？」

「妳上電視一唱而紅，比妳唸四年大學强的多。即使妳大學畢業，再去義大利學聲音回來，充其量當個音樂教授，還不是窮兮兮？遠不如莉莉、眞眞她們這些紅歌星，一個月賺好幾萬。」

「媽，照妳這樣說，那我乾脆不考大學好了。」

「傻孩子，話又不是這麽說！」錢太太世故地一笑：「大學資格可以作作幌子。妳要是考取了大學，以大學生身份，業餘獻唱，那就更身價百倍了。」

這時電視機出現了兩姐妹的歌唱鏡頭。錢太太連忙住嘴，叫女兒注意看。錢太太一面看，一面指點：

「老大站的姿勢很好，可惜臉上缺少笑容，手勢也不靈活；老二眉眼靈活，身子搖擺得也像風擺柳，可惜有點輕浮，不够端莊。妳應該學習她們的優點，做得恰到好處。」

「連唱帶做，那可不容易。」錢婷婷扭扭身子搖搖頭。

「其實妳不必像她們那樣做法。」錢太太指指電視裏的兩姊妹說：「妳現在不是職業歌星，是學生身份，只要自然大方就行。妳的嗓子比她們好，應該發揮妳的優點，一鳴驚人。」

「媽，那我應該唱什麽歌兒？」錢婷婷會唱的歌太多，她不知道在電視裏唱什麽歌好？

「妳應該多準備幾首。那次奪得冠軍的『我要飛上青天』和『想從前』自然非唱不可。」

「那別人還以爲我只會那兩首歌呢？」

「那是妳成名的兩首歌，等於是註冊商標，自然要唱，另外妳再準備兩三首，看情形唱。」

錢婷婷想了一下，提出自己喜歡的『明月千里寄相思』，和『一年四季有花開』。」錢太太點頭同意。

電視裏又換了一位歌星，正唱着「江水向東流」，音色很好，錢婷婷知道這是紅歌星俞仙。她正在一家歌廳駐唱，一個月賺三四萬。她身上那件閃亮的旗袍，和那串珍珠項鍊就值好幾千。

「妳的音色不比俞仙差，音量比她大，妳抓住機會好好地唱，一定會超過她。」錢太太鼓勵女兒。

「媽，人家紅遍海內外，我怎麽能趕上她？」

「別看她紅遍海內外，還不是靠宣傳起家的？」錢太太世故地說：「比她唱得好的歌星多的是，因爲宣傳工作沒有她做得好，所以沒有她紅。我一定想辦法把妳捧起來，上電視比廣播更有效，這次妳和名歌星是一道亮相，機會太好，說不定後來居上呢！」

「媽，她們一身珠光寶氣，先聲奪人，我只有一件普通旗袍，怎麽能和她們比？」錢婷婷想起前幾天才做的一件旗袍，質料雖然不壞，但是素淨了一點，而且不是俞仙那種長到脚背的旗袍，顯不出雍容華貴。

「這樣更顯得妳與衆不同。妳現在還是學生，正好給觀衆一種『玉女歌星』的印象。」錢太太邊說邊走進房裏，取出旗袍、高跟鞋，要女兒穿上，試試步伐。錢婷婷去自己房裏換上旗袍、高跟鞋，走了出來。錢太太指導她走路和站立的姿勢，又要她看看電視裏的俞仙。

「俞仙的臺風很好，眞眞、莉莉也都不錯，妳應該特別注意。」錢太太囑咐女兒，隨後又說：「明天我帶妳去買雙銀色高跟鞋、白手套，配起這件天藍色的旗袍，一看就像位天使玉女，給人一種淸新脫俗的感覺，這樣妳就成功了一大半。」

「媽，妳不是說沒有錢嗎？怎麼能再買高跟鞋和白手套？」錢婷婷記得今天早晨母親還在哭窮，這兩樣東西又得好幾百。

「妳別管，媽自有辦法。」錢太太胸有成竹地說：「爲了使妳走紅，這幾個錢媽捨得化。」

「媽，那天出場的都是紅歌星，要想出人頭地可不容易？」錢婷婷耽心地說。

「妳千萬不可怯場，妳年輕，比她們的本錢足，不要把她們放在眼裏，妳就可以唱得比她們好。」

「媽，妳去不去？」

「我當然去捧場。」錢太太肯定地說：「媽雖然不會唱，替妳壯壯膽子也是好的。」

「有妳在場，我就放心。」錢婷婷高興地說。

「明天晚上妳不要去補習，去王先生家裏把那幾首歌練練。」

王伯誠是錢婷婷的音樂老師，他很賞識錢婷婷，常常替她義務伴奏，指導她唱歌。

「那天王老師要是肯去和樂隊打個招呼那就更好。」

「他和音樂界的人很熟，妳請他陪他一定肯去。」

「媽，惟願事事如意。」錢婷婷高興地說。隨卽情不自禁地唱起「我要飛上青天，上青天……」

錢太太看見女兒又唱又跳，心裏十分高興。她覺得女兒是一顆亮晶晶的星，不是一個高中學生。對於丈夫錢乃奇在外面金屋藏嬌，今天東京，明天香港，她也就不再十分放在心上了。

第二天晚飯後，她又陪女兒去買銀色高跟鞋、白長手套。在街上恰巧碰見龍彩雲、梁娟娟她們去補習。梁娟娟問錢婷婷去不去？錢婷婷說這兩天沒有空，梁娟娟打破沙鍋問到底，錢婷婷只好實說。

「好哇！一上電視，妳更身價百倍了！」梁娟娟上下打量她。

「這是我媽答應的事，我只好遵命。」錢婷婷說。

「錢媽媽眞好，處處爲妳打算。」梁娟娟說。

錢太太聽了很高興，笑着對梁娟娟說：

「其實妳也該上上電視。」

「錢媽媽，人家不請我，我怎麼上去？」梁娟娟說。

「以後我替妳留意好了。」錢太太說。

「謝謝錢媽媽！」梁娟娟乖巧地鞠了一躬，又對錢婷婷說：「婷婷，妳好好地唱，到時候我一定打開電視機，看妳表演。」

「妳不補習，坐在家裏看電視？」錢婷婷問。

「我是陪着公子趕考，」梁娟娟笑着指指龍彩雲：「其實補不補都一樣，反正考不取聯考。」

「那可不同，我覺得補習是有進步。」錢婷婷說。

「我平時不燒香，臨時抱佛脚，太遲。」梁娟娟搖搖頭。

「請妳代我向老師請個假，說我有事，不是逃學。」錢婷婷說。

「何必來這一套！」梁娟娟聳聳肩一笑：「繳了費不 一了百了？」

錢婷婷聽了也好笑，她對梁娟娟和龍彩雲說：

「妳們快去上課，既然繳了費，多少總要學點什麼，不然太划不來。」

梁娟娟和龍彩雲笑着走開。

錢太太帶着女兒買好東西，又一道去王伯誠家裏。一說明來意，王先生就很高興，立刻掀開鋼琴蓋，指頭在琴鍵上敲了幾下，笑着對錢婷婷說：

「我聽妳最近在電臺上唱的幾支歌，很不錯。」

「這都是王老師的栽培。」錢太太連忙接嘴。

「羊兒教不上樹，這是她自己的天才。」王伯誠說：「任何歌兒她都能順口溜，眞怪。」

「這次上電視，還得王老師多多指點。」

「現在她駕輕就熟，更沒有問題。」

「最好請王老師再關照一下。」

「導播余先生是我的老朋友，我會和他打個招呼。」

「那就格外多謝了。」

「不必客氣。」王伯誠向錢太太說，又問錢婷婷：「是不是現在就開始？」

「老師沒有別的事？」錢婷婷問。

「等妳唱完我再做。」王伯誠說，隨即坐下來，兩手在琴鍵上彈了幾下。

於是他們從「我要飛上青天」開始，一個個練習。王伯誠彈，錢婷婷唱，有的兩遍，有的三四遍。錢婷婷唱完，王伯誠笑着把琴蓋闔上，轉身對錢太太說：

「婷婷要是乇這條路，一定可以成爲紅歌星。不過我倒希望她能深造，成爲一個聲樂家。」

「不知道她考不考得取大學？」錢太太說。

「要是今年考不取，明年再考。不過一定要唸音樂系。」王伯誠說：「這樣才能發揮她的天才。

「聯考這麼難，這要看她的造化。」

「像她這樣，如果能不經過聯考，只通過音樂系的術科考試，她一定能夠考中。」王伯誠說：「其實音樂教授也最歡迎她這樣的學生。那些聯考及格，分發音樂系，對音樂並沒有特殊天賦的學生，將來也不會有多大的成就。」

「婷婷恰好相反，她就吃聯考的虧。這一關恐怕很難過，深造就談不上了。」

「要是不能唸音樂系，甚至出國深造，縱然能成爲紅歌星，也很可惜。」

「王先生，現在不敢想的那麼遠，抓住一個算一個。要是這次電視歌唱成功，我就很高興了。」

錢太太望望女兒說。

「臺灣的音樂水準不高，她上電視一定成功，妳放心好了。」王伯誠寬慰錢太太說。

「老師，我可不敢這麼想，」錢婷婷說：「那些名歌星都是老資格。」

「放心，那些歌星沒有幾個受過嚴格的聲樂訓練，妳可以唱過她們。」王伯誠輕鬆地說。

錢太太又要求王伯誠一道去電視公司，王伯誠也同意。然後母女兩人才高興地離開。

「好的開始就成功了一半。」錢太太笑着對女兒說：「今天一切如意。剛才王先生希望妳深造的話，那是站在音樂家的立場說的。其實，現在這個社會滿不是那回事，歌星比聲樂家吃香的多！觀光飯店、夜總會、電臺、電視，還不都是妳們這些女孩子的天下？從義大利學聲樂回來的唐怡，窮得幾乎沒有飯吃，藝樂家有什麼稀奇？」

「媽，話不能這麼說。」錢婷婷說。

「豈止音樂如此，其他的文學藝術何嘗不是一樣？內行太少，誰知道妳是眞是假？出錢的都是外行，所以他們就能決定你的命運。要想走運，還是牛吊子行。說句良心話，媽只想妳當紅歌星，並不稀罕什麼聲樂家。」錢太太坦率地說。

錢婷婷知道王伯誠的生活並不好，音樂教員也不吃香，要靠教女孩子彈彈鋼琴，唱唱歌，才能勉強混過去。從義大利留學回來的女高音唐怡，也只能在大專兼三四點鐘的課，拿幾百塊錢一個月，還比不上俞仙、眞眞、莉莉一晚上唱兩三支歌。有幾位新下海的歌星，還是王伯誠的臨時學生，她們一個月也賺好幾千，比王伯誠強多了。她不知道這是什麼緣故？母親不懂音樂，而她的安排往往很對。現在自己居然有了名，要是接受那一家觀光飯店或夜總會的合約，收入最少比王老師多，這眞是怪事！

去電視公司之前，錢太太又把她打扮起來：做頭髮，畫眉毛，貼假睫毛，塗眼圈，穿天藍旗袍，銀色高跟，戴白手套，使她自己都不認識自己。然後叫了一部計程車，兩人一道坐到王伯誠家裏，邀他一道去電視公司。

導播先生把他們引到休息室，裏面沒有別人。王伯誠問余先生「羣星會」的節目如何安排？余先生坦率地回答：

「錢小姐年輕，我準備她第一個出場。」

「一共唱幾支歌？」錢婷婷問。

「三支好不好？」

「我準備了四支。」

「因爲今天人多，恐怕時間不够，我計劃每人三支。」

「余先生，多唱一支少唱一支倒沒有什麽關係。不過我婷婷年輕，還請你余叔叔多多栽培。」錢太太說。

「老余，你可不可以把婷婷的節目移後一點？」王伯誠問。

余先生打量了他們三人一眼，笑着問王伯誠：

「今天都是紅歌星，你看怎樣安排好？」

「這要請余先生特別栽培才好。」錢太太馬上接嘴。

「錢太太，我知道妳望女成鳳，把錢小姐排在中間如何？」余先生笑着回答。

「余先生，承你栽培，我和小女當然十分感激。」錢太太笑着回答，似乎意猶未足。

「老余，你送佛送到西天，婷婷是我的學生，我不敢要求你讓她壓臺，再排後一點好不好？」王伯誠說。

余先生抓抓頭皮，望望手上的名單，慢吞吞地說：

「今天是俞仙壓臺，不能更動。本來莉莉和眞眞也希望壓臺，我把她們排在倒數第二第三，她們已經覺得受了委屈，她們前面還有好幾位名歌星，我要把錢小姐排在她們後面，恐怕影響以後節目的安排？」

「你把婷婷排在她們三位前面如何？我保險婷婷不會坍你的臺。」王伯誠拍拍胸脯說。

「好吧，試試着。」余先生無可奈何地說。

「快謝謝余叔叔。」錢太太拉着女兒站起來向余先生一鞠躬。

其他的歌星陸續進來，鶯聲燕語，珠光寶氣。「羣星會」的節目快開始了。

第九章 電視歌星成偶像 青春玉女拜下風

梁娟娟眞的沒有去補習，坐在家裏看電視。

「羣星會」前面還有一個多小時的其他節目，一點也不精彩。她看了一會又把電視機關掉，和母親嘀咕起來：

「媽，妳看人家錢婷婷的母親多好？一會兒給她上電臺廣播，一會兒又給她上電視露臉，妳就不給我想一點點法子！妳看我怎麼能出頭嘛？」

「媽是老古板，怎麼比得上錢婷婷的母親？」梁太太抱歉地一笑：「她的交際廣，媽從廚房到臥房，這一輩子就只結交妳爸爸一個朋友，一生就沒有去過廣播電臺和電視公司那種地方，妳看媽有什麼法子？」

「媽，人家講正經的，妳怎麼說笑話？」梁娟娟笑着埋怨母親。

「媽也是講正經話。」梁太太望望女兒說：「聽說錢婷婷母親年輕時演過戲，當過明星。她捧女兒走這條路是駕輕就熟。再說，妳跳舞也不能到廣播電臺去跳。」

「上電視不正好？妳也想想辦法讓我在電視上露露臉如何？」

「妳和錢婷婷是好同學，妳不妨請她媽媽幫幫忙？」

梁太太這句話提醒了女兒。梁娟娟想起那天在街上碰見錢太太，她說過願意幫忙的話。明天上學時探探錢婷婷的口氣也好，也許眞能上電視？那就一舉成名天下知啦！聯考狀元也趕不上呢！想着，想着，她不禁得意地笑了。

「傻丫頭，妳笑什麽？」梁太太看見女兒忽然發笑，忍不住問。

「媽，要是錢媽媽眞肯幫忙我上電視，那我眞開心死了！」梁娟娟摟着母親雙脚直跳。

「傻丫頭，妳瘋了？」梁太太愛憐地笑駡：「上電視可不能丢人，妳到底會跳多少舞？」

「阿哥哥、扭扭、恰恰……我樣樣會。」梁娟娟愉快地回答。

「那些舞太難看，瘋瘋顚顚，怎麽上電視？」梁太太搖搖頭。

「電視公司才不像妳這樣老古板！只要時髦，只要跳的好，什麽舞都行。」

「妳會不會民族舞蹈？」

梁娟娟笑了起來，用手在母親肩上一拍：

「媽，那還不容易？穿上古裝，學幾手平劇青衣的水袖，天女散花的身段，不就是民族舞蹈？」

「別吹牛，平劇的舞蹈動作不簡單，沒有十年八年功夫不行！」

「媽，民族舞蹈只學了一點皮毛，誰肯下那麽深的功夫？不瞞妳說，民族舞蹈我也樣樣會。」

「山地舞妳也會跳？」梁太太歪着頭打量女兒。

「媽，那更簡單！不信，我跳給妳看！」

梁娟娟一面說，一面跳了起來。

「罷了，罷了！妳別在我面前狗顛屁股！」梁太太笑着搖手。

「媽，這是高山族的藝術，妳怎麽說人家狗顛屁股？」梁娟娟嘟着嘴說。

「媽可不懂什麽藝術不藝術，不過山地舞比那些什麽阿哥哥、扭扭、恰恰之類的洋玩藝兒，看來還莊重些。」梁太太說。

「媽，誰請妳當舞蹈評判？」梁娟娟笑問母親。

「媽老臉皮，不用人請。」

梁娟娟攀着母親的肩膀，用力搖了幾搖，母女兩人笑作一團。梁太太忍住笑說：

「不要再瘋了！快打開電視機，免得錯過了羣星會的節目。」

「媽，婷婷的歌唱得是眞好，不是我故意捧她。」

「其實，她如果好好地學唱平劇，倒有些意思！現在興的什麽時代歌曲，詞不像詞，調不成調，實在幼稚透頂！」

「媽，妳眞是老古板！平劇又有什麽意思？」

「平劇意思大得很！有故事，有內容，有的戲詞實在文雅，簡直像詩詞，西皮倒板，二簧倒板，流水，二六，四平調，南梆子，高撥子……眞是好聽極了！」

梁娟娟連忙打斷她：

「媽，媽！妳別說了，這麼多鬼名堂，我聽都聽暈了頭，還唱呢！」

「這才好聽呢！」梁太太加重語氣說：「什麼鬼的時代歌曲，幼稚死了！連一杯白開水還不如！」

「媽，妳眞是老古板！除了妳們這種年齡的人外，誰懂平劇呀？」

「哼！我懂比妳還小的時候就懂，那像現在這樣『洋瘋瘋』！」

「媽，妳別罵人好不好？這可不能怪我們哪！社會不興平劇，只興時代歌曲，我們年輕人當然跟着時代走啦。」

「我並不是罵你們年輕人，這都是那些喝洋水，愛洋時髦的人弄出來的後果，他們只恨自己的鼻子不高，所以把中國社會弄得不三不四。他們不但數典忘祖，也禍延子孫。幸好妳還沒有成爲嬉皮，不然我眞不要妳！」

「媽，妳說溜了嘴，扯到那裏去了？」

「媽才沒有說溜嘴，媽說的是正經話！」梁太太正色地說：「像婷婷那樣聰明的人，如果學平劇，一定更有成就；要是用功讀書，考個聯考狀元也不稀奇。」

「媽，妳說得好輕鬆！」梁娟娟在母親身上拍了一下：「婷婷雖然聰明，可是最討厭數學；再加上學校賴，再用功也不行，她現在已經出了名，聯考狀元也抵不上她。」

「話不是這麽說，聯考是正路，唱歌總有點兒邪門。」

「媽，妳眞是死腦筋！」梁娟娟又把嘴一嘟：「俗話說行行出狀元，唱歌有什麽不好？」

「好，好，好！唱歌跳舞都好。」梁太太無可奈何地一笑。

「本來嘛！」梁娟娟笑着把身子扭了兩下，隨手把電視機打開。

一個廣告節目正在上演，這是一個短劇，梁娟娟看了一半又想關掉，梁太太說羣星會就要開始了，不妨耐着性子看完。她嘴裏還嘀嘀咕咕，梁太太頂她兩句：

「電視機是妳要買的，妳嘀嘀咕咕不如把它賣掉算了。」

「媽，不是我不愛看，是好節目太少。如果都像『羣星會』這種節目，我自然不討厭。」梁娟娟說。

「其實我看羣星會也沒有什麽好，今天因爲有妳的好同學表演我才看。」梁太太說。

「媽，妳別說冤枉話！人家名歌星，一個月賺好幾萬，那麽多客人捧場，未必不値得妳看？」

「人家醉翁之意不在酒，誰像媽這麽一板一眼地聽歌？」梁太太說：「要是去歌廳，她們倒貼我的車錢票錢我也不去。」

「媽，妳別想得那麼美！」梁娟娟笑了起來：「幾十塊錢一張票，還難買的很，誰肯送人情？」

「是那些無聊的男人發瘋！」梁太太嘴角一撇：「不管是那個名歌星，她請我坐第一排我也不去！」

「媽，得了，得了！沒有那樣的好事！」

「去她的，媽才不稀罕！」

母女兩人妳一句我一句，談個沒完。直到「羣星會」節目開始，才暫時住嘴。

開頭是幾位二三流的歌星。梁娟娟很希望錢婷婷第一個出場，可是別人上上下下，換了四個，還不見錢婷婷亮相，她心裏有點納悶。

梁太太一心一意聽歌，沒有理會女兒的心情。梁娟娟用手肘碰碰她，輕輕地說：

「媽，婷婷該不會黃牛吧？」

「那怎麼會？」

「怎麼她還不出場呢？」

「好的在後頭。唱戲要唱壓臺戲，說不定錢婷婷眞能壓臺呢？」

「原來還有這個考究？那我眞不懂了！」梁娟娟望着母親說：「這些年來我總以爲越在前面越好

，誰也不願意背倒數第一。」

「有些情形並不相同，唱歌唱戲越在後面身價越高，坐車子要越小越好，坐公共汽車有什麼稀奇？」

梁娟娟啞然失笑，拍拍母親的肩頭皮地說：

「這次聯考我也希望排在最後，給大家壓壓臺。」

「我怕妳連名字都掛不上，那就眞叫做丟人了。」

「媽，妳就不給我說句吉利話兒？眞的掛不上名，妳可不能怪我了！」梁娟娟搖着母親說。

「妳別死皮賴臉！要是榜上無名，妳去當下女好了。」梁太太白了女兒一眼。

「我才不幹！」梁娟娟嘴角一撇。她想她情願下海跳舞，她也不幹那種聽人使喚的鬼事。

突然她眼前一亮，錢婷婷盛裝出場。天藍色的旗袍，白手套，銀色高跟，頭髮也做得很俏，一下子好像長高了幾寸，變了一個人，她幾乎不認識。她揉揉眼睛，笑着對母親說：

「媽，婷婷眞的長大了，我差點不認識呢！」

「女大十八變，她這一打扮，眞像個天仙。」梁太太也讚賞地說。

錢婷婷首先唱「明月千里寄相思」，接着唱「想從前」，態度從容，落落大方，不像前面那幾位歌星亂飛媚眼。

「錢婷婷這樣子很討人歡喜，不像前面那幾個輕骨頭。」梁太太說。

「媽，妳看歸看，何必批評人家？」

「媽是關起門來說話，又不是當衆批評。」

「妳看婷婷的歌唱得怎樣？」

「她的嗓子好，要是學平劇，是一塊好材料。」

「她的拿手歌『我要飛上青天』更好，不知道今天會不會唱？」

梁娟娟的話剛說完，螢光幕上就現出「我要飛上青天」六個字，梁娟娟馬上鼓掌。

錢婷婷一面唱，一面作手勢，彷彿眞要飛上青天。樣子天眞活潑，嗓子甜潤悅耳，十分可愛，梁太太咧着嘴笑，她一唱完，梁太太也不禁鼓掌，同時風趣地說：

「可惜只有我們母女兩人鼓掌。」

「她要是在夜總會，客人眞會發瘋！」梁娟娟說。

「原先我以爲妳是替她瞎吹，眞沒料到她的歌唱的眞不錯。」梁太太說：「不過話說回來，她要是唱高撥子，唱紅梅閣，唱反二簧，唱生死恨之類的正宗青衣戲，那就更够味。她唱時代歌曲眞是糟踏了材料。」

「媽，妳怎麽又扯到平劇上去了？」

「妳知道『曾經滄海難爲水』這句詩嗎？」梁太太反問她：「媽聽過四大名旦，四小名旦的戲，再來聽時代歌曲，總覺得不是味兒。妳沒有吃過猪肉，也沒有看過猪走路，難怪妳看重時代歌曲，把魚眼當珍珠了。」

「媽，妳別對牛彈琴，反正我不懂平劇。」梁娟娟說：「我還是歡喜婷婷的歌，她唱得實在好，所以她母親極力捧她。要是妳也像錢媽媽一樣捧我，我不也成了名？」

「妳的舞眞有她的歌好？」梁太太不大相信地望望女兒。

「媽，妳眞太看不起人！」梁娟娟微微嘟着嘴說：「在學校裏我們是哼哈二將，無人不知，無人不曉。」

「那妳不是成了名了？」梁太太打趣地說：「還用得着媽捧？」

梁娟娟又好氣又好笑地摟着母親揉了一陣，梁太太笑的喘不過氣來。

第二天上學，梁娟娟先碰着龍彩雲和葉鳴鳳。龍彩雲問她昨天爲什麽不去補習？她說看電視。龍彩雲噯喲一聲說：

「妳眞好寬的心！在這種節骨眼兒還看電視？」

「錢婷婷參加羣星會唱歌，怎麽能不看？」梁娟娟回答。

「看書都來不及，還看電視？」葉鳴鳳說。

說。

「反正我已經遲了，臨時抱佛脚也沒有用，到時候全靠運氣。」梁娟娟說。

「光碰運氣不是辦法，現在加倍用功，將來撈一分算一分。聯考是一分一厘都要爭的。」龍彩雲說。

「我差的太遠，八成兒沒有希望，率性聽天由命算了。」梁娟娟自暴自棄地說：「錢婷婷上電視成功，我看她也不在乎那一分兩分。」

「當然，妳們不參加聯考也無所謂。」龍彩雲說：「妳們是眞正的高材生。」

「別駡人吧！」梁娟娟說：「我是羊兒上不了樹，考不取拉倒，也犯不上跳淡水河。」

她們邊談邊等車時，錢婷婷從車上跳下來，走到她們身邊。梁娟娟摟着她說：

「婷婷，昨天晚上爲了看妳唱歌，我沒有去補習，剛才挨龍彩雲一頓訓。」

「得了，誰敢訓妳？」龍彩雲笑着接嘴。

「我的歌還値得妳曠課？」錢婷婷望着梁娟娟一笑。

「說眞的，不是我當面捧妳，妳比起那些名歌星來，一點也不遜色。昨天晚上在電視上一露臉，妳就更紅了。」

「我眞躭心考不取聯考。本來我不想去，媽又不願錯過機會。」錢婷婷說。

「還是妳媽對，考不取聯考再考夜間部好了。」梁娟娟說：「反正我們不要當兵，有書讀就行。

「我看夜間部也不保險。」錢婷婷說。

「妳何必這麼洩氣？我都不在乎！」梁娟娟拍了錢婷婷一下：「要是我能上電視，我才不管它考不考得取。」

「上電視也不是什麼難事，何必這麼重視？」

「妳上了電視自然無所謂，我沒有上過電視自然重視。我就是兜着桃兒無處賣，找不到門路比登天還難。」

「電視公司的余導播你認不認識？」

梁娟娟搖搖頭。錢婷婷說：

「不妨找個人同他接接頭。」

「我找誰？」梁娟娟兩肩一聳：「拜托妳媽好不好？」

「我試試看。」錢婷婷回答。

「Thank you！」梁娟娟雙脚一跳，蹦出一句英語。隨後又拉錢婷婷說：「哦，婷婷，我媽說妳的嗓子很好，要是唱平劇更有意思。」

「平劇太難，不像唱歌兒這麼簡單。」錢婷婷說。「要說聽倒是眞好聽。」

「妳聽平劇？」梁娟娟驚奇地問。

「我也不懂，只是偶爾聽聽唱片。」錢婷婷說。「人家咬字吐音可眞考究。」

「妳想不想學？」

「學平劇可不像學歌兒這麼簡單！我一竅不通，誰肯教？」錢婷婷說：「再說，我隨便唱唱歌兒就有點小名，學平劇可辦不到，人家是從小練起的。」

「這麼說，我們要是從小進了復興劇校也許更對路？也免得參加什麼鬼聯考了！」

「復興劇校畢業又能幹什麼呢？」錢婷婷問。

「唱戲呀！」梁娟娟大聲回答。

「說實話，唱戲還不如唱歌吃香。」錢婷婷說。

「這才怪！」梁娟娟說：「妳不是說戲比歌好聽嗎？怎麼反而不如歌吃香呢？」

「這我怎麼知道？」錢婷婷大聲說：「也許是曲高和寡吧？」

「這眞使我越弄越糊塗了！」梁娟娟搖頭嘆氣：「戲好聽，反而沒有人欣賞；歌不如戲，聽的人反而多。這樣說，我們賴學生該比好學生吃香了？」

「別胡扯吧！」錢婷婷笑着用手肘碰了她一下。

她自己也楞頭楞腦地笑了起來。

第一〇章 談聯考腦無成竹 看電影莫衷一是

畢業考試之前，舉行了一次模擬考試。龍彩雲考了三百十五分，葉鳴鳳考了三百二十分，梁娟娟考了一百九十五分，錢婷婷考了兩百零九分。按照去年的錄取標準，龍彩雲和葉鳴鳳可以考取私立學校，錢婷婷和梁娟娟連私立學校都有問題。

「糟糕！我考的這麼賴，一定考不取聯考！」葉鳴鳳拿到了成績單之後，一半着急一半裝佯地說。

「妳考的那麼好還說考不取，那我和婷婷簡直摸不到邊了！」梁娟娟說。

「聯考的題目難，臺大要四百多分呢！」葉鳴鳳說。

「我不想臺大，能考取師大我就笑掉了牙。」龍彩雲說。

「妳們都想考公立學校，我連私立學校都不敢想。」錢婷婷說。

「我考不上公立學校就讀不起，所以我眞着急。」葉鳴鳳說。

「我們彼此彼此。」龍彩雲說：「我考的這麼賴，連好的私立學校都有問題。」

「妳們眞是人心不足！」梁娟娟說：「要是我能考上三百分，我會從夢中笑醒。」

「聯考還有些日子，妳好好地讀書，再多考百把分也沒有什麼稀奇。」龍彩雲說。

「我的天！妳把我估計得太高了！」梁娟娟笑着抱住龍彩雲：「要是聯考我能考上三百分，我請妳們上統一飯店！」

「別瘋瘋癲癲，給男生看到了不像話。」龍彩雲說。

孫元彪、鄭天霸正走了過來，鄭天霸大姆指和中指一撅，發出一聲響，笑問梁娟娟：

「妳請誰上統一飯店？」

「不管請誰，反正沒有你！」梁娟娟清脆地回答。

「只要妳不是請男同學，我就不在乎。」鄭天霸說。

「請男同學又怎樣？」梁娟娟反問他。

「別人吃飯我吃醋。」鄭天霸嬉皮笑臉地說。

「你在醋缸裏淹死了也不關我的事。」

「我淹死了妳不哭？」

「我會大笑三聲。」

「好狠的心！」鄭天霸笑着搖頭。

「打是情，罵是愛，你怎麽連這兩句老話也不懂？」孫元彪對鄭天霸說。

「滾你的！」梁娟娟啐了孫元彪一口：「你狗咬耗子，多管閒事。」

「好，小姐，我不惹妳！」孫元彪碰了一鼻子灰，轉向錢婷婷說：「婷婷，模擬考試妳考得怎樣？」

「你明知道我考不好，何必多此一問？」錢婷婷沒有好氣地回答。

「妳考得再賴也比我強。」孫元彪說。

「你考多少？」梁娟試探地問。

「一百六十幾分。」孫元彪回答。

「好！還有不如我們的！」梁娟娟笑着拍手，又轉問鄭天霸：「鄭天霸，你呢？」

「我比孫元彪還差。」鄭天霸指指孫元彪說。

「幸好有你們兩位壓陣，不然我眞要鑽地洞。」梁娟娟說：「所有畢業班的同學，恐怕沒有比你們兩人再賴的了？」

「賴的人還多呢！在男生中我們還算高材生哪！」鄭天霸厚顏地說。

他們幾人都笑了起來，梁娟娟指着他們兩人說：

「都像你們這樣，學校眞要關門了。」

「放心，都像我們這樣，學校才有錢賺。」鄭天霸說：「我們畢業了，後面還有很多生力軍呢」

「你這麼賴也能畢業？」

「怎麼不能畢業？教務主任不怕我通他一刀子？」鄭天霸輕鬆地說。

「就算給你畢了業，聯考也沒有希望。」

「考不取聯考，再考軍校，考不取軍校，再去當兵。有什麼了不起？」

「對，我們就是這個主意。」孫元彪插嘴。

「這算什麼狗屎主意？」梁娟娟笑着罵他。

「看樣子妳是要唸臺大了？」孫元彪歪着腦袋打量她。

「你管我唸那個學校？」梁娟娟白孫元彪一眼：「再不成我也不會當兵。」

「我看妳也只有這一點比我們狠。」孫元彪眼睛嘴角一歪說：「要是我當國防部長，我一定要女人當兵。」

「你做夢！你也想當國防部長？你也想我們女人當兵？」

「怎麼？女人不是人？」鄭天霸插嘴。

「你狗嘴裏吐不出象牙，胡說八道！」梁娟娟罵他。

「好了，好了，別廢話，我們走吧！」錢婷婷對梁娟娟說。

龍彩雲和葉鳴鳳也嚷着要走。孫元彪和鄭天霸手臂一張，把她們攔住。孫元彪說：

「我們還沒有談上三句話，怎麽就走？」

「談一百句也是廢話！」梁娟娟說。

「算我不好，不該惱了梁小姐，掌嘴！」鄭天霸在自己嘴上摑了一下。

「這下不算，再摑重點！」梁娟娟說。

「殺人也不過頭落地，娟娟，妳何必逼人太甚？」鄭天霸笑嘻嘻地說。

「那你走你的，我們走我們的，咱們河水不犯井水好了。」梁娟娟揮揮手說。

「別說的這麽絕，」孫元彪說，又轉向錢婷婷：「婷婷，要走我們一道走，今天我請客。」

「是到統一還是國賓？」梁娟娟故意問。

「妳別出我的洋相好不好？」孫元彪苦笑地地：「我只能請妳們吃牛肉麵，怎麽敢上統一、國賓？」

「牛肉麵誰沒有吃過？還要你請？」梁娟娟鼻子裏嗤了一聲。

龍彩雲指指葉鳴鳳，啟聲對錢婷婷和梁娟娟說：

「你們吃牛肉麵也好，上統一、國賓也好，我和葉鳴鳳先走一步，再見。」

「嗨！龍彩雲妳怎麽搞的？」梁娟娟連忙把她們攔住：「要走我們一道走，何必單獨行動？」

「妳們走是不走？」龍彩雲望望梁娟娟和錢婷婷。

「妳們兩位也賞我一點面子怎樣？」孫元彪望着龍彩雲和葉鳴鳳說。

「你請的是錢婷婷，我們何必做黃魚？」龍彩雲說。

「對，我也不想做黃魚。」葉鳴鳳說。

「不管你請上統一、國賓，或是吃牛肉麵，她們兩個要是有一個不去，我和梁娟娟也不去。」錢婷婷對孫元彪說。

「對，我們又不是沒有吃過牛肉麵！」梁娟娟刁鑽地說。

龍彩雲、葉鳴鳳、錢婷婷都嗤的一聲笑了出來。

「梁娟娟，妳已經把我整够了！好吧，請妳帶頭，我們去牛肉麵大王。」孫元彪說。

梁娟娟轉向錢婷婷，故意對她說：

「婷婷，我們都是陪客，孫元彪請妳吃牛肉麵，妳看够不够意思？」

「不去嘛，他又說我瞧不起人；去嘛，我又不敢領情。這事兒就難了！」錢婷婷慢條斯理地說，也刁鑽的很。

「婷婷，我們同學沒有幾天了，妳就賞我一點面子行不行？」孫元彪望着錢婷婷說，兩隻眼睛像望着牛肉的狗眼。

「婷婷，他說得怪可憐的，我們就去吃他一頓吧！」梁娟娟做好做歹地說。

「好吧，好吧，我們一起去，免得那一個人領情。」錢婷婷笑着把龍彩雲、葉鳴鳳一拉。

孫元彪受寵若驚，骨頭都輕了四兩，走路輕飄飄。梁娟娟又敲他的竹槓：

「你不請我們上統一飯店，計程車也該叫一部？吃碗牛肉麵，走出一身大汗才划不來。」

「好，小姐，就依你的！」孫元彪無可奈何地說。隨卽把手一招，一輛紅色的計程車開了過來。

梁娟娟她們四人鑽了進去。孫元彪、鄭天霸也想擠進去，梁娟娟連忙說：

「不行，不行，超過了規定，你們另坐一部。」

司機也說不行，孫元彪摸摸後腦殼，望了鄭天霸一眼，鄭天霸頭一昂說：

「再叫一部！」

梁娟娟她們坐着車子先走，錢婷婷忍不住笑說：

「娟娟妳這個缺德鬼，今天這一竹槓又敲得不輕。」

「活該！誰叫他們要作寃大頭？」梁娟娟淸脆地回答。

龍彩雲和葉鳴鳳好笑，龍彩雲躭心地對梁娟娟說：

「妳小心惹出痲煩。」

「諒他們也不敢找我的痲煩！」梁娟娟自信地說：「他們想吃豆腐，我賣的全是辣椒，要他們眼淚鼻涕直流。」

錢婷婷她們三人笑了起來，梁娟娟拍拍錢婷婷說：

「婷婷，妳對付他們還不够辣，以後應該辣一點。」

「我根本不想理會他們。」錢婷婷搖搖頭說。

「不想理會不行，讓他們碰得鼻靑臉腫才是最好的辦法。」梁娟娟說。

孫元彪、鄭天霸坐了車子趕了上來，兩人把頭伸到窗外向她們招呼，車子又搶到她們前面，風馳電掣而去。

「他們這樣橫衝直擋，眞不要命。」錢婷婷說。

「他們想在我們面前逞英雄。」梁娟娟說。

「什麽英雄？簡直是狗熊！」錢婷婷笑着說。

「妳們眞會糟塌人，」龍彩雲說：「吃他們的，坐他們的，還要駡他們。」

「這是他們自討的，怪不得我們。」梁娟娟說。

「我先對妳們兩人說好，我吃了就走，不能再參加別的節目。」葉鳴鳳說。

「我也是一樣。」龍彩雲說。

「這一下就把他們的口袋掏光了，還能有其他節目？」梁娟娟說。

「也不見得，」葉鳴鳳說：「說不定他們從家裏偸了錢出來？」

「那能偷多少？最多也不過幾十百把塊。」

「說不定能偷千兒八百？」

「偷多了會露出馬脚，以後就不能再偷了。」

「梁娟娟，看樣子妳是偷錢的老手？」龍彩雲笑着說。

「胡說八道，」梁娟娟笑着罵龍彩雲：「我從來不偷，我是明打明要。」隨後又笑問錢婷婷：「婷婷，妳偷不偷？」

錢婷婷打了她一下，她樂得哈哈笑。

孫元彪鄭天霸早已站在麵店門口等她們。她們的車子一到，孫元彪就付車錢，笑問錢婷婷和梁娟娟：

「妳們怎麽搞的？我還以爲妳們開了小差呢？」

「你們的車子錢沒有付，我們爲什麽開小差？」梁娟娟馬上回答。

「牛肉麵還沒有吃，更不會開小差。」鄭天霸接嘴。

「還是你聰明。」梁娟娟像逗小孩子樣地說。

錢婷婷龍彩雲她們都笑了起來。

鄭天霸啼笑皆非。孫元彪佔了一張小圓桌，對茶房頤指氣使，完全是一副大字號的派頭。茶房看他們的神氣，連聲稱是，不敢捋虎鬚。

酸梅湯，梁娟娟一口氣可以喝三杯，而且要她們三人照樣喝。吃牛肉麵可沒有辦法，她一碗也吃不完，龍彩雲、錢婷婷的量也小，只有葉鳴鳳吃完了一碗。

「難怪妳這麼胖！」梁娟娟看葉鳴鳳吃完了一大碗麵，笑着說。

孫元彪、鄭天覇吃完一大碗麵意猶未足。孫元彪先把錢婷婷剩下的麵往自己碗裏倒，鄭天覇也把梁娟娟剩的麵往自己碗裏倒。梁娟娟調侃地說：

「這多難看？你們不會另外要一碗？」

「這才吃得有味。」鄭天覇回答，瞄了孫元彪一眼。

兩人唏哩呼嚕地吃起來。

「嘖嘖！也不怕髒！」梁娟娟搖頭，龍彩雲、錢婷婷暗笑。

吃完麵，鄭天覇把筷子一放，一抹嘴，豪爽地說：

「我請你們看電影。」

「謝謝，我的功課太賴，我要回去做功課。」梁娟娟馬上回答。

「做功課也不在乎這一會子？」鄭天覇說。

「你不在乎我可在乎。」梁娟娟說：「平時既不燒香，臨時又不抱抱佛脚，怎麽考得上大學？」

「聽妳的口氣倒像個好學生。」鄭天霸望着她笑。

「我本來就不壞嘛！」梁娟娟正色地說：「誰敢把我當作壞學生？」

「妳別這樣兒來兮好不好？我可沒有說妳是壞學生。」

「對，妳比我們好的多。」孫元彪討好地說。

「你倒有自知之明。」梁娟娟馬上誇孫元彪一句，又指指錢婷婷說：「她也比我好的多，你不要看錯了人。」

「我才沒有看錯！」孫元彪喜不自勝地說：「我曾爲婷婷的事和別人打過架。」

「那犯不着，」錢婷婷馬上接嘴：「出了人命我可不負責。」

「好漢作事好漢當，我怎麼會要妳負責？」孫元彪拍拍胸脯說。

「可也不要把我扯在一塊。」錢婷婷警告他說。

「對！你們打破了頭都沒有關係，就是不能把我們扯在一塊！」梁娟娟也補上一句。

「妳們的膽子眞小，樹葉兒掉下來都怕打破了頭。」鄭天霸說。

「你們別弄錯了！我們不是膽子小，而是不願意作英雄好漢。」梁娟娟像大人對小孩子說話。

「妳們不是膽小，是沒有種，對不對？」鄭天霸笑問梁娟娟。

「什麼種不種？」梁娟娟白他一眼：「要是見了警察，進了紅燈戶，『修理』一頓，不哼一聲，那才有種。在牛肉麵大王這裏吹牛，算得上那一路貨？」

錢婷婷她們笑了起來，龍彩雲揹上書包站起來對梁娟娟說：

「妳有時間在這裏窮聊，我可要準備功課。謝謝主人。」

錢婷婷、葉鳴鳳也站了起來。鄭天霸急着說：

「妳們怎麼搞的，都不肯賞我的面子？」

「你要眞有心請客，聯考過後不遲。」錢婷婷說：「我們還可以多邀幾位同學。」

梁娟娟嗤的一笑，鄭天霸皺着眉說：

「要是肯賞光，頂多只請妳們四位，可不能把全班同學都請來，我可不招待。」

「那乾脆一個別請。」錢婷婷說。

「放心，我們兩人不會再來叨擾。」龍彩雲指指葉鳴鳳說。

「你又想請客，又捨不得化錢，眞不够意思。」梁娟娟指着鄭天霸說。

「我們不能請全班的女同學，自然只能請一兩個。」孫元彪揷嘴。

「那不叫請客，那是約會，我們一個也不會來。」梁娟娟說。

錢婷婷她們又笑了起來。孫元彪、鄭天霸一臉尷尬。

孫元彪付了錢，大家一道出來。孫元彪走近錢婷婷身邊，輕輕地說：

「婷婷，妳看不看電影？黃昏雙鏢客很不錯。」

錢婷婷搖搖頭。梁娟娟、龍彩雲、葉鳴鳳三人向孫元彪揚揚手：

「擺擺——」

錢婷婷趕了上來，忍不住笑。梁娟娟問：

「孫元彪跟妳嘀咕些什麼？」

「他想請我看黃昏雙鏢客。」錢婷婷輕輕回答。

「去他的？」梁娟娟向地上唾了一口：「他癩蛤蟆也想吃天鵝肉？我請妳們看瑪琍莎。」

第一一章 夢中見快樂天使 落第嫁有錢老翁

龍彩雲和葉鳴鳳看完電影回來，已經十一點鐘，龍彩君正準備去上夜班，龍士舜正準備睡覺，他看龍彩雲回得這麼晏，打量了她一眼，陰陽怪氣地問：

「雲姐，今天晚上又不補習，妳怎麽這樣晚才回來？」

「同學請我看電影，你管得着？」龍彩雲大聲大氣地回答。

「好，馬上要聯考了，妳還有閒情看電影？」

「我幾個月沒有看電影，偶然看一場電影就犯了法？」龍彩雲把書包往沙發上一擲。

「嘿！雲姐，妳好大的脾氣？我是怕妳玩野了心，考不取。」龍士舜[redacted]說。

「你少廢話！考不取干你屁事！」龍彩雲啐他。

「彩雲，不要和弟弟鬥嘴，快點洗澡睡覺。」龍彩君提着尼龍編織的手提袋，邊走邊說。

「小鬼最可惡！我一回家他就找我痲煩。」龍彩雲說。

「小鬼？」龍士舜走到龍彩雲面前說：「我們比比看，看誰是小鬼？」

龍士舜比龍彩雲高出大半個頭，龍彩雲笑着把他一堆：

「滾蛋！你好高？你怎麼不去和你的同學比？」

「他們不會叫我小鬼，我用不着和他們比。」龍士舜說。

「小弟，睡覺，睡覺，再不睡明天早晨又起不來了。」龍彩君推着他說。

龍士舜鑽進自己的小房間。龍彩雲問龍彩君說：

「姐，妳還要去那種鬼地方上班？」

「沒有找到別的事，自然只好去。」龍彩君回答：「我們下星期放暑假，我白天去學打字。」

「唯願妳能找個英文秘書的工作。」龍彩雲說。

「不要想的那麼好，白天工作我不能幹，那有夜間的秘書？」

「也說不定，那些大觀光飯店，私人公司，也許需要？」

「我倒希望能當個家教。」

「暑假的機會也許多些。」

「妳的同學有沒有弟弟妹妹要補習？」

「不知道，我問問看？」

「彩雲，要是妳替我找到了家教，我一定請客。」

「姐，妳請我什麼客？」龍彩雲高興地問。

「看電影哪，上小館子啦，隨妳喜歡。」龍彩君[illegible]地說。

「我想要一條百褶裙子。」

「行。」龍彩君點點頭。

「好，明天上學我替妳打聽。」

「唯願托妳的福。」龍彩君匆匆地跑了出去，汽車已經來了。

龍彩雲匆匆地洗過澡，坐在小客廳裏吹頭髮。她回想剛才看過的電影，女主角瑪琍莎正是她這種年齡；瑪琍莎那樣活潑天眞，不像她這樣被功課壓得透不過氣來。大專聯考眞像駱駝穿針眼，而且她光是考取還不行，私立學校讀不起，最好是臺北的公立大學，這眞像登天一樣難。看電影時她的心情都沒有放鬆，生怕母親責怪，自己也覺得犧牲了兩三個鐘頭很可惜。這段時間可以多讀幾課書，多記幾個英文單字、片語，說不定考試時湊巧碰上。數學她實在沒有辦法，很多習題都不會做，只好採取放任的態度，碰碰運氣。

她打開書包，拿出英文課本，一邊吹風一邊唸。英文也是她最傷腦筋的功課，文法弄不清楚、片語、單字記得也不多，拼音也差。她最怕英數這兩門功課，如果這兩門也像其他四門一樣，她相信有希望考取公立大學。

她唸着唸着，聲音越來越小，越來越糢糊，她終於倒在沙發上，迷迷糊糊地睡着了。

在睡夢中，她又看見瑪琍莎在唱歌跳舞，笑得那麼天眞迷人。瑪琍莎眞像個快樂天使，連錢婷婷、梁娟娟也沒有她那麼輕鬆、快樂。自己和葉鳴鳳更不能比了。

龍太太睡了一覺醒來，發覺小客廳裏還那麼燈光明亮。她起來一看，龍彩雲睡在沙發上，手中正抓着英文課本，電扇也沒有關。她連忙過來把女兒叫醒。龍彩雲遲遲不能睜開眼睛，龍太太搖了她幾下，她的眼睛才微微張開。龍太太埋怨她說：

「妳怎麼不早點上床去睡？馬上就要聯考，吹病了那可不得了！」

她一句話也沒有說，歪歪倒倒走進房裏，把身體往床上一倒，塑膠拖鞋一甩，便沉沉入睡了。

龍太太看了有點心痛，搖搖頭，嘆口氣。

第二天清早，龍太太又把她叫醒；明知她睡眠不足，又不能不叫，在這種緊要關頭，更不能缺課。

龍彩雲眼睛紅紅的，坐在床上楞了半天才慢慢下來。龍士舜打量了她一眼，向龍太太說：

「媽，看樣子雲姐沒有睡足，她昨天晚上還去看電影，妳也不管管她？」

「死相！清早起來就多嘴多舌！你也不知道你有多好？」龍彩雲罵他。

「不要吵，偶然看一場電影我不怪妳。」龍太太對女兒說：「就是不要睡得太晏，開着電扇睡更不好，要是吹病了，怎麼能應付聯考？」

「再一病那就只剩幾根骨頭了。」龍士舜說。

「你還不是根瘦竹竿？還有臉說別人？」龍彩雲馬上回嘴。

「你們都不聽話，要你們多吃點飯，你們都不肯吃，所以才這樣瘦。」龍太太說。

「沒有菜怎麼吃得下去？白飯有什麼營養？」龍士舜說。

「你別說冤枉話，那一頓不是三四樣菜？」龍太太說。

「四季豆、韮菜乾絲、冬瓜、茄子，老是這幾樣，看都看厭了，還能下飯？」龍士舜越說越氣。

「要是有魚，有肉，有蛋，五碗飯我也吃得下去。」

龍太太聽了又好氣又心痛，嘆口氣說：

「你爸爸只賺這幾個錢，我有什麼辦法弄好菜？所以勸你們多吃飯。」

「飯只有澱粉質，吃十碗營養也不够。」

「俗語說，人是鐵、飯是鋼，多吃總比少吃好。」龍太太裝出笑臉說。

「媽，我們需要的是蛋白質，光是澱粉質沒有用。」龍士舜拖長聲音說。

「好，媽沒有你懂得多？」龍太太無可奈何地說：「錢不够，叫我到那裏去弄蛋白質？」

「媽，別理他死相！」龍彩雲揷嘴：「什麼蛋白質、澱粉質，他餓了狗屎也會吃。」

「妳才吃狗屎！」龍士舜笑着回答。

「好了，好了，不要鬪嘴，今天晚上媽弄點紅燒肉給你們吃。」龍太太打圓場說。

「那我吃五碗！」龍士舜高興地說。

「窮相！」龍彩雲又罵他一句。

「妳好？妳是富貴命！」龍士舜回嘴：「我看妳快當下女了！」

「狗屁！我才不當下女！」

「你們怎麽搞的？一開口就吵！」龍太太無可奈何地望着他們姊弟兩人。

「媽，叫他滾出去，他在家裏死相。」龍彩雲說。

「妳滾，我才不滾。」龍士舜說。

「快吃飯，吃了飯都給我滾上學去。」龍太太說。

龍士舜添了一碗炒飯，吃了一半，就聽見車子聲響，他把碗筷一放，提起書包就跑。龍太太叫他等下一班車再走，他頭也不回。

龍彩雲也揹好書包，龍太太知道她的胃口小，吃也吃不了一碗飯，塞她兩塊錢，要她買麵包。

龍彩雲一出來，剛走到馬路邊，就碰見葉耀湘騎着老爺脚踏車，前後載滿了青菜，滿頭大汗，迎面而來。龍彩雲笑着向他打招呼。

「葉伯伯早！」

「早。」葉耀湘笑着回答，有點喘氣。

「葉伯伯，要不要我幫忙你推一下？」龍彩雲看他騎着車子上斜坡路，十分吃力，笑問。

「免了，妳一根線兒吊得起來，能有多大力氣？」他笑着下車來推。

「葉伯伯，你的生意好？」龍彩雲邊走邊問。

「不壞，比養雞划得來。」他邊走邊答。

「葉伯伯，那你可以發財了？」龍彩雲笑着說。

「托妳的福！」葉耀湘笑着點頭：「再不發財，我的鬍鬚都白了。」

「葉伯伯，你還少壯得很，你的力氣很大。」

「彩雲，妳不騙我吧？」葉耀湘回頭問她。

「葉伯伯，我怎麼敢騙你？」龍彩雲笑着回答。

「妳葉媽媽總是罵我老傢伙。」他笑着輕輕地說，裝作十分神祕的樣子：「妳這一說我倒要回去照照鏡子看。果眞年青，我倒要討個小，氣氣她。」

「葉伯伯，你不怕我打小報告？」龍彩雲笑着恐嚇他。

「千萬別打小報告，」他頸子一縮，連忙搖手：「妳葉媽媽會揪耳朵。」

龍彩雲笑了起來。他也笑着跨上車子用力踏回家。汗水和菜水滴在馬路上，像一團團大雨點。

葉鳴鳳來到車站時，龍彩雲就笑着對她說：

「我剛才碰見妳爸爸，眞有意思！」

「什麽事眞有意思？」葉鳴鳳問。

龍彩雲告訴她，她說：

「我媽總是罵他黃連樹下彈琴。」

「幸好妳爸是個快活人，要是他天天哭臉，那日子不更難過？」

「可是昨天晚上我一回家，就挨了我媽一頓臭罵。」

「爲什麽？」

「我媽說我不知死活，在這種緊要關頭還看電影，不好好地讀書。」

「妳爸爸有沒有罵妳？」

「我爸雖然沒有罵我，可是他一句好話也不講，使我下不了臺，眞氣人！」

「妳爸寶榮的生意倒底怎樣？」

「寶榮的生意雖然不錯，可是養鷄賠本。因此，我媽的火氣更大。」葉鳴鳳滔滔地說。

「這也難怪。要是大人的經濟情況好，事事如意，我們也會水漲船高。他們倒楣，我們自然也多挨些罵。」龍彩雲說。

「妳媽罵妳沒有？」

「我媽雖然沒有罵我，我弟弟倒有點死相。」

「弟弟管不着妳，妳可以不理他。」

「我當然不理他。可是要眞考不取，他會笑我。」

「眞要命！」葉鳴鳳脚一跺，臉上的肉一抖：「考不取不但家裏人笑，外面的人也會笑，眞沒有臉做人！」

「要是眞考不取，那怎麼辦？」龍彩雲焦慮地望着葉鳴鳳。

「妳說怎麼辦？」葉鳴鳳也沒有主意，只好反問她。

龍彩雲楞了半天，也想不出一個逃避的辦法，最後幽幽地嘆口氣說：

「還是錢婷婷梁娟娟好！她們不在乎，家裏也不怎麼要求。」

「我們要是有她們那麼好的環境，只要考取了就可以交代，管它公立私立，也不必窮操許多心，」葉鳴鳳說。

「可不是？」

兩人妳一句我一句，直到車子到來爲止。

她們到學校時，看到很多同學圍着佈告欄，她們兩人也擠過去看，原來是宣佈畢業考試和同樂晚會舉行的時間。錢婷婷和梁娟娟也在看，她們聽見梁娟娟說：

「糟糕！還有兩天就考，來不及了！」

「怕什麽？這不過是形式，保妳畢業。」鄭天霸說：「同樂晚會妳要是表演得好，說不定還可以加分呢！」

「你別胡說八道！」梁娟娟罵他。

「我怎麽胡說八道？」鄭天霸說：「要是妳會賣俏，馬上對教務主任說，妳要準備功課，沒有時間練習跳舞，那天晚上不能登臺表演，保險她會暗中加妳的分。」

梁娟娟打量他，覺得這主意倒不壞。但她還是罵他：

「你一肚子的歪主意，我才不信你的！」

「不信，你試試看好了？」

「你大概試過？看樣子你畢業考試是篤定泰山了？」

「我才不着急，馬上考我都不在乎。」

梁娟娟一轉身，就看見龍彩雲和葉鳴鳳。葉鳴鳳皺眉苦臉說：

「眞糟糕！昨天晚上眞不該看電影。」

「這樣說來，我請客請壞了？」梁娟娟說。

「誰說妳請客請壞了？只怪我的功課沒有準備好。」葉鳴鳳說。

「怎麽？我請妳看電影妳不看，妳倒自己請客？」鄭天霸望着梁娟娟說。

「誰看什麽鬼的鏢客？」梁娟娟馬上回嘴：「我請她們看瑪琍莎。」

「妳們愛看那個小妖精，怎麽不早說？」

「你以爲我們看不起電影，一定要你請？」

「話不是這麽說，禮尙往來，我請了妳，妳也可以請我嘛！」鄭天霸厚顏地說。

「別做夢！」梁娟娟把嘴角一撇，拉着龍彩雲她們上樓。

「鄭天霸的臉皮眞厚！」上了樓，龍彩雲回頭望了一眼說。

「男生就是這樣死相！」梁娟娟說。

「別人可不像他。」葉鳴鳳說。

「孫元彪還不是一樣？」錢婷婷說。

「他們兩位是特殊人物。」葉鳴鳳說。

「妳們昨天晚上回家挨訓沒有？」龍彩雲突然問梁娟娟和錢婷婷。

錢婷婷搖搖頭，梁娟娟反問：

「好好的爲什麽挨訓？」

葉鳴鳳說明原因，梁娟娟說：

「看場電影還挨訓，人又不是木頭，這樣讀死書有什麽意思？」

「大家都讀死書，我們不讀死書怎麽行？」葉鳴鳳說。

「大家都應付考試，都成了蛀書蟲，那有什麽用處？」梁娟娟說。

「妳別說沒有用處，」錢婷婷對梁娟娟說：「考不取聯考拿不到大學文憑，就不能在社會上混。」

「那我乾脆嫁人，找張長期飯票算了。」梁娟娟自嘲地說。

「沒有大學文憑也嫁不到什麽好人。」葉鳴鳳說。

「那我嫁個有錢的老頭子好了。」梁娟娟笑着說。

「該死，該死！」大家都笑着罵她。

「嫁個有錢的老頭子有什麽不好？」梁娟娟裝瘋地望望大家：「過幾年老頭子翹辮子，萬貫家財不都是我的？有了錢什麽事兒辦不到？」

「別瘋瘋癲癲，」錢婷婷推她一下：「要是訓導主任聽見了，不訓妳一頓才怪！」

「我要是走投無路，也只好出此下策，她訓我豈不是廢話？」梁娟娟振振有詞地說。

「妳這些話要是被鄭天霸聽見了，那眞會笑死。」錢婷婷輕輕地說。

「他笑什麼？我再沒有出息也不會嫁他。」梁娟娟嘴角一撇說：「他們男生考不取大學，滾釘板還够滾呢！怎麼說我們也比他們强。」

「要是他們考取了大學，那不比我們强？」葉鳴鳳說。

「做夢！」梁娟娟冷笑一聲：「他們也想考取大學？」

「妳別把他們看扁了。」

「我看他們跟看我自己一樣，不會走眼。」

「還有兩天畢業考試，我們趕快看書吧！」葉鳴鳳把書包打開，敞聲對梁娟娟說。

「胖子，妳怎麼老是這麼大火燒着屁股似的？」梁娟娟抱怨地說。

「小姐，時間來不及了！」葉鳴鳳拖聲拖氣地說：「我要是考不取大學，眞要打入十八層地獄，比鄭天霸、孫元彪還慘呢！」

第十二 家貧少女愁多少 人比黃花瘦幾分

龍彩雲感到頭腦有點暈暈沉沉，口乾舌燥，看書看不進去，坐也坐不住，便伏在桌上小睡。她們已經停課，完全自修，準備考試，老師也不在課室，趁這個機會輕鬆輕鬆。

伏在桌上也不對勁，頭越來越重，舌上像有一層厚苔，黏膩膩的。錢婷婷看她伏在桌上，不聲不響，把她的頭攀起來，看她兩頰通紅，詫異地說：

「怎麼？妳病了？」

隨手在她腦売上摸摸，覺得有點燙手。梁娟娟、葉鳴鳳也圍了過來，都伸手在她頭上摸摸，要她回去。她不想回去，想撐持一下看看，請葉鳴鳳替她買包傷風克吃吃。學校對面就有一家小藥店，葉鳴鳳匆匆跑過去買了一包回來，她放了兩片在嘴裏，把塑膠水壺的蓋子打開，仰起頭，倒灌了幾口水吞服下去。從前偶爾傷風感冒，她母親便買包傷風克給她吃吃，一吃便好。她以爲這次吃完了傷風克也會好。

她又伏在桌上睡。錢婷婷她們也各自看書。她聽大家默讀默誦，唧唧喳喳，彷彿蠶兒吃桑葉一樣，她覺得她們也是在啃書。

她腦殼裏像有無數要出蛋殼小鷄的嘴在啄，她覺得很不好受；加上唧唧喳喳的唸書聲，她的頭腦似乎要爆炸。她漸漸感到支持不住。

她想回去，可是一站起來就頭重脚輕，飄飄盪盪。錢婷婷和梁娟娟要葉鳴鳳送她回家，葉鳴鳳向來沒有請過假曠過課，遲疑了一下才說：

「那妳們替我請假？」

「放心，一切由我們負責。」梁娟娟說：「馬上畢業了，不會影響妳的操行分數。」

「眞倒楣！」龍彩雲嘆口氣說：「遲不病，早不病，偏偏這時生病！」

「快點回去看醫生，」錢婷婷說：「弄點特效藥吃吃，或者不會躭誤畢業考試。」

「拜托妳們替我請個假，」龍彩雲說。

「放心，放心！」梁娟娟一疊連聲地說：「診病要緊。」

龍彩雲扶着葉鳴鳳離開教室，她像走在半天雲裏。錢婷婷、梁娟娟攙着她下樓，又囑吩葉鳴鳳：

「胖子，妳小心一點，一定要把她送到家裏。」

「我還會半路把她摔掉？」葉鳴鳳笑着回答。

龍彩雲向她們兩人說聲「謝謝」，眼淚差點掉了下來。要是畢不了業，更別談上大學了！她眞後悔不該去看那場電影，又開着電扇睡覺。

兩人好不容易擠上公共汽車，又沒有座位。葉鳴鳳揹着兩個大書包，還要扶着龍彩雲，抓着吊圈，十分吃力。龍彩雲暈暈沉沉，兩脚虛浮無力，車子又顛顛簸簸，她閉着眼睛，抓着吊圈，像夾心餅乾，被人夾着，不然眞會倒下去。她面前坐着一位小學四年級的男生，葉鳴鳳看她兩頰通紅，眼睛都睜不開，便對那位男生說：

「小弟弟，對不起，我這位同學生病，請妳讓她坐坐好不好？」

那男生轉過頭去，故意把眼睛望着窗外，裝作沒有聽見。

龍彩雲睜開眼睛看看，發覺那男生根本沒有理會葉鳴鳳的話，又失望地閉上眼睛。她不僅希望坐，而且巴不得把身子放平，她覺得越來越站不住。

坐在那男生旁邊的是個中年婦人。她對龍彩雲這種情形也視而不見，無動於衷。葉鳴鳳連向她開口的勇氣也沒有。

龍彩雲拉着吊圈的手突然一鬆，要不是兩邊的人擠着，她已癱了下去。葉鳴鳳連忙托住她，又望望那男生，那男生把書包往肩上一掛，大方地說：

「好，我讓她坐。」

葉鳴鳳連忙說聲「謝謝」。他站了起來，邪氣地一笑：

「不必謝，我要下車了。」

他頭一低，從大人胳下鑽過去，嘴裏一疊連聲說：

「讓，讓，讓！」

車子一停，他就鑽到門口，連忙跳下車，站在安全島上還向葉鳴鳳龍彩雲望了一眼，然後揚長而去。弄得葉鳴鳳啼笑皆非。

葉鳴鳳正要扶着龍彩雲坐下，原來站在龍彩雲旁邊的一位高大肥胖的五十來歲的婦人，連忙一屁股坐下去。由於空間不大，她的一邊屁股還壓在隔壁男人的大腿上，那男人連忙側着身子讓她，她坦然坐下去，沒有說一個謝字。龍彩雲的位子被佔住了，葉鳴鳳心裏很生氣，但還是委婉地對她說：

「太太，這位子是人家讓給病人坐的。」

「她有病我沒有病？」胖女人大聲回答：「她年紀輕輕的，一點小毛病有什麼要緊？我有心臟病、高血壓，比她嚴重多了！」

葉鳴鳳被搶白一頓，心裏更氣，望着她說：

「太太，看樣子妳不像個有病的人。」

「放屁！妳是醫生？」胖女人大聲叱責：「醫生說我高血壓兩百二，心臟衰弱，妳怎麼說我沒有病？妳想位子坐，我要是死在車上誰負責？」

「好，好！妳坐，妳坐！」葉鳴鳳知道爭她不過，只好退步。

龍彩雲連說話的力氣都沒有，把頭靠在葉鳴鳳的肩上。車子開到十字路口，紅燈一亮，猛然一剎，乘客像撞蘿蔔一樣，來回猛撞了幾下。龍彩雲幸好夾在人羣中間，不然要摔好幾尺遠。

葉鳴鳳好不容易把龍彩雲護送回家。龍太太一看女兒這種情形，連忙把她扶上床睡下，弄塊濕手巾覆在額上。家裏沒有別人，拜托葉鳴鳳照顧一下，她自己去請住在附近的李大夫。

李大夫診斷的結果，認爲是重感冒引起了肺炎，替她打了一針退燒針，開了三天的藥，囑咐龍太太小心照顧，病情如有變化，隨時找他。

「李先生，該沒有危險吧？」龍太太悄悄地問。

「不能說沒有危險，病情不輕。要她多喝開水，多休息，不能再受涼。」李大夫說。

龍太太連忙說「是！」

葉鳴鳳看龍彩雲已經迷迷糊糊入睡，便告辭回家，同時告訴龍太太畢業考的事。龍太太着急地說：

「怎麽這樣湊巧！偏偏在這節骨眼兒上生病？」葉鳴鳳也替龍彩雲着急，要是不能參加畢業考試，那要多讀一年，龍彩雲好勝，那對她是一個很大的打擊。可是葉鳴鳳沒有講出來。

龍彩雲一覺睡了四五個小時，醒來之後就嚷着要水喝。龍太太摸摸她的額角，覺得沒有先前那麽燙手。用體溫表試試，已經降到三十八度，低了兩度。她心裏也輕鬆了許多，又給龍彩雲吃了三片藥。

龍彩雲覺得頭不像先前那麼重，只是有點頭暈。她想起畢業考試，要龍太太把書包拿給她，她想坐在床上看書。

「大夫特別囑咐要多休息，現在燒還沒有退清，怎麼能看書？」龍太太猛力搖頭。

「後天就要畢業考試，不看不行。」龍彩雲說。

「身體要緊，讀書也不在乎這一下子。」

「畢不了業怎麼辦？」

「畢不了業就多讀一年。」

「多讀一年要多化錢，弟弟還會笑話。」

龍彩雲一想起弟弟的冷言熱語就受不了，現在比他高一班，還可以强嘴，一旦和他一般高那她眞抬不起頭來。還有左鄰右舍的眼光，也不好受。人一落到下風，誰也瞧不起，說不定連葉鳴鳳心裏也會輕視她？她眞是越想越怕。

「妳管它的？生病不能怪妳。」龍太太又把女兒按下去，哄着她說：「安心睡覺，明天好了再看書不遲。」

龍彩雲無可奈何地又躺下去睡，這一下直睡到天亮。

她覺得肚子有點餓，嘴裏很苦，腦子不再昏昏沉沉，只是四肢軟弱無力。

龍太太起得很早，她先過來看看女兒，摸摸額角，高興地說：

「好了！燒退清了。」

龍彩雲說她有點餓，她安慰女兒說：

「我煮點稀飯給妳吃，不要亂吃東西。」

龍彩君上夜班還沒有回家。龍士舜已經起床，準備上學。他從龍彩雲床前經過，停了下來，看了一眼，笑着問了一句：

「怎麼？雲姐好了？」

「士舜，你怎麼這樣講話？」龍太太白了兒子一眼。

「他不存好心，不希望我好。」龍彩雲感傷地說。

「雲姐，妳會錯了意，我不是不希望妳好，我倒希望妳等我一年。」龍士舜說。

「你做夢！」龍彩雲啐他一口：「我死也要爭口氣，就不讓你趕上。」

「妳還在生病，不要和弟弟鬥嘴。」龍太太一面對女兒說，一面斥責兒子：「你還不趕快去洗臉？等會又趕不上車。」

「雲姐不上學？」

「她病了怎麽上學？」龍太太說。

龍彩雲聽母親這樣說，倒眞使她想要上學。她馬上下床，龍太太又把她按住。

「我不頭暈，我要上學。」龍彩雲說。

「妳剛退燒，怎麽能上學？」龍太太說：「要是病反了，那可麻煩。如果眞能看書，就在家裏看書，請一天假再說。」

龍彩雲沒有作聲，她拿不定主意。病了實在難過，萬一上學發燒，不好意思又要葉鳴鳳送回家來。上學也是自修，她一向沒有請假，畢業時請一兩天假大概不會影響操行成績？她正在猶豫不決時，葉鳴鳳過來看她，龍太太寫了一張假條，請葉鳴鳳帶到學校去。葉鳴鳳也勸她休養一天。

「我們難得休息，病了休息一天也不爲過，」葉鳴鳳說。

「要是學校有什麽臨時規定，請妳告訴我。」龍彩雲說。

「我自然會告訴妳的。」葉鳴鳳回答，隨卽向她告辭。

龍彩雲也起來洗臉，漱口，吃藥。然後坐在床上看書。因爲燒了十幾個小時，又沒有吃東西，精神還是不好，看了一會又躺在床上休息，心裏一直躭心明天的考試。

第二天天剛亮她就起來，決心參加畢業考試。龍太太也不阻止，把藥片交給她，一再囑咐她四小時吃一次，不能忘記。

她吃了一小碗稀飯就去趕第一班車，到學校時也很早。錢婷婷、梁娟娟、葉鳴鳳都沒有來。她先在佈告欄看看，沒有什麼新的規定，這才上樓。

教室裏也沒有人，她靠在窗口看書，第一堂是考國文，她挑了幾課，看看註解。

錢婷婷和梁娟娟一道上來，梁娟娟一發現她就高興地叫起來：

「嗨，龍彩雲，妳好了？」

「現在不燒，精神還是不好。」龍彩雲站起來回答：「今天再不來我眞要留級了！妳們怎麼也來的這麼早？」

「還不是爲了考試？」錢婷婷回答。

「我們從小學到中學，讀書彷彿是爲了考試。」梁娟娟說：「過了一關又一關，考個沒完。」

「要是考取了大學，以後我決不再考學校。」龍彩雲說。

「再考那就是神經病！」梁娟娟說：「要想留洋我情願嫁給美國人。」

「妳又發瘋？」錢婷婷說。

「不是發瘋，我實在考怕了！」梁娟娟說。

葉鳴鳳姍姍來遲，眼睛紅紅的。錢婷婷問她：

「胖子，妳哭了？」

「誰說我哭了？」葉鳴鳳笑着回答。

「妳沒有哭怎麼眼睛紅紅的？」梁娟娟補上一句。

「我開了夜車，一夜未睡。」

「妳這是何苦？」梁娟娟大聲說：「把人弄病了，那才划不來！龍彩雲要不是太用功，我相信她不會生病。」

「妳們沒有開夜車？」葉鳴鳳問她們兩人。

「性命要緊，我才不那麼傻！」梁娟娟搶着回答。

「我十點就睡了，」錢婷婷說：「比平常睡得還早。」

「彩雲，我到妳家裏去了，我怕妳還沒有好呢！」葉鳴鳳最後對龍彩雲說：「想不到妳來得比平時還早。」

「今天畢業考試，爬，我也要爬來。」龍彩雲回答：「這一病差點坑了我！兩天沒有讀書，準有一兩科不及格，早點來是想多看一兩課書，也許能多撈幾分？」

「說得怪可憐的！」錢婷婷笑着摸摸龍彩雲：「妳這一病人更瘦了，妳這不是讀書，是拚老命的。」

「不拚命就過不了關，有什麼辦法？」龍彩雲回答。

「算了，性命要緊，過不過關隨它。」梁娟娟說：「畢業『烤』過後，我要痛快地玩兩天。」

「妳怎麼個玩法？」錢婷婷問。

「去碧潭划船、游泳、看看電影、跳跳舞、玩玩保齡球。決不呆在家裏啃死書。」梁娟娟輕鬆地回答。隨後又問錢婷婷：「妳呢？」

「玩歸玩，書還是要讀，不然毫無希望。」錢婷婷回答。

「妳們都是好學生，」梁娟娟望望她們笑一笑：「只有我最賴！」

同學越來越多，一來就打開書包看書，有不少人讀出聲音，唧唧喳喳。別人看她們談話，往往帶着不滿的神色望望她們，她們也只好不再作聲。

葉鳴鳳打了一個呵欠，自言自語說了一聲「要命！今天一定考不好。」

老師挾着試卷走進教室，要大家把書放進抽斗裏，然後把卷子交給班長古婉貞分發。

教室內鴉雀無聲，大家的眼光都在卷子上面移動。

龍彩雲閉着眼睛想了一會，再拿起筆來沙沙地寫。

梁娟娟用力拍打腦袋……

第十三章　陰盛陽衰男魂氣　畢業晚會女缺席

最後一堂三民主義考試，鄭天霸孫元彪兩人先走出愛班教室，站在走廊上窗口邊等錢婷婷和梁娟娟。他們隔着窗子向她們做手勢，要她們早點交卷出來。老師以爲他們「打槍」，要他們站遠些，他們便坐在欄杆上。

梁娟娟一連幾堂都沒有考好，三民主義讀的更少，看看題目急得搔耳撓腮。最後只好自作聰明，匆匆答了幾題交卷，夾起書包走了出來。

鄭天霸，孫元彪從欄杆上一躍而下，笑臉相迎，輕輕地問：

「妳考得怎樣？」

「糟糕透了！」梁娟娟回答：「你們答的眞快，一定考得很好？」

「我答了一題，他比我多畫了幾個圈圈。」鄭天霸說，自己笑了起來。

「這樣你們不是也不能過關？」

「三民主義老師好對付，我們自有辦法。」鄭天霸說：「何況這又不是主科？」

「婷婷怎麽還不出來？」孫元彪急着向教室裏張望：「看樣子她打算考一百分。」

「那不可能，」梁娟娟說：「她比我好不了多少，龍彩雲、葉鳴鳳都未必能考一百分。」

「那她還在裏面窮泡幹什麼？」孫元彪說：「早點出來我們吃了飯好看電影，或者去夜巴黎跳舞。」

「誰請客？」梁娟娟問。

「何必問？反正是羅漢請觀音。」孫元彪回答。

「也好，今天就玩個痛快！」梁娟娟順水推舟。

錢婷婷揹着書包走出教室，看見她們直搖頭。

「妳也考得不好？」梁娟娟問。

「題目看起來容易，答起來就驢唇不對馬嘴，我全是瞎猜。」錢婷婷笑着回答。

「好了，考完了就算了，別管那麼多，今天晚上我們去痛快玩玩。」孫元彪一面說一面拉錢婷婷。

「別拉拉扯扯的，」錢婷婷把身子一扭說：「那裏去玩？」

「吃了飯再說，走！」孫元彪邊走邊拉。

「不等龍彩雲和葉鳴鳳？」錢婷婷望着梁娟娟說。

「算了，她們兩人想考一百分，不到搖鈴不會出來。」鄭天霸說。

「不必等那兩個土包子，她們玩也不會。」孫元彪說。

「你別瞧不起人，」錢婷婷堵住他：「她們沒有你聰明？」

「她們會跳舞？會溜冰？會游泳？會玩保齡球？……」

「這又有什麼稀奇？」錢婷婷嘴角一撇：「她們不願意玩就是。」

「我的意思也只是說她們是兩個書呆子。」孫元彪陪着笑臉說：「走吧，別躭擱時間了。」

鄭天霸拉着梁娟娟走在前面，替她揹着書包。孫元彪看鄭天霸揹了兩個書包，他也把錢婷婷的書包接過來。

這次梁娟娟沒有敲他們的竹槓，鄭天霸却自動招來一部計程車，四人坐了進去。梁娟娟問他們兩人：

「你們請我們上那裏？」

「去排骨大王吃排骨飯。」鄭天霸回答：「排骨大王的排骨眞好，又脆又香。」

「你替他們作廣告？」錢婷婷插嘴。

「我才不替他們作廣告！」鄭天霸說：「除非他們出保護費。」

「你赤手空拳，保護什麼？」梁娟娟白了他一眼。

「妳別小看我，要是我邀三五個同學一道，走到那裏，人家都怕三分，像排骨大王，我們只要經常去摔幾個碗碟，給點顏色，他們就知道厲害。

「今天你們可不能吃白食？」錢婷婷馬上接嘴：「不然我決不去。」

「放心！」鄭天霸把口袋一拍：「今天我們有的是錢，同妳們在一塊怎麼會丟人？」

「到任何地方我們都要面子，」梁娟娟說：「看電影也不能買半票，不然你們就另請高明。」

「這還用妳說？」孫元霸接嘴：「我們哥兒們要的就是面子。」

「讀書你們怎麼不要面子？」梁娟娟將他一軍。

「那種書呆子的事我們怎麼幹得來？」孫元彪回她一個苦笑。

「不但你們幹不來，我也幹不來。」梁娟娟爽快地說。

「我們彼此彼此。」鄭天霸笑着拍手。

「那就有點不同！」梁娟娟瞪他一眼說：「再怎麼說，我比你們總強一點。」

鄭天霸望望孫元彪，摸摸鼻子一笑：

「現在眞是陰勝陽衰，男人吃癟了。」

「對！」孫元彪的手在大腿上一拍：「不但我們兩人吃癟，男明星、男歌星、男作家，統統吃癟，女人萬歲！」

孫元彪把手高高擧起，錢婷婷調侃地說：

「別肉痲當有趣，大頭都是你們男人當的，沒有我們女人的份。」

「鋒頭都給妳們女人出足了，好處都給你們佔盡了，難道妳們還想當總統不成？」

鄭天霸討好賣乖，搶着插嘴：

「如果妳們想當總統，我一定投票。」

「你還沒有資格呢！」梁娟娟衝着鄭天霸說。

「怎麼沒有資格？」鄭天霸似乎不解。

「你是國大代表嗎？」錢婷婷問。

「怎麼？總統要國大代表選，我不能投票？」鄭天霸反問：「明年我就二十了。」

「難怪你三民主義考不及格！」梁娟娟嗤的一笑。

「那也好辦嘛！」鄭天霸自圓其說：「將來妳們想當總統，我先競選國大代表好了。」

「謝謝你的美意，我們可不敢做那個夢。」錢婷婷說。

「那妳們將來競選歌后舞后時我一定投票。」

「廢話，廢話！」梁娟娟珠走玉盤地說：「今天慷慨一點就行了。」

「OK！」鄭天霸頭一昂，三分洋氣，七分大爺派頭。

車子在排骨大王門前停下，孫元彪付了車錢，四人一道進去。店裏的客人很多，沒有一張空桌，有的是三缺一，有的是兩個人佔着，他們擠不進去。鄭天霸、孫元彪要服務生騰出一張桌子，服務生看他們是學生，不大在意，敷衍他們。他們也不催促，兩人交換了一個眼色，交叉着手臂，並排站在過道中間。路本來只能容一個人通過，他們兩人一站，客人進的不能進，出的不能出，服務生端飯也過不了，連忙陪着笑臉說：

「對不起，借光，借光，請讓一步。」

「讓到那裏去？」鄭天霸瞪他一眼。

服務生察言觀色，知道不妙，馬上將靠牆的桌上兩位客人請到另一張桌上去，把他們四人請過去坐，客客氣氣地問他們吃什麼？他們要了四碗排骨飯，四碗豆腐湯。服務生走後，鄭天霸得意地說：

「龜兒子，敬酒不吃吃罰酒？再不給我們坐位，要他們生意作不成了！」

梁娟娟看他一眼，又望望錢婷婷，兩人相視一笑。

「妳們笑什麼？」鄭天霸問。

「你有兩手！」錢婷婷拖長着聲音說。

「沒有兩手還能混？」鄭天霸望望孫元彪，兩人都得意地一笑。

「你們請我們吃排骨飯不够意思，」梁娟娟望望他們說：「下一個節目是什麼？」

「先去看黃昏雙鏢客，然後跳舞或是幹別的什麼，隨妳們選擇。」孫元彪說。

「老是黃昏雙鏢客，那片子有什麽好看的？」梁娟娟說：

「那片子好得很！」鄭天霸說：「上次請妳們沒有去，我和孫元彪看了，的確够味，還想再看。」

「武俠片子無非是打鬥，有什麽好看的？」錢婷婷說。

「這部片子可不只是打鬥，還可以看出人家的智謀。」孫元彪說：「有趣的很。」

「好吧，那我們就去見識一下。」梁娟娟對錢婷婷說。

吃過飯，四人一道去電影院，孫元彪和鄭天霸遇到了熟人，想辦法揷進隊伍中間買票，別人怒目而視，甚至大聲吼叫，他們滿不在乎。

「一個人可以買四張票，何必兩人去排隊？」錢婷婷對梁娟娟說。

「今天票子難買的很，黃牛很多，也許他們怕一個人買不到手？」梁娟娟說。

鄭天霸回頭望望她們，大方地說：

「妳們去對面冰店坐坐，叫兩客冷飲，買到票我們馬上過來。」

「買不到票呢？」梁娟娟問。

「黃牛票也得買。」孫元彪說。

「好吧，我們就在對面等候，可不能黃牛？」梁娟娟拉着錢婷婷邊走邊說。

冷飲店裏客人很多，多半是女人孩子。她們兩人找了一個靠近櫃臺的小臺子坐下，要了兩瓶蘋果西打。

「我看以後我們要拒絕他們了。」錢婷婷忽然對梁娟娟說。

「爲什麼？」梁娟娟問。

「老實說，我對孫元彪。沒有一點意思，何必要人家一再化錢？」

「他們願作寃大頭，又不是我們找上門的，化這幾個小錢又算什麼？」

「妳知道他們的錢是怎麼來的？」

「管它是怎麼來的？他們要作孝子那不活該？」

「妳存心整他們？」錢婷婷笑問。

「那倒未必。」梁娟娟笑着搖頭：「可是我決不給他們甜頭，要是他們知趣，就自己打退堂鼓；不知趣呢，再多化幾文也使得。」

「娟娟，妳眞壞！」錢婷婷笑了起來。

「好在已經考過畢業考試，以後他們就是想作孝子，也沒有機會。」

「妳以爲就是這樣可以擇掉？」

「他們沾都沒有沾上，怎麼擇不掉？」

「我看到此爲止最好。」

「那也使得！今天就算臨別紀念。」梁娟娟說：「反正我不會還禮。」

她們兩人邊談邊喝蘋果西打。鄭天霸孫元彪也買好了票，一人買了四張。鄭天霸向孫元彪使了一個眼色，兩人向戲院旁邊的巷子裏一拐，有好幾位站在長龍後的客人悄悄地跟了過來，請他們分讓戲票，這時售票口窗子正好關上，很多買不到票的客人都蜂湧過來。有些黃牛就高抬票價一倍以上，居然有人搶購。他們兩人多買的四張票，毫不費力地以雙倍的價錢脫手。

「今天請她們吃飯看電影的錢統統賺回來了。」鄭天霸高興地對孫元彪說。

「客串一下黃牛也不壞，」孫元彪說：「看電影，泡女朋友，一舉兩得。」

「可千萬不能讓她們兩人知道，她們兩人的眼睛都是長在頭頂上的。」鄭天霸說。

「這還用你說？我還會自己坍自己的臺？」孫元彪把鈔票往褲子口袋一塞。

「我們兩人排隊買票她們也許會多心，見了她們怎麼說法？」

「你排在我後面，就說你沒有買到。」

「這樣說很好，她們不會懷疑我們當黃牛。」

兩人商議完畢，神定氣閒地來到冷飲店，走到她們身邊，會了賬，邀她們一道進場。

「人那麼多，你們買到了票？」錢婷婷問。

「我買到了，他沒有買到。」孫元彪回答。

「眞巧，不先不後，不多不少。」梁娟娟說。

「要是我不揷在前面，一張票也買不到。」孫元彪丑表功。

「你們做事全不按規矩。」錢婷婷說。

「按規矩就看不到這場電影了。」鄭天霸說。

「我要是公民老師，一定打你零分。」梁娟娟說。

「那不是主科，我才不在乎。」鄭天霸說。

觀衆都擠在大門口。擠在前面的人魚貫入場，還有很多沒有買到票的人東張西望，想找黃牛。

他們四人從容入場。孫元彪坐在錢婷婷旁邊，鄭天霸坐在梁娟娟旁邊，彷彿兩個保鏢。錢婷婷梁娟娟兩人起先對這部片子並不十分注意，越看越有興趣，兩位男主角鎗擊帽子的槍法新穎別緻，打一槍，她們「啊」一聲。他們兩人心裏暗自高興。鄭天霸忘形地在梁娟娟的大腿上一拍，梁娟娟馬上用手肘在他肋骨上撞了一下，鄭天霸痛在心裏，不敢作聲。

電影放完時，孫元彪笑着對錢婷婷說：

「這兩個鏢客才是鏢客，他們那幾手才眞不賴。」

「我們兩人也算是一對。」鄭天霸笑着接嘴。

「你算那根葱？」梁娟娟白了他一眼。

錢婷婷嗤的一笑，孫元彪討好地說：

「現在時間還早，我們去夜巴黎跳舞好不好？」

「帶着書包穿着制服去跳舞，算那路貨色？」錢婷婷說，同時從他手上接過書包。

梁娟娟也從鄭天覇手上拿過書包來，回頭對錢婷婷說：「婷婷，我們回去，改天再玩。」

「今天玩得還不够意思，爲什麽不再痛快玩一下。」孫元彪說。

「你們兩人去痛快吧！我們要回家■了。」梁娟娟說。

「你也不挽留挽留？」孫元彪望着鄭天覇說。

鄭天覇的肋骨還在作痛，他眉一皺，沒有作聲。

走出巷口，來到大街，她們兩人向他們揚揚手，說聲「明天見，」一個謝字也沒有。

「婷婷，記住，明天畢業晚會有妳的節目。」孫元彪討好賣乖地說。

「明天晚上我們不登臺。」梁娟娟刁鑽地說：「看你們兩人的雙鏢客。」

第十四 大禮堂金碧輝煌 畢業會情歌京腔

學校裏喜氣洋洋，大禮堂佈置得金碧輝煌，「慶祝五十六年度第十屆高中畢業典禮」的紅布金字橫幅，高高地掛在臺上，鮮艷奪目。

上午八點多鐘，畢業生家長陸續來到學校，隨意參觀環境及學生成績展覽。當初這學校是由幾間破敎室辦起來的，只有三班學生。現在三層洋樓的敎室有三棟，日夜間部學生有四千多人。校長韓飛原來是很瘦竹篙，現在心廣體胖，面團團如銀行經理。

梁娟娟，錢婷婷的母親，葉鳴鳳的父親都來了。葉耀湘本來沒有時間，但爲了慶祝女兒高中畢業，他丟下菜攤，交給太太照顧，自己換了乾淨的香港衫西裝褲來了，他那面團團，腹便便的樣子，比韓飛還帥，更像個大富翁。龍彩雲的父母都沒有來。展覽室裏有龍彩雲和葉鳴鳳的作業，梁娟娟和錢婷婷沒有。

「妳的怎麽沒有擺出來？」梁娟娟的母親以爲畢業班學生的作業都擺在這裏展覽，她沒有看見娟娟一篇作文，一本練習簿，禁不住問。

「媽，妳別丟我的人。」梁娟娟笑着回答：「擺在這裏的都是高材生，我還沾不到邊呢？」

「妳一學期化我好幾千，怎麼連一張紙我都看不見？」梁太太故意調侃女兒。「媽，我的書都讀在肚子裏面，不在展覽室裏。」梁娟娟笑着指指錢婷婷：「不信，妳問婷婷好了。」

錢婷婷聽梁太太那樣說，心裏正暗自慚愧，生怕母親問她；想不到梁娟娟忽然把她拉上，她拉拉梁娟娟的袖子，輕輕地說：

「妳怎麼把我扯上？」

梁太太看錢婷婷有點尷尬，安慰她說：

「妳放心，我不會上她的當。」

梁娟娟和錢婷婷她們都笑了起來。

錢婷婷的母親並不計較女兒的成績，完全以第三者的身份參觀。葉耀湘看了女兒的成績，有點掩飾不住內心的高興。龍彩雲比較自由，葉耀湘誇獎了她幾句，反而弄得她不好意思，怕錢婷婷和梁娟娟下不了臺。

九點鐘畢業典禮開始，校長韓飛西裝筆挺，親自主持。他年年都彈老調，說學校如何艱苦奮鬥？如何成長？以及如何實現自己的理想？還說了一些感謝家長會支持的話。

他講完話就請家長會的會長致詞。會長是一位有地位有金錢的闊人，韓飛對他十分恭順。他稱讚韓飛辦理教育的成就，同時代表家長捐贈新臺幣五十萬元，作爲建立圖書館的基金。韓飛眉開眼笑，一再對他鞠躬。

臨時畢業證書由韓飛親自頒發，由學生代表接受；隨後又頒發前三名畢業生獎品。第一名是忠班的男生，第二名是葉鳴鳳，第三名是龍彩雲。

第一名領獎時梁娟娟錢婷婷兩手輕輕拍了幾下，葉鳴鳳龍彩雲領獎時，兩人都熱烈鼓掌。過後梁娟娟輕輕對錢婷婷說：

「唉喲，我的手都拍痛了。」

「誰叫妳厚此薄彼？」錢婷婷說。

「第一名被男生拿去了我眞有點不服氣。」梁娟娟說。

「幸好有葉鳴鳳和龍彩雲爭口氣，要是都像我們兩人，那眞抬不起頭來。」錢婷婷說。

「妳別長男生志氣，」梁娟娟說：「晚上看我們兩人的。」

「男生也有節目。」

「我們一定勝過他們。」

「即使勝過他們，也不算什麽。」

「怎麽不算？將來到社會上去，看是他們吃得開，還是我們吃得開？」

「妳倒很有信心。」錢婷婷望着她一笑。

「本來嘛！現在是女人的世界。」梁娟娟笑着回答。

葉鳴鳳龍彩雲領了獎品，笑瞇瞇地走回自己的座位。梁娟娟要她們折開來看看，葉鳴鳳是一本英漢字典，一枝派克四十五型鋼筆；龍彩雲是一枝派克二十一型鋼筆，一本「荒漠甘泉」。

不到十點，畢業典禮就宣告結束，皆大歡喜。家長紛紛回去，葉鳴鳳龍彩雲也跟着葉耀湘一道回去。梁娟娟和錢婷婷因爲晚上有節目，留在學校練習。

天氣很熱，柏油路都融化了，走在上面鞋子都會粘住，留下一個個脚印。葉耀湘是個大胖子，特別怕熱，加之葉鳴鳳領了獎品，心裏高興，他把她們兩人領到冷飲店裏，請她們吃西瓜。

「本來我應該請妳們上館子才對，可是又怕走不出來，所以只好請妳們吃西瓜。彩雲，妳能吃多少就吃多少，不要留量，在這裏不會丟人。」

「葉伯伯，俗話說：十個胖子九個富。隨便走到那裏，別人都會說你有錢，怎麼你還不走運？」龍彩雲說。

「我現在正在走運，賣菜——」葉耀湘高興地說，說到菜字又連忙住口，望望四周，壓低聲音說：「賣菜比養鷄好，要是一退下來我就走這條路，現在早有了三輪機車，手頭也可能有三兩萬，那不是個小財主了？」

「葉伯伯，現在你一天能賺多少錢？」

「這可不能告訴妳！」葉耀湘故意神秘地一笑：「要是被別人知道了，準會有人來綁我的票。」

「爸，你小心吹炸了。」葉鳴鳳笑着說。

「憑爸這副長相，說有幾千萬，別人也會相信，怎麽會炸？」葉耀湘望望女兒一笑。

「爸，你要眞有幾千萬，我們就不會吃苦了。」葉鳴鳳說。

「妳急什麽？」龍彩雲對葉鳴鳳說：「葉伯伯是個發財的相，妳還怕他將來沒有幾千萬？」

「遠水不救近火，爸將來縱然有幾千萬，也救不了目前的饑荒。」葉鳴鳳說。

「我要是有一部三輪機車，起發就快些」。葉耀湘說。

「葉伯伯，三輪機車要多少錢？」龍彩雲問。

「三幾千塊錢，」葉耀湘回答。

「那你賣一兩個月的菜不就賺起來了？」

「賺的錢要穿衣、吃飯、讀書……存不起來。」葉耀湘說：「這次鳴鳳要是考取大學，還得一大筆錢化，看樣子不會少於一部三輪機車的價錢。」

「爸，那我就不唸大學算了。」葉鳴鳳說。

「那怎麽成？爸的希望都在妳身上。機車以後還可以買，讀書的機會錯過了就不再來。」

「也不一定考得取？」葉鳴鳳說。

「照妳們的畢業成績看，應該沒有問題。」

「葉伯伯，我們唸的是賴學校，不是好學校。」龍彩雲說。

「事在人爲，妳們是矮子當中的長子，很有希望。」葉耀湘說：「再來一客西瓜，替妳們打打氣。」

他眞的又叫來三客西瓜。他的量大，一客不能過癮。

她們兩人看他一口咬掉大半邊，吃得那麽快，有點好笑。龍彩雲說：

「葉伯伯，幸虧你的身體這麽好，不然眞不能賣菜。」龍彩雲想起那次碰見他帶一車子的菜，足有一百多斤，虧他踏那麽遠的路。

「要是在湖南老家，我會脫赤腳下田。有力氣也不賣菜。」葉耀湘說。

「要是在老家，我也情願種田。」葉鳴鳳說。

「只要妳願意種，我可以送幾十畝田給妳。」葉耀湘豪爽地說：「要是能變個魔術，搬一塊到臺灣來，我眞是個大富翁。」

「現在我想栽棵芭拉樹都沒有地方。」葉鳴鳳說。

「一旦回到老家，妳栽一萬棵也沒有問題。」葉耀湘擦擦臉，站了起來。掏出三十塊錢交給端盤子的女孩，笑着對女兒說：「要是在老家，妳高中畢業，我會請幾桌酒。現在只能請妳吃兩塊西瓜，不要見怪。」

「爸，誰怪你？」葉鳴鳳笑着走出冰果店。

回到村子裏，葉耀湘葉鳴鳳父女兩人，笑嘻嘻地走回家。龍彩雲獨自回家。

龍彩雲回到家裏不聲不響。龍士舜看她拿了一包東西以爲是吃的，搶着打開來看。看出是獎品就往桌上一丟：

「我以爲是什麼好吃的東西？原來是一本書，一枝筆，沒有什麼稀奇。」

「好吃鬼，你又得了多少獎品？」龍彩雲罵他。

龍太太看女兒得了獎品，十分高興，誇獎了她幾句，還答應送她一雙皮鞋。龍士舜又故意吵鬧。

「你要是也能拿到獎品，我也送你一雙皮鞋。」龍太太激他。

「我們的學校是好學校，不比雲姐的賴學校，拿獎品談何容易？」龍士舜說。

「拿不到獎品你就少廢話！」龍彩雲堵住他。

「我們畢業班最賴的學生也比妳們第一名强，妳的獎品有什麼了不起？」

「你只會吹牛！從小學到現在，我就從來沒有看見你拿過一次獎品。」

「我就從來沒有讀過賴學校。」

「好了，好了。」龍太太連忙阻止兒子：「晚上你和我一道去雲姐學校看畢業晚會，節目很精彩，聽說還有糖果點心。」

「我才不看那種晚會！」龍士舜把手一摔。

「你也不想吃糖果點心？」

「妳給五塊錢我自己去買。」他向母親把手一伸。

龍太太無可奈何地一笑，在小皮夾裏拿出五塊錢，他一接到手就笑着跑開。

「死不要臉！」龍彩雲駡他一句。

「他小，不要和他一樣。」龍太太對女兒說。

「妳就是這樣寵他！」龍彩雲說。

龍太太又摸出二十塊錢，塞給女兒，輕輕地說：

「妳先拿去零用，晚上我再陪妳去買鞋子。」

龍彩雲這才不作聲，心裏很高興。她很早就想買雙皮鞋，一直不好意思開口。膠鞋不但不好看，而且脚臭，又容易生濕氣，穿了這麽多年，實在不想再穿，如果考上了大學，再穿膠鞋也不像話，大學生是不穿膠鞋的。家裏再窮，還是少不了姐姐一雙皮鞋。她知道母親獎勵她一雙皮鞋是很實際的，要是獎別的東西，皮鞋還是要買，那又要多化錢了。

畢業晚會七點半開始，吃過晚飯，龍彩雲就和母親一道出來，先到鞋店買鞋子，揀來揀去，揀了一雙尖頭的半高跟。這種鞋子有兩個好處，平時可以穿，應酬時也可以穿，一物兩用，這是龍太太的主意。龍彩雲穿慣了平底膠鞋，她還覺得穿尖頭半高跟有點不好意思。

買好鞋子已經八點鐘，母女兩人才去學校。她們本來不在乎看節目，只是湊湊熱鬧，慶祝一下。臺上站着兩個穿藍布長衫，手持摺扇說相聲的人，乍看之下，龍彩雲不知道是誰？一聽他們的口音，再一細看，原來是孫元彪和鄭天霸兩個寶貝，她心裏好笑。

他們兩人很有語言天才，南腔北調，胡扯一通，說臺灣笑話和唱黃梅調「樓臺會」，逗得觀衆大笑。龍彩雲沒有看見錢婷婷和梁娟娟，悄悄地溜到後臺，葉鳴鳳和她們兩人都在那裏。梁娟娟和其他六個女同學穿着古裝，彷彿七仙女。梁娟娟熱得用手中的羽扇拼命搧風，直喊「吃不消」，吵着要早點出臺，負責晚會的老師哄她，她還自怨自艾地說：

「眞倒楣！早知道這麽熱，眞不該答應表演這鬼的羽扇舞。」

其他六位也煩躁不安，但嘴裏不響。

她們出場時，葉鳴鳳和龍彩雲一道到前面來。葉鳴鳳的父親也在，他像彌勒佛樣笑口常開。龍彩雲原先沒有看見他，他一看見龍彩雲就誇獎晚會節目精彩。

「妳們的同學縱然考人家不過，玩可玩得贏人。」他笑着說。

梁娟娟她們的舞蹈得到服裝的幫助，輕盈曼妙，如仙女下凡，也很好看。她彷彿龍頭，大家跟着她動。跳完以後，七個人整整齊齊地站在臺口向觀衆一鞠躬，大家熱烈鼓掌。

梁娟娟一卸裝就跑到前面來和龍彩雲葉鳴鳳坐在一塊。鄭天霸也跟了過來，在她後面坐下。

「我以爲妳還要跳，怎麽就跑下來？」龍彩雲問。

「本來預定我單獨跳一個，天氣太熱，我才不願出一身臭汗！」梁娟娟回答。

「要是我們兩人表演一下扭扭舞，一定有人喝彩。」鄭天霸說。

「我沒有那麽大的興趣。」梁娟娟回答。

輪到錢婷婷出場時，她先唱「康定情歌」。她沒有化粧，一身學生服，十分沉着穩健，很有點大歌星的派頭。唱完以後，大家要她再唱一個，她又唱了一支「高山青」。這兩支歌富有地方色彩，都很好聽。

錢婷婷的節目一完，她也馬上溜到前面來。孫元彪像影子樣跟在她後面。錢婷婷擠在梁娟娟龍彩雲中間坐下，孫元彪也擠在鄭天霸身邊坐下。

這以後還有幾個節目。國文老師的平劇「取帥印」清唱，很有一點言味。葉耀湘和幾位家長鼓掌叫好。錢婷婷梁娟娟她們却一點也不懂，不知道唱些什麽？瞪着眼看國文老師，又望望鼓掌的家長。接着音樂老師唱了一支英文歌，大家都不懂，梁娟娟她們的同學都熱烈鼓掌，孫元彪、鄭天霸拍得尤其響。葉耀湘和龍太太他們只好瞪着眼睛望着這些青年人。

散場時皆大歡喜。葉耀湘笑着對龍彩雲說：

「今天這個畢業晚會很不錯。」

「業是畢了，要是考不取大專，眞不知道如何是好？」龍彩雲說。

第十五章 考大學明修棧道 作手勢暗渡陳倉

龍彩雲爲了想考取公立大學，畢業之後足不出戶，埋頭讀書。遇到英文數學方面的難題，便和葉鳴鳳兩人研究，多半是葉鳴鳳來她家裏。她弟弟龍士舜放了暑假也不在家裏，他新近愛上了足球和圍棋，不是和附近的同學在大太陽底下練足球就是坐在樹蔭下下圍棋，只有吃飯時才囘來一下，對於龍彩雲的用功毫無影響。

考試前一天下午，龍彩雲才放下書本，和葉鳴鳳一道邀錢婷婷、梁娟娟去北一女看試場位置。她們先到錢婷婷家裏，錢婷婷正在小房間裏看書；桌上擺了酸梅、橄欖、瓜子、五香豆乾這些東西，她邊吃邊看。

「妳看書還吃東西？」龍彩雲笑着問她。

「不吃東西我坐不住，不然就打瞌睡。」錢婷婷也笑着囘答。隨卽拿了幾顆酸梅橄欖遞給她們：「妳們要不要嚐嚐？」

「不要，我口乾。」葉鳴鳳囘答。

「對，我拿冰鎮西瓜給妳們吃。」錢婷婷連忙出去端了三片西瓜進來：「天氣熱，吃西瓜解解渴。」

她們兩人也不客氣，一人吃了一塊。

「妳的讀書環境眞好！」葉鳴鳳環顧錢婷婷的書房兼臥室，羨慕地說。

「環境好功課不好也是枉然。」錢婷婷回答。

「我要是有妳這樣的好環境，我就有希望考取好大學。」葉鳴鳳說。

「眞慚愧，我連賴大學也沒有希望。」錢婷婷搖頭一笑。

「妳這兩個禮拜是不是天天看書？」龍彩雲問。

「臨時抱佛脚也得抱抱，不過老是心不在焉。」

「什麽事分心？」

「還不是唱歌的事。」

「這種緊要關頭還去表演？」

「我媽不肯放過機會，有人請她總答應。」

「我不知道妳媽是什麽打算？」葉鳴鳳說。

「我也弄不淸楚。」錢婷婷搖搖頭：「說她不希望我升大學嘛，那是寃枉；說她希望我升大學嘛，她對登臺表演的興趣又似乎比我高。」

「妳媽眞妙。」葉鳴鳳好笑。

「說我媽聰明可眞聰明絕頂，說我媽糊塗可也不寃枉。」錢婷婷也笑起來。

「閒話少說，言歸正傳。我們邀梁娟娟去看看試場好不好？」龍彩雲說。

「梁娟娟未必在家？」錢婷婷說。

「明天就考，她還有心思去玩？」

「她死活不管，聽天由命。」

「不管她在不在家，我們一道去看看。」葉鳴鳳說：「要是位子排得巧，說不定可以打打搶？」

「那我就仰仗妳們二位高手了。」錢婷婷笑着站起來，隨手拿了一把小陽傘，腰一彎，右手向門外一伸，對她們兩人淸脆地說了一聲「請！」

「妳怎麼演起戲來了？」龍彩雲笑着說。

「實在無聊，何必再尋苦惱？」錢婷婷回答。

「要是考取了聯考，我要痛快地玩幾天。」龍彩雲說。

「那我還要看考取的是什麼學校？」葉鳴鳳說。

「考取不就得了，還管它什麼學校？」錢婷婷說。

「我不比妳，私立大學讀不起。」葉鳴鳳說。

「我也是一樣。不過考過以後總要玩玩，輕鬆一下，最近兩個禮拜實在太緊張了。」龍彩雲說。

「這種考試眞逼人！」葉鳴鳳說。

「我不像妳們那樣緊張，沒有人逼我。」錢婷婷說：「我看書時我媽還要買點零食給我甜嘴。」

「妳眞好命！」葉鳴鳳羨慕地說：「我要是像妳一樣，我眞高興死了！」

「胖子，我的功課要是有妳一樣好，我也高興死了。」錢婷婷笑着回答。

「我們兩人換一下好不好？」葉鳴鳳說。

「別說瘋話，那怎麼能換？」龍彩雲笑駡。

梁娟娟家離錢婷婷家不遠，她們談談笑笑，很快就到了梁家。

梁娟娟也是一個人住一間房，她正在睡午覺。因爲她們是好同學，她們三人一逕走進來，她還不知道。錢婷婷向龍彩雲和葉鳴鳳搖搖手，躡手躡脚地走過去，把兩雙手放在嘴上呵呵，然後往梁娟娟脇下一塞，搔撓起來。梁娟娟驚叫一聲，猛然坐起，一看淸是錢婷婷，笑着打了她一下說：

「該死！嚇我一跳！」

龍彩雲和葉鳴鳳都格格地笑，錢婷婷說：

「妳眞好寬的心！明天聯考，妳還睡倒頭覺？」

「聯考就不吃飯睡覺？」她反問錢婷婷：「請問這是那個狗頭軍師規定的？」

「妳別打我的官腔？」錢婷婷說：「我問妳，妳的功課準備好了？」

「沒有。」梁娟娟搖搖頭，兩腿一翹，身子一旋，兩脚往拖鞋裏一塞，站了起來。

「功課沒有準備好，居然睡倒頭覺，妳這份德性可眞不小？」錢婷婷調侃她。

「明天還沒有到，何必窮緊張？」梁娟娟望望錢婷婷，又望望龍彩雲和葉鳴鳳說：「許多天不見，難得妳們還想起我！大駕光臨，有何貴幹？」

「別像國文老師那麼酸溜溜的，我們邀妳去試場看看座位。」錢婷婷回答。

「我們是不是在一個教室？」梁娟娟問。

「照報名的號碼看，很可能在一起，」龍彩雲說。

「那妳們可以打槍了？」梁娟娟高興地說。

「我們那有那麼大的膽子？」葉鳴鳳說。

「胖子，妳就是膽小如鼠！」梁娟娟指指葉鳴鳳白她一眼：「我們不會先約好幾個暗號？」

「約好了暗號又有什麼辦法？」

「譬喩說，」梁娟娟邊說邊作手勢：「選擇題總離不了一二三，最好打槍。妳可以用手撫着腦殼，裝作頭痛。是一，妳就翹起一個指頭；是二，就翹起兩個；是三，就翹起三個。我一看就明白，這不是可以搶到不少分數？」

「要是監考的人發現了那怎麼辦？」葉鳴鳳問。

「發現了也沒有關係，」梁娟娟坦然回答：「捉賊捉贓，他們抓不到證據也是枉然。試場規則上並沒有禁止我們摸腦殼，翹指頭。」

「要是沒有選擇題那怎麼辦？」

「那就該我倒楣！」

「妳能動這種歪腦筋，怎麼不把功課做好？」錢婷婷問。

「這是兩回事。」梁娟娟回答：「做功課要化很多時間，動歪腦筋只要靈光一閃。」

「我沒有妳那種表演天才，只怕弄巧成拙。」葉鳴鳳說。

「來，我們現在就開始練習。」梁娟娟把葉鳴鳳、龍彩雲一拉，逼着她們表演：「一、二、三！一、二、三……」

錢婷婷冷眼旁觀，梁娟娟問她：

「婷婷妳怎麼不練？」

「只怕妳是白費心機。」錢婷婷說。葉鳴鳳、龍彩雲也趁機溜開。

「說眞的，我動這種歪腦筋不是爲我一個人，妳也能沾點好處。反正她們兩人是槍手，沾不到我們的光。」

「我們自己都是泥巴菩薩過江，妳找槍手也該找個高明的。」龍彩雲說。

「本來我想找人護航，就是找不到；槍手聽說要好幾萬，看學校，講價錢，我就找不到門路。」梁娟娟說：「婷婷，妳請到槍手沒有？」

「我想都沒有想到。」錢婷婷回答。

「其實，妳最有資格請槍手。」梁娟娟指着錢婷婷說：「妳利用暑假在大酒店唱兩三個月，那筆錢馬上就賺回來。」

「少講廢話，我們去看看座位，免得臨時慌張。」錢婷婷拉着她走。

「我桌上亂七八糟，讓我收拾一下再走。」梁娟娟連忙把攤在桌上的書和練習簿往抽屜裏一塞。

龍彩雲、葉鳴鳳看見牆壁上釘了許多明星照片，和梁娟娟自己的舞姿照片，又湊近去看，不忍離去。

「妳眞好閒情逸緻。」龍彩雲說。

「看書看得無聊，只好翻翻畫報。喜歡的就剪下來，釘在牆上欣賞欣賞。」梁娟娟說。

「婷婷一面看書一面吃零食，妳一面看書一面欣賞明星照片，妳們眞會消遣。」葉鳴鳳說。

「妳也可以看看電視，聽聽收音機。」梁娟娟說。

「那我媽會罵死我！」葉鳴鳳說：「何況我家裏沒有電視機。」

「因此妳的功課才會好。」錢婷婷說：「我和娟娟就讀不好書。」

「管它讀得好讀不好，希望明天瞎貓碰着死老鼠。」梁娟娟對錢婷婷說：「走吧，我們先去試場看看，先佈署一下。」

「聯考那麼嚴格，妳還想變什麼魔術？」錢婷婷說。

「也許能找點漏洞，我那個辦法就可以實行。」

「好，看妳的神通！」

她們四人，一道到北一女。

她們考高中時第一志願都塡的是這個學校，但沒有一個人考取。這次大專聯考，她們的試場又分配在這個學校。一走到校門口，她們望望那幾個金字，心裏又羨又妒。梁娟娟說：

「要是當初我們考取了北一女，這次大專聯考就不必着急。就算我是倒數第一名，也可以考二一個馬馬虎虎的大學。」

「怪只怪我們初中不努力，所以落得這麼慘兮兮。」錢婷婷說。

「高中又不努力，看樣子這次要一敗塗地。」梁娟娟接嘴。

「我們學校太賴，努力也考不過人家。」龍彩雲說。

「不管什麼學校，只要給我掛個名，我就心滿意足。」梁娟娟說。

「我是想都不敢想。」錢婷婷說。

來看試場的學生很多，她們怕丟人，不再講話，只注意那些穿制服的女學生。那些穿綠衣黑裙的，她們望都不敢望一眼；還有那些穿白衣黑裙的北二女的對手，她們一見也矮了半截；只有別的私立學校和職業學校的女生，她們才敢打量打量，希望能把她們打垮。

有些女生好奇地打量錢婷婷，大概她們在電視上看過她。她發現被人注意，輕輕地對梁娟娟她們說：「我們上樓去。」照試場分佈圖指示，她們是在二樓九室。

「來者不善，善者不來。看樣子我們的對手都很厲害。」葉鳴鳳說。

「胖子，妳別窮緊張！」梁娟娟接嘴：「別人還不是以為我們也很厲害？」

「那可不同，我們的招牌就不響亮。」葉鳴鳳指指自己學校的領章說。

「也有很多學校和我們一樣賴，不個個都是金字招牌。」

「一看見北一女北二女的學生，我就覺得自己已經完蛋。」葉鳴鳳說：「希望我們這個試場沒有她們。」

「妳想得很妙，只怕不太可能。」錢婷婷說。

「要是考跳舞唱歌，我和婷婷準可以把她們打個落花流水。」梁娟娟說。

「妳想得眞美！教育部會跟妳來這一套？」錢婷婷白她一眼。

上了樓，她們按着教室的次序，找到了自己的試場，進入教室，分頭找自己的座位。梁娟娟首先發現自己的號碼，那是靠外面窗子那一排的第一個座位，她一找到就喊了一聲「倒楣！」巧的是錢婷婷她們三人也是在這一條直線上，每人前後相隔兩個座位，依次是梁娟娟、錢婷婷、龍彩雲、葉鳴鳳。她們幾人一坐下，梁娟娟就生氣地說：

「眞缺德！排位子怎麼這樣個排法？要是我們在一條橫線上，還可以通通消息。這樣前不靠村，後不巴店，把我們幾個人活生生地隔開。妳們只能看見我的後腦殼，我連頭也不敢回，還能弄什麼鬼？」

錢婷婷她們又好氣又好笑。龍彩雲說：

「這叫做魔高一尺，道高一丈。妳孫猴子怎麼也翻不過如來佛的手掌心。」

「那我怎麼辦？」梁娟娟望望龍彩雲說：「硬碰硬我是沒有一點把握的。」

「像我們兩人只能聽天由命，八成兒是陪着公子趕考。」錢婷婷說。

「我看我們畢業班的同學，將來榜上有名的恐怕沒有幾個。」龍彩雲說。

「那我們明天乾脆別考好了。」梁娟娟說。

「不考又很可惜，說不定瞎貓眞能碰上死老鼠。」錢婷婷說。

她們都坐在自己的位子上，妳望望我，我望望妳，對於明天的考試，誰也沒有信心。沉默了一會，梁娟娟突然嘆口氣說：

「可惜我沒有信教，不然今天我要好好地禱告一番，請求天父幫我一個大忙。」

「就是上帝自己來考試，也不見得一定取。」錢婷婷說：「祂能幫妳什麽忙？」

「上帝萬能，要是這點事也辦不到，誰來信教？」梁娟娟說。

「誰眞信教？還不是拿祂作幌子。」錢婷婷說。

「信教的學生也未必就能考取？」龍彩雲說：「我們村子裏好幾位信教的學生比我還賴。」

「我們唯一的希望就是戰勝教會學校的學生。」葉鳴鳳說。

「胖子，妳還有希望戰勝教會學校的女生，我看我只能戰勝鄭天覇、孫元彪這兩個活寶了。」梁娟娟說。

「能戰勝他們兩人也不錯呀！」錢婷婷說：「恐怕我連他們兩人也考不過呢！」

「別那麽洩氣吧！」梁娟娟白了錢婷婷一眼：「我要是考不過他們兩人，我情願跳淡水河！」

「好了，好了，我們別在這裏窮聊吧！早點回去準備功課，明天眞要見個高低呢。」葉鳴鳳站起來說。

「胖子，妳眞掃興！」梁娟娟白她一眼：「妳想考狀元妳就一個人走，我反正沒有希望，遲回去早回去都是一樣。」

「妳怎麽又自暴自棄呢？」錢婷婷站了起來，笑着對梁娟娟說：「不管考不考得取，不到黃河心不死，準備總得準備，我們走吧。」

「好，就聽妳的，我早回去早睡覺。」梁娟娟一躍而起，一個舞步滑了過來，把錢婷婷摟住，顚顚倒倒地走出教室。

第二天大清早，她們又先後趕到試場。梁娟娟精神很好，話也很多。龍彩雲和葉鳴鳳都伏在自己的桌上看書。錢婷婷也不大接腔，她感覺沒趣，望了周圍一眼，發覺北一女北二女的學生很多，她倒抽了一口冷氣。她們也是前後交錯地坐着，埋頭讀書，目不斜視。別的學校的女生也星羅棋佈地坐着，沒有一個人講話。她還有幾個別班的同學也在這個試場，和她點頭打了一個招呼，也不再作聲。第一堂是考國文，她只好拿出四書來讀。昨天晚上她九點多鐘就睡，沒有看什麽書，現在精神雖然很好，只是頭腦裏空空洞洞。她最怕考四書，有很多句子她根本不懂。一方面是她不用功，一方面是年輕的國文老師講不淸楚，還不如自己看看註解。

監考人員提前十分鐘進場。梁娟娟跟着別人把書包送到走廊上去，空手回到座位。試卷發下來了，時間未到，她也不敢偷看。監考人員宣佈考試開始，她才連忙把試卷打開，匆匆看了一遍，她覺得頭都大了。題目比自己學校的模擬考試難的多，她估計自己頂多能考五十分。她聽見別人簌簌地寫，心裏有點着慌，她不敢左顧右盼，更不敢回頭看錢婷婷她們。她揀會做的先做，不會的拉倒，然後一心做作文，搜索枯腸，寫了六七百字，看了一遍，匆匆交卷，提前了三十多分鐘出場。她站在走廊上看着北一女北二女的學生都手不停揮，胸有成竹。其他學校的女生有的抓頭，有的咬着鋼筆，有的望着試卷發呆。她學校裏的另外幾位女生都愁眉苦臉，寫寫停停。錢婷婷一手撫着前額，苦思焦慮，半天沒有下筆。她那一頭烏亮的頭髮，十分好看，全試場裏的女生，只有她像個大人，要是她夾在一羣大學生中間，風度儀態也同樣出衆，可惜她和自己一樣，功課不好。龍彩雲和葉鳴鳳到底是高材生，她們都埋着頭寫。梁娟娟這才感到用功的沒有白費，這種時候才見高低。

錢婷婷瞥見梁娟娟站在走廊上，把試卷匆匆檢查了一遍，交給監考人員，走了出來。兩人一道下樓，跑到外面冷飲攤上喝汽水。

「我看我們這個試場盡是北一女北二女的天下，其餘的都是陪着公子趕考。」梁娟娟說。

「龍彩雲和葉鳴鳳有沒有希望？」

「恐怕也只靠她們兩人替我們這一屆畢業生爭光了。」

「妳怎麼那麼早交卷？」

「不交還能撒賴？」

「第一堂出師不利，下一堂數學更是凶多吉少了。」

「妳還想陪下去？」

「繳了報名費，怎麽打退堂鼓？」

「妳以爲有錄取的希望？」

「不管取不取，多一次經驗也是好的。還有夜間部呢。」

「亡羊補牢，再可要好好地用功。」

「可惜時間不多。」

「讀一天是一天，比不讀總好。這次龍彩雲和葉鳴鳳就和我們不同。」

「她們這樣讀死書原先我還有點瞧不起，現在該她們神氣。」

「少說廢話，我們趕快上樓看書。」錢婷婷把汽水瓶一放，拉着梁娟娟跑上樓來。

她們看見龍彩雲和葉鳴鳳靠在欄杆上看書，走過去輕輕碰了龍彩雲一下。彼此交換了一個眼色，不敢說話，因爲下課鈴還沒有響。

下課鈴一響，監考人員就忙着收卷子，把大家趕出教室。走廊上像一羣雪天噪晴的麻雀，，喞喞喳喳。突然葉鳴鳳驚叫一聲：

「唉呀！我答錯了一題……」

這一叫如石破天驚。有的女生書還沒有查完就哇的一聲哭了出來。

第十六章　私立分至差別大　上榜落榜有蹊蹺

龍彩雲回家，不聲不響地統計六門功課的分數，合計在三百七十分左右。要是按照去年的錄取標準，可以考上輔仁大學，如果今年錄取的分數稍低，很有希望進政大；如果比去年稍高，也可以進東吳，不管怎樣，考取後沒有問題，有沒有錢讀書，暫且不管。緊張了許久，她想休息一兩天，輕鬆一下。

龍太太給了她二十塊錢，表示慰勞。吃過晚飯她就去找葉鳴鳳。葉鳴鳳正在洗衣，看她來了，連忙把衣服絞乾，晾在屋簷下。笑着說：

「妳來得正好，我倒要問妳一下，妳統計過自己的分數沒有？」

「大略算了一下。」龍彩雲雲回答。

「上四百分沒有？」

「嗨！」龍彩雲一聲尖叫：「那有那麽高？」

「到底多少？」

「三百六十分。妳呢？」

「和妳差不多。」葉鳴鳳笑着回答。

「妳一定比我考得好！」？龍彩雲打量她：「到底多少，妳說實話。」

「打破頭也不過三百七八十分。」

「多一分就強多少名，多十分就要強一兩個學校，或者你會考取政大？」

「要是能考取政大，那我眞高興死了！」葉鳴鳳雙脚一跳，臉上的肉和胸脯一晃。她想政大是國立的，比私立大學的費用要少得多，父親一定會讓她讀。再說名譽也好些，像她這樣的窮學生，又要好又要巧，不好不巧就讀不成。眞難！

「彩雲，妳考得好不好？怎麽不進來坐？」葉鳴鳳的母親從厨房裏伸出頭來說。

「葉媽媽，我考得不好，沒臉進來坐。」龍彩雲笑着回答。

「妳騙我，」葉太太說：「妳怎麽會考不好？」

「媽，別信她的，她一定可以考取公立大學。」葉鳴鳳說。

「亂講！」龍彩雲拍了葉鳴鳳一下：「妳又不是聯招會的主任委員。」

「不管怎樣，能考取就是好的。」葉太太說：「進來坐坐，別老站在外面。」

「葉媽媽不坐，我想邀鳴鳳出去玩一下。」龍彩雲說。

「好吧！」葉太太望望脚盆裏尙未洗完的衣服說：「多餘的衣服我來洗，不過妳們不要玩得太晏，現在壞人多。」

「我們不走小街小巷，十一點以前一定回來。」葉鳴鳳說。

「葉媽媽，妳放心，我們是兩個人。」龍彩雲邊走邊說。

「妳們一個瘦鴨子，一個彌勒佛，兩個人又有什麼用？」葉太太望着她們好笑。

她們兩人也笑着跑開。

她們先去找錢婷婷，錢婷婷到電臺去了。她們不好到電臺去找，一逕去梁娟娟家。梁娟娟正躺在院子裏一棵四五尺高的白蘭樹邊乘凉，雙脚架在圓櫈子上，右邊茶几上放了幾本電影雜誌，一塊西瓜皮。她嘴裏正嚼泡泡糖，一面嚼，一面吹泡泡，吹的很大，終於像踏破了魚鰾一樣叭的一聲響。

龍彩雲、葉鳴鳳進來時，她正兩眼望着藍天，邊嚼邊吹，龍彩雲叫了起來：

「喲！梁娟娟，妳眞逍遙自在！」

「龍彩雲，妳眞嚇我一跳！」梁娟娟驚跳起來，嬌嗔地說。

「娟娟，妳眞會享福！」葉鳴鳳笑瞇瞇地說。

「聯考完了，罪受够了，不享福幹嘛？」梁娟娟把茶几上的電影雜誌拿起來，隨手把西瓜皮一拂，指指杌子和躺椅對她們兩人說：

「妳們坐，我去端西瓜來。」

「雜誌不要拿走。」葉鳴鳳向她伸手，她把雜誌往葉鳴鳳懷裏一塞，蹦蹦跳跳跑進屋去。

不久，她端了一把鐵架子紅漆皮的椅子出來，上面放了一大盤切好了的西瓜，三把叉子。她要葉鳴鳳把茶几放到中間，然後把盤子放到茶几上，三人圍着茶几上吃冰鎮西瓜。

「妳媽不在家？」葉鳴鳳輕輕問。

梁娟娟搖搖頭，隨後又說：

「妳們來的正好，我一個人無聊，吃完後我再請妳們看場電影。明天再邀錢婷婷去什麼地方玩玩？」

「我只準備玩兩天，妳準備玩多久？」龍彩雲問。

「玩到放榜再說。」梁娟娟輕鬆地回答。

「妳有把握考取？」葉鳴鳳問。

「我有個屁的把握！」梁娟娟兩肩一聳。

「沒有把握妳能放下心來玩？」龍彩雲望着她說。

「玩的時候儘量玩，天塌下來我也不管。夜間部要等聯考放榜以後才考，我看早了會忘記，何必白費氣力？」梁娟娟振振有詞地說，又催促她們：「快點吃吧，我們去看九點的電影。」

「恐怕太遲，我媽要我早點回去。」葉鳴鳳說。

「胖子，十一點回去也不算遲，又沒有誰吃妳。」梁娟娟白她一眼。

「我媽說現在壞人多。」葉鳴鳳說。

「壞人再多，也不敢在大街上搶妳。既然妳這麼膽小，乾脆躲在閨房裏不要出門好了。」

葉鳴鳳沒有話說，啞然失笑。

吃完了西瓜，梁娟娟站起來，大聲向下女交代兩句。領先走了出來。

「要不要邀錢婷婷一下？」梁娟娟問她們兩人。

「她不在家，」龍彩雲說：「我們剛才去過。」

「好，那我們一逕去西門町。」

梁娟娟像個龍頭，領着她們兩人走。

她們到達電影街時剛過八點，大世界門口已經排了長龍。暑假學生多，電影院的生意特別好。不管日本片子，美國片子，意大利片子，都是熱門。只有國語片子熱鬧過一陣之後又冷冷清清。黃梅調，眼淚鼻涕倒足了胃口，梁娟娟最不愛看；她寧可排隊買票看意大利西片部。

買好票時間還早，她們又去逛街，一連碰到好幾位女同學。一見面都唉呀唉呀地嘻嘻哈哈。一談起聯考又是愁眉苦臉，該死倒楣一大堆，唧唧喳喳談個不停。

在西寧南路馬來西亞餐廳門口，她們又碰到孫元彪和鄭天霸兩個寶貝。孫元彪穿着紅襯衫，青色牛仔褲；鄭天霸穿着花襯衫，灰色牛仔褲。褲腰都吊在肚臍眼下，褲腳緊得貼在腿上，不知道怎麼穿得上去？兩人搖搖晃晃並排走來，一看見梁娟娟他們就手一揚，嗨了一聲攔在她們面前，擋着她們的去路。

「妳們到那裏去？」鄭天霸問梁娟娟。

「隨便走走。」梁娟娟回答。

「錢婷婷怎麼沒有和妳們一道？」孫元彪問。

「我怎麼知道？」梁娟娟乾脆地回答，又打量他一眼，故意尋他開心：「我還以爲她和你在一道呢？」

「沒有這回事！」孫元彪搖搖頭：「她的架子大，我約不到她。」

「看你說得怪可憐的！」梁娟娟掩嘴一笑：「誰叫你不多下點本錢？」

「妳看要投資多少？」孫元彪輕輕地問。

「這可不一定，」梁娟娟兩眼翻翻：「十萬八萬也不算多，反正千兒八百不行。」

孫元彪一楞，又抓抓後腦殼，半天不作聲。

鄭天霸請她們到西瓜大王吃西瓜。天氣熱，容易口渴，進場還早，去西瓜大王坐坐也好。梁娟娟答應他，葉鳴鳳、龍彩雲不好推辭，跟着她一道走。

「這次你們考得怎樣？」梁娟娟突然問他們。

「難說的很，放榜以後才能知道。」鄭天霸說。

「你這不是廢話？」梁娟娟白他一眼：「我是問你們自己有幾成把握？」

「我們考得不算太壞，妳呢？」孫元彪說。

「我考得不好。」梁娟娟率直地回答：「不過要是你們能夠考取，我也會有希望。」

「當然，當然，我們是半斤八兩。」孫元彪附和地說。

「說老實話，比起你們兩位，我應該是九兩。」梁娟娟望望他們兩人。

孫元彪臉上有點尷尬，隨後又傲然地說：

「這次我們可能比妳考得好。」

「我最多能考上兩百五十分，你們打破了頭也不會上三百分，我敢替你們算命！」

「妳別瞧不起人。」鄭天霸說。

「我講的是實話，不能因爲你請我吃西瓜我就說你功課好。」梁娟娟毫不客氣地回答：「你要是不愛聽，西瓜我可以不吃，沒有什麼了不起。」

梁娟娟轉身就走，鄭天霸連忙把她拉住，陪着笑臉說：

「我是說着玩的，妳怎麼生這麼大的氣？」

「我就是不愛奉承！」梁娟娟頭一昂說：「你就是塞我一個大紅包，我還是要講直話。」

「好，好，就算妳是包大人！」鄭天霸最近看了電影「秦香蓮」，知道那個黑炭頭是個正直的人，所以把他作一頂高帽子，討好梁娟娟：「吃了西瓜我再請妳看電影。」

「不稀罕，我已經買好了票。」梁娟娟把脖子一挺。

「那就改天好了，」鄭天霸自己打圓場。「反正暑假長的很。」

梁娟娟沒有作聲，鄭天霸厚着臉皮對孫元彪說：

「元彪，你說是不是？」

「對！」孫元彪雙手一拍：「我們有的玩！」

梁娟娟看他們兩人自說自話，心裏好笑；瞟了龍彩雲和葉鳴鳳一眼，她們也好笑。

西瓜大王客人很多，他們在樓上牆角落裏找到了幾個座位。龍彩雲、葉鳴鳳共一張小桌，梁娟娟和他們兩人共一張小桌。鄭天霸、孫元彪兩人，你一句我一句地和梁娟娟搭訕。梁娟娟不理，埋頭吃西瓜。吃完西瓜梁娟娟看看錶，電影開映時間已到，她抹抹嘴說聲「對不起，我們要趕去看電影。」便拉着葉鳴鳳、龍彩雲往樓下跑，鄭天霸、孫元彪乾瞪着她。跑到樓梯口梁娟娟才回頭說聲「謝謝」，便推着她們兩人跌跌撞撞地笑下樓。

「我正口渴，眞想不到又碰上兩個寃大頭，運氣眞好！」梁娟娟笑嘻嘻地說。

「看樣子這次他們考的不壞？」葉鳴鳳說。

「別信他們胡吹！」梁娟娟用力搖頭：「他們要是考得取，妳把我梁娟娟三個字倒掛起來。」

「人不可貌相，妳不要小看他們。」龍彩雲說。

「別人我不敢說，這兩個寶貝，我早看穿他們是一肚子草。」梁娟娟回答：「胖子不是一口吃大的，他們怎麽會突然好得起來？」

已經九點過兩分，龍彩雲、葉鳴鳳都不再接腔。三人一口氣跑到「大世界」，打衝鋒似地闖進了場。葉鳴鳳太胖，跑得氣喘吁吁，不停地用手帕擦汗，坐定之後又大大地吁了一口氣。

電影雖然不好看，但是電影院的冷氣很涼。葉鳴鳳中途想走，梁娟娟笑着罵她：

「胖子，妳眞傻！夏天看電影一半是爲了避暑。有的人買票來電影院睡覺，妳怎麽有福不會享？難道妳家裏有更好的冷氣？」

葉鳴鳳被梁娟娟問得不好意思。她家裏像個蒸籠，晚上不能安睡，那有什麽冷氣？只好不聲不響地看到散場。

她們走到南洋百貨公司對面，又碰見鄭天霸，孫元彪，他們還在街上遊蕩，又上來和她們搭訕。葉鳴鳳、龍彩雲急於回家，沒有理會，也不管他們和梁娟娟怎麽胡扯？

她們只玩了兩天，又閉門讀書。錢婷婷和梁娟娟寫信約她們去碧潭遊玩，她們也婉謝了。

放榜的那天晚上，葉鳴鳳趕到龍彩雲家來聽廣播，最先聽到臺大外文系錄取新生名單，他們都不在意，因爲知道自己考不取臺大，她們的同學也考不取。但忽然蹦出「孫元彪」三個字，她們兩人都跳了起來。葉鳴鳳詫異地說：

「奇怪，孫元彪會考取臺大外文系？」

龍彩雲也非常驚奇，但仔細一想，馬上搖頭說：

「他的功課那麼賴，怎麼考得取臺大外文系？一定是弄錯了，不然就是同姓同名。」

「他的報名號碼同我們很接近，怎麼會弄錯？」葉鳴鳳說。

「考生幾萬人，難保不出錯。憑他的功課，怎麼也考不取臺大。」龍彩雲說。

「雲姐，妳別瞧不起人，妳以爲只有妳能考取臺大？」龍士舜插嘴。

「我又沒有說我能考取臺大。孫元彪是我的同學，我還不淸楚？」

「要不然就是有弊？」葉鳴鳳說。

「聯考怎麼會有弊？」龍彩雲說：「聯考要是有弊，我們窮人子女還想上大學？這是硬碰硬的。梁娟娟事先不是想作弊？結果沒有一點辦法，妳想多嚴？」

葉鳴鳳想想很對，沒有作聲，一心聽自己的名字。

臺大報完了，師大也報完了，她們兩人的名字都沒有聽到，其他同學的名字也沒有聽到。這都是她們意料中的事，她們並沒有把自己估計太高，所以還不失望。

報到政大國文系時，突然報出鄭天霸，她們又是一怔。龍彩雲望望葉鳴鳳說：

「這是怎麽搞的？」

「奇怪！眞的越來越奇怪！鄭天霸怎麽能考取政大？」

「這次眞的爆出了冷門，打破了我們學校歷屆紀錄！」龍彩雲說。

「他們平時那麽不用功，這次怎麽考得這麽好？」

「男生最會裝蒜，說不定他們天天晚上在家開夜車？」

「嗯！」葉鳴鳳點點頭：「說不定就是這個道理。」

播音員像連珠砲地唸着新生姓名，一會兒男聲，一會兒女聲。東海唸完了，輔仁也唸完了，還沒有葉鳴鳳和龍彩雲的名字。她們開始緊張起來。東吳快唸完了，仍然沒有她們的名字，她們臉上紅一陣，白一陣，低頭不語。龍士舜不時說幾句俏皮話，使龍彩雲更加難堪，葉鳴鳳也不好意思。報到淡江西方語文系時，先聽到葉鳴鳳的名字，葉鳴鳳高興地一笑；龍彩雲沒有聽見自己的名字，不禁蒙着臉哭了起來。葉鳴鳳湊過去輕輕安慰她，龍士舜又說俏皮說：

「雲姐，不要哭，今年考不取明年再來，妳又不要服兵役，遲一年有什麽關係？」

龍彩雲又羞又氣，不敢回嘴，哭得更傷心。報到淡江國文系時，忽然唸出她的名字，她一躍而起，抓住龍士舜的臂膀，狠狠地咬了一口。龍士舜沒有料到她會有這一着，痛得怪叫起來，用力把她摔倒。龍彩雲倒在沙發上笑了，龍士舜摟着膀子想哭。龍太太拉開他的手一看，有兩排很深的齒印，兩顆牙齒已經深入皮肉，血冒了出來，龍太太連忙替他塗上消毒藥膏，用布包好，埋怨了女兒幾句。龍彩雲回嘴說：

「活該！誰叫他多嘴？我要是沒有考取，眞會被他氣死！」

龍太太不好再講，龍士舜自知理屈，只好自認倒楣。

葉鳴鳳高興地回去，龍彩雲送到大門口，問她明天去不去看錢婷婷和梁娟娟？葉鳴鳳躊躇了一下說：

「她們兩人都沒有考取，去看她們恐怕她們難過？」

「她們不像我們，不大在乎。」龍彩雲說：「我們一方面去慰問一下，再則打聽孫元彪和鄭天霸兩人到底是怎麼一回事？」

葉鳴鳳聽說打聽孫元彪、鄭天霸兩人的事，高興地手一拍：

「對！他們兩人窮追錢婷婷、梁娟娟，她們也許知道一點消息？明天上午我們一道去。」

兩人一言爲定，愉快地分手。

第二天早晨龍彩雲仔細檢查了一遍報上的名單，孫元彪、鄭天霸眞的榜上有名，和電臺報的一樣。吃過早飯她就和葉鳴鳳一道出去，先到錢婷婷家，錢婷婷不在，再到梁娟娟家，錢婷婷却在梁娟娟房裏。看見她們兩人到來，錢婷婷和梁娟娟同聲說：

「恭喜，恭喜！總算妳們兩人替我們爭了一口氣。」

「我們算老幾？孫元彪、鄭天霸才眞替我們學校爭了面子！」葉鳴鳳說。

「別提，別提！」梁娟娟連忙搖手：「我才不相信他們能夠考取！」

「報紙上都登了，這還假得了？」葉鳴鳳說。

「這裏面一定有鬼！」梁娟娟武斷地說：「妳們兩人才能考取淡江，他們怎麼能考取臺大政大？」

「不能這麼說，考試也要碰運氣。」龍彩雲說：「我考取淡江就是僥倖。」

「鬼話？」梁娟娟把頭一搖：「我和婷婷怎麼沒有運氣？縱然他們運氣再好，也考不上臺大政大。憑他們那兩塊料，要是硬碰硬考取那兩個學校，我和婷婷就可以考取留美。」

「妳說得太過了，」錢婷婷說：「考取留美不大可能，臺大師大決無問題。這次爆出大冷門，眞不知道是怎麼搞的？」

「你們時常接近，難道不知道一點蛛絲馬跡？」龍彩雲說。

「放榜以前他們就神氣得很，好像篤定。」錢婷婷說。

「妳有沒有問鄭天霸？」龍彩雲問梁娟娟。

「我以為他準考不取，才懶得過問。」梁娟娟說。

「妳們可以去探探他們的口氣。要是真的有鬼，明年聯考妳們也可以如法炮製。」葉鳴鳳說。

「胖子，難得妳這片好心。只有他們死皮賴臉來找我們，我們從來不找他們。要是看他們考取了去找他們，他們就會死相了。」梁娟娟說。

「娟娟的話對，我們不能失格，」錢婷婷說：「我雖然沒有考取，可是輸給他們我也不大服氣。」

「不要生氣，再考夜間部好了。」葉鳴鳳說。

「我媽不贊成我考夜間部。」錢婷婷說。

「為什麼？」龍彩雲問。

「最近又有人請我唱歌，唱歌是晚上的事，她自然不同意。」錢婷婷說。

「妳呢？」龍彩雲問梁娟娟。

「我恐怕連夜間部也考不取，不如乾脆下海跳舞算了。」梁娟娟賭氣地說。

龍彩雲和葉鳴鳳不好再談考學校的事。梁娟娟也沒有把這件事放在心上，轉而對錢婷婷說：

「婷婷，我們四人好久不在一塊玩，上次約她們兩位去遊碧潭她們又沒有去，現在她們考取了不必再讀書，我們去什麼地方玩玩，慶祝她們兩位高中好不好？」

「好嘛！」錢婷婷笑着回答：「我看還是去碧潭划划船，游游泳好。」

龍彩雲、葉鳴鳳考取以後，心情也輕鬆很多，自然願意去玩。於是四人一道出來。剛走到客廳門口，梁娟娟就看見鄭天霸從院子大門伸進半個頭來。梁娟娟敞聲說：

「喲！鄭天霸，你是不是專門來向我示威的？」

「不，不，我是特地來約妳去玩的。」鄭天霸連忙回答，又望了錢婷婷她們一眼：「想不到妳們都在這裏？剛才我和孫元彪在婷婷家裏撲了一個空呢！」

「怎麼，孫元彪也來了？」梁娟娟邊走邊問。

孫元彪馬上從鄭天霸後面伸出頭來立正回答：

「報告，孫元彪到！」

梁娟娟看他那副小丑相，鼻子裏嗤了一聲，又敞聲問他：

「孫元彪，你是怎麼考取臺大的？倒很出乎我的意料之外呢！」

「碰運氣嘛！」孫元彪嬉皮笑臉回答。

「巧，妳和鄭天霸的運氣眞好！怎麼我和婷婷的運氣這麼壞呢？」梁娟娟瞪着他說。

孫元彪望望錢婷婷，搭訕地說：

「婷婷，我眞沒有想到妳會考不取。」

「我也沒有想到你會考取。」錢婷婷淸脆地說。

梁娟娟、葉鳴鳳、龍彩雲三人都嗤的一笑。梁娟娟又對他們兩人說：

「對不起，我們要出去玩，不能接待你們兩位高材生。」

「娟娟，妳何必挖苦人？」鄭天霸苦笑地說：「妳簡直是要我們兩人鑽防空洞嘛！」

「那你老實告訴我，你是怎麼考取的？我也好學一手。」梁娟娟像皇后般地瞪着他，語氣亦莊亦諧。

鄭天霸望望龍彩雲、葉鳴鳳欲言又止。孫元彪接着說：

「改天再談吧，明年聯考還早呢！」

錢婷婷指着葉鳴鳳、龍彩雲對孫元彪說：

「大家都是同學，何必吞吞吐吐？」

孫元彪和鄭天霸互相看了一眼，又不作聲。梁娟娟有點生氣，兩手一揮再揮，像拾玉鐲裏的孫玉姣趕鷄樣地說：

「去、去、去！沒有什麼了不起，不要在我們面前要花槍！」

說過之後就領着錢婷婷她們直衝出來，孫元彪、鄭天霸連忙讓路。她頭也不回，把他們兩人扔在邊。

他們兩人覺得不對勁，又厚着臉笑嘻嘻地追上來，邊趕邊問：

「妳們到那裏去？」

「不關你們的事，最好少管！」梁娟娟回答。

「嗨，娟娟，妳怎麼生這麼大的氣？」鄭天霸搭訕地說：「不是我們不肯講，是事關機密。」

「去你的狗屁機密！你不敢講，我還不愛聽呢！」梁娟娟啐他一口。

錢婷婷她們忍不住笑。

「好，好，我講，我講……」鄭天霸摸摸後腦壳，陪着笑臉說：「嘿，嘿，妳是聰明人，我露點口風妳就知道，俗話說——錢能通神。」

梁娟娟靈機一動，馬上向他一笑，哄着他說：

「我實在很笨，你講詳細一點好不好？」

鄭天霸又望望孫元彪，然後向梁娟娟媚笑：

「妳們到什麼地方去？最好找個隱秘的地方才好講話。」

「我們去碧潭。」梁娟娟說。

「好！元彪，」鄭天霸在孫元彪肩上一拍：「我們陪她們去，我好久沒游泳了。」

「婷婷，妳看讓不讓他們去？」梁娟娟望望錢婷婷說。

「我沒有意見，隨妳。」錢婷婷回答。

梁娟娟又轉問他們兩人，像大人對小孩子說話：

「你們要去可以，一切開支你們自理，我可不請客。」

「妳看妳多小器？」鄭天霸指着梁娟娟笑嘻嘻地說，又猛力在自己胸脯上一拍：「一切開支算孫元彪和我的，不要妳們化一個子兒。」

梁娟娟望着錢婷婷抿嘴一笑，又對龍彩雲和葉鳴鳳說：

「今天本來我誠心請妳們遊碧潭，既然遇到了大闊老，我就改天再請好了。」

龍彩雲、葉鳴鳳會心地一笑。於是六人一道去碧潭。

在碧潭自然少不了划船游泳。鄭天霸爲了要逞英雄，把花香港衫、牛仔褲脫掉，只剩一條三角褲，站在船頭上向潭心一躍，鑽出好幾丈遠再浮起來，得意非凡地向「海角紅樓」那個方向游去。孫元彪要船跟在他後面。他先游到，爬上岸，雙手叉腰地站着十分神氣。

孫元彪付了船錢，他們都在這裏上岸，循着石級路上山。鄭天霸邊走邊用花香港衫擦乾身上的水，短褲未乾，他也懶得穿牛仔褲，一個人領先走。

兩旁樹木茂盛，又沒有別的遊客。梁娟娟急於想知道他是怎麽考取的，便趁機問他：

「這地方沒有外人，現在該可以講了？」

「情人谷更好，我們到那邊再講，」鄭天霸說。

梁娟娟聽他提起情人谷，突然想起黃玉寬那件姦殺案，馬上板着臉說：

「去你的！誰跟你去那種鬼地方？」

一說完，頭一扭，便往旁邊一條叉路上走去。鄭天霸連忙趕上她：

「好，好，好！我說，我說！但是妳不能再告訴別人。」

梁娟娟勉强點點頭，於是他附着她的耳朶輕輕唧噥幾句，沒有別人聽到。

梁娟娟臉上浮起一絲驚奇輕蔑的微笑。

鄭天霸拉着她的手，一口氣爬上山頭。孫元彪牽着錢婷婷循着原來的石級路往上爬。龍彩雲和葉鳴鳳手牽着手在後面慢慢地走。葉鳴鳳太胖，累得滿頭大汗。

他們在碧潭樂園玩了兩三個鐘頭。回來時鄭天霸、孫元彪還纏着她們不想走，要她們去新公園、動物園玩。天氣熱，她們有點疲倦，不想再和他們混下去。梁娟娟對他們說：

「暑假還長，你們有錢也不必一天化光，那天我們有空再奉陪好了。」

「我們要去成功嶺受訓，沒有幾天好玩了。」鄭天霸說。

「受訓回來再玩也不遲呀，何必急呢？」

「那兩三個月的和尚生活可不好受啦！現在玩够了免得在成功嶺胡思亂想。」

「對，妳們就陪我們痛快玩幾天吧，今天在碧潭玩得實在不够意思。」孫元彪說。

「對不起，我要回去休息，今天不能再奉陪。」梁娟娟說。「你們現在是大學生了，我們是落第的考生，老陪你們玩，人家還以爲我們高攀呢！」

「唉，唉！妳何必刮我們的鬍子？」孫元彪的八字眉一皺。

梁娟娟不再接腔，向他們揚揚手，說聲「擺擺」，拉着錢婷婷就走。

孫元彪趕上一步，拉着錢婷婷說：

「婷婷，妳慢走一步，我有話和妳講。」

「有話怎麽不早講？」錢婷婷反問他。

「這，這是私話……」孫元彪結結巴巴地說。

「見不得人的話我更不愛聽。」錢婷婷搖搖頭。

「這和妳明年考大學有關。」孫元彪鄭重其事地說。

「明年還早，到時候我再請教。」錢婷婷和梁娟娟她們一道走，故意回頭向孫元彪擺擺手。

她們擺脫了孫元彪、鄭天霸，再悄悄地拐進新公園。錢婷婷輕輕地問梁娟娟：

「先前在碧潭，鄭天霸咬着妳的耳朶講些什麽鬼話？」

「本來我不該講，」梁娟娟說：「但是只有我們兩人沒有考取，所以講也無妨。」

「剛才孫元彪想和我講的大概也是那檔子事？」

「可不是？他是想向妳討好。」

「她們到底是怎麼考取的？」龍彩雲問。

「他們根本沒有去考。」梁娟娟說。

「沒有去考怎麼能取？」

「花錢請了槍手。」

「還有這回事？」葉鳴鳳睜大眼睛望着梁娟娟。

「哼！當初我想搞鬼，妳們都罵我。結果我沒有搞成，他們却不聲不響地過關了。」

「那是怎麼搞法嘛？」

「鄭天霸沒有講，他說只要有錢，明年他可以幫忙。」

「他們這兩個傢伙的鬼花樣倒眞不少。」錢婷婷說。

「還得老子有錢，不然也辦不到。」梁娟娟說。

「像我和葉鳴鳳那只好硬碰硬了。」龍彩雲說。

「像我和婷婷，既然拼不過人家，又不知道門路，這就慘了。」

「明年我們也如法炮製，一定可以過關。」錢婷婷說。

「走多了夜路總會碰見鬼，說不定明年此路不通呢！」梁娟娟躭心地說。

「那我就把心一橫，去當歌女算了。」錢婷婷說。

「妳比我還强，看樣子我只能當舞女了。」梁娟娟哈哈一笑，抱着八角亭的紅柱子轉了幾圈，左腿抬起一尺多高，百褶裙子張開，像一把漂亮的小陽傘。

第十七章

重考生魚龍混雜　動物園雁鴨難分

龍彩雲和葉鳴鳳很快接到淡江註册通知。學雜住宿等費一共三千多，一年級在淡水，規定要住校，再加上書籍費、伙食費、交通費，零用錢，一學期最少得五六千元。她們的家庭實在負擔不起。

龍彩雲的父親龍文淵是一籌莫展，心裏暗自慚愧。龍太太想起她的中學同學錢太太。她先生作生意，經濟情況很好，只是她和先生是有名無實的夫妻，錢先生經常來往香港東京，在臺灣也早已金屋藏嬌，很少在家裏。錢太太和女兒婷婷單獨過活，生活自然不愁。龍太太因爲知道錢太太婚姻不如意，自己成天窮忙，而錢太太自小就愛交際應酬，生活方式和她不同，雖然她們的女兒同學，平時也少來往。現在婷婷沒有考取，用不着繳學費；自己的女兒倒考取了，可又沒有錢繳學費。想來想去，還是瞞着丈夫女兒向這位老同學求援，當年她們的感情，也和今天彩雲和婷婷的感情不相上下，她想錢太太也許會念舊，給她周轉一下。

她獨自跑到錢太太家來，正好錢太太在家。兩人好久不見，格外親熱，自然要寒暄一番，自然談到女兒考學校的事。

「婷婷在不在家？」龍太太悄悄的問錢太太，生怕傷了錢婷婷的自尊。

錢太太搖搖頭，龍太太這才放心，她也不願讓婷婷知道她來借錢的事。

「錢先生在不在臺北？」龍太太又轉彎抹角地問。

「他在香港。」錢太太說，又向龍太太一笑：「妳何必問他？」

「很久不見，不能不問題。」龍太太回答：「他現在是不是常常回家？」

「偶然也來一下，」錢太太說：「現在我也懶得吵了，他頭髮都白了，看他還能風流幾年？」

「男人變得眞快，當初錢先生對妳多好？」

「男人沒有一個好東西！」錢太太憤憤地說：「老娘年輕時，當初他是怎樣追我的？下跪、發誓，什麽都做得出來。現在老娘人老珠黃，他就金屋藏嬌了！眞沒有良心！」

「其實看起來妳比我至少年輕十歲，我才是眞的老了。」龍太太說。

「妳龍先生可並不嫌妳老。」

「他是自己無用，不會賺錢。要是也像妳錢先生一樣，還不早把我丟掉了！」

「做女人眞難！」錢太太做作地嘆口氣：「丈夫沒有錢，沒有事業，固然不敢作怪，可是窮日子又難過；丈夫有了錢，有了事業，又[illegible]變心，丟下黃臉婆，泡年輕漂亮的小妖精，縱然自己吃得再好，穿得再好，也是行屍走肉，沒有一點意思。」

「妳現在的日子怎麽打發？」

「打打牌，看看電影，陪女兒應酬應酬。」錢太太慢條斯理地說：「我現在全部希望都寄托在婷婷身上。」

「婷婷打不打算再考？」

「現在還沒有決定。女孩子讀再多的書也是嫁人，一結婚一切都完蛋。」

「我們作大人的總是盡心。」

「彩雲考取淡江也很不容易，她算努力。」

「她又沒有一技之長，不努力怎麼行？」龍太太陪個笑臉。

「聽說私立學校很貴？」

「可不是？一學期得五六千！」龍太太乘機搭上：「不讓她讀，又對她不住；讓她讀，一時又籌不出那麼多錢。她後天就要註冊，所以我特地來向妳打個商量。」

「如果我錢先生那死鬼不變心，不拋棄我娘兒兩個，我可以幫妳一下。現在他一個月只給我兩三千塊錢的生活費，顧得到頭就顧不到脚。這次婷婷雖然沒有考取，我不必爲她的學費着急，可是現在有人約她唱歌，這批服裝費可就不少，我正在發急呢。」

龍太太楞了一下，隨後又說：

「我覺得婷婷還是讀書好，何必去唱歌呢？」

「恕我直說，請妳不要見怪。」錢太太說：「現在是工商業社會，金錢第一。不要說是女孩子，就是男孩子，讀書也沒有什麽出息。而現在的女孩子賺錢可眞容易，名歌星一個月賺三五萬不算稀奇。讀書要下大本錢，但是一個大學畢業生也不過賺一兩千塊一個月，實在很不合算。何況我婷婷很有音樂天才。」

「讀書倒不完全是爲了賺錢。」龍太太說。

「嘿！」錢太太好笑：「現在時代不同了，妳還是二三十年前的老調。」

「也許我已經落伍，不過我還是想讓孩子們多讀幾年書。」龍太太陪着笑臉說：「彩雲的事不知道妳能不能幫個忙？」

「說實話，我手邊沒有錢，等死鬼回來我找他商量，婷婷的服裝費我也要他給。」錢太太說。

龍太太知道有困難，但她還存一線希望，她試探地問：「不知道錢先生什麽時候回來？」

「最多十天半個月，少則個把禮拜。」

龍太太一想，即使她肯借，時間也來不及。只好告辭。錢太太說了些抱歉的話。她把龍太太送到門口時，龍太太悄悄地對她說：

「我來府上的事不必對婷婷講，彩雲也不知道我來。這是我們兩老姊妹的私事，不必讓孩子們知道。」

「唉，時間過得眞快，一霎眼孩子們也都大了。」錢太太說：「想當年我們還不是跟她們一樣？」

「這些年來我就是爲他們窮忙，連妳這裏三年也難得來一次。」

「是呀，我也被死鬼弄得見不得人，你那邊我也少去。以後希望妳常來走動走動，不然老同學反而生疏了。」

龍太太也有這種感覺，她們是漸漸生疏了。她眞有點後悔不該跑來。

回到家裏，她什麼話也沒講，誰也不知道她到那裏去來？她心裏很難過，過了一會她才期期艾艾地對女兒說：

「彩雲，妳再考一次夜間部好不好？要是考取了師大夜間部，就不讀淡江，私立學校實在太貴了，妳爸爸負擔不起。」

龍彩雲聽說還要考試，心裏十分委屈。同時她對考試又恨又怕，從小學一直考到現在，好不容易通過大學聯考這一關，又沒有錢讀，她不禁氣得哭了起來。龍太太看見她哭，心裏又難過又慚愧。有錢人家的子女，只要能考取，不管什麼學校，不管多少錢，都會進去讀。彩雲考取了，因爲沒有錢，又要她考夜間部，眞說不過去。

「妳再考考看，要是能考取師大夜間部，不但可以節省一大半錢，妳在家裏住也少吃一點苦。再說師大夜間部很好，說不定畢業後還可以分發，當教員也比別的學校吃香些。」龍太太安慰女兒。

「妳說得這麼容易？考夜間部的人還不是很多？要是考不取呢？」龍彩雲哭着說。

龍太太楞了一怔，考試是沒有絕對把握的，尤其是第一志願，誰也不能保險。萬一考不取那就麻煩，明年再考更沒有把握，而且這一年中對女兒的心理影響很大。她考慮一會以後，十分肯定地回答：

「要是妳考不取師大夜間部，我借高利貸也要讓妳讀淡江，決不使妳停學。」

「淡江馬上要註册，不註册就是放棄，那不是兩邊落空？」

「這用不着妳躭心，妳爸爸會賣賣老面子，人上托人，講講人情，暫緩一步註册。」

龍彩雲沒有作聲，她知道家裏的經濟情況。只要有書讀，替家裏省點錢也是應該的。師大夜間部雖然要多讀一年，能考取也就不錯了。她揩揩眼淚，打開抽屜，拿出英文課本來讀。讀了幾句，突然想起葉鳴鳳，不知道她究竟怎樣決定？連忙跑到葉家來。

葉耀湘不在家，葉鳴鳳正在流淚，葉太太正在訓她：

「妳也不想想，一學期五六千，把這些鷄全部賣掉，也不夠妳讀一學期；妳底下還有許多弟弟妹，他們也要讀書……」

葉太太看龍彩雲來才住嘴。轉問龍彩雲：

「彩雲，妳讀書的事怎樣決定？」

「我媽要我再考師大夜間部。」龍彩雲回答。

「怎樣？」葉太太彷彿得了支援似的對葉鳴鳳說：「龍彩雲都要再考夜間部，妳還能讀淡江？」

葉鳴鳳聽龍彩雲決定再考夜間部，馬上止住眼淚問她：

「妳有把握考取師大夜間部？」

「誰說我有把握？」龍彩雲說：「讀不起私立大學，只好冒險再考夜間部了。」

「妳們日間部都考取了，夜間部自然不成問題。」葉太太說。

「師大夜間部也不容易考吧！」葉鳴鳳說。她記得隔壁的涂麗麗，在私立大學讀了一年，再考師大夜間部還是沒有考取。要是自己也考不取，那眞沒有書讀了。她已經挨了母親一頓訓，龍彩雲都要考師大夜間部，她怎麼敢反對呢？

葉太太沒有理她。龍彩雲問：

「葉媽媽，葉伯伯那裏去了？」

「他還不死心，去借錢給女兒讀淡江呀！」葉太太回答。

葉耀湘沒有什麼有錢的親戚朋友，他去的是從前的老同事孫仲鳴家裏，孫仲鳴就是孫元彪的父親。孫仲鳴以前不如他時，他們時常來往，孫仲鳴得意後，他們就漸漸疏遠了。葉耀湘退役以後，彼此簡直沒有來往。現在爲了女兒的學費，他不能不來找他。孫仲鳴之有今天，如果飲水思源，就不能不感恩圖報，何況他現在的經濟情況很好，所以葉耀湘以爲借三兩千塊錢是決無問題的。

葉耀湘長久不來，發覺孫仲鳴的房子越來越漂亮，朱漆大門重新髹漆過，陽光照得閃閃發亮，院子裏的韓國草如翠綠地毯一般，沿着院牆栽着扁柏、白蘭花、扶桑花、桂花、芙蓉……眞個花木扶疏。站在大門口他幾乎不敢進去。

一個二十來歲的俏下女問他找誰？他說明來意，俏下女打量他一眼，看他像尊彌勒佛，像個大富翁，比自己主人的氣派還大，便把他引進客廳。客廳的面積比他的房子還大，全新的綠色[illegible]地磚，家具擺設十分時髦。

孫仲鳴正在睡午覺，下女進去通報之後好久他才出來，穿着睡衣，樣子十分懶散。他和葉耀湘一面寒喧一面打量，然後問：

「最近在什麼地方得意？」

「下來以後一直就在家裏。」葉耀湘說。

「好幾年了，虧你就得住？」孫仲鳴說。

「習慣了也無所謂。」葉耀湘說。

「聽說你在養鷄是不是？」

葉耀湘點點頭。孫仲鳴又問：

「養鷄的情形怎樣？」

「小本經營不行。」葉耀湘說：「在老朋友面前我也不怕丟醜，現在我又在賣菜。」

孫仲鳴的臉馬上拉長了，彷彿他自己受到侮辱。隨後又勉強裝出一個笑容，問：

「賣菜的情形怎樣？」

「比養鷄好。」葉耀湘精神一振，聲音宏亮。

孫仲鳴故意看看錶，望望葉耀湘說：

「我馬上要去開會，不知道你有什麼事沒有？」

「我一來是向你道賀，你少爺考取臺大很不容易；二來小女考取淡江，一學期合算起來要五六千，我一時周轉不過來，想和你打個商量？」

孫仲鳴臉色一沉，過後又一臉假笑地說：

「我以前的情形你是知道的，這幾年來也只是表面光，內裏空虛得很，總是寅吃卯糧，我自己也周轉不過來。」

「仲鳴，我打開天窗說亮話，今天我不是向你打抽豐，只是請你臨時周轉，三兩個月內我有能力還。怎麼說，現在你是在臺子上，面子比我大，三兩千塊錢總拿得出來。」

「不是我向你訴苦經，實在是到處一個釘子一個眼，沒有一點活動的餘地。」

葉耀湘站了起來，看了他一眼，這一眼有無限的憤怒和輕蔑，他一聲不響，轉身就走。

孫仲鳴看看情形不對，連忙向下女使了一個眼色，五指一張，輕輕地說：

「五百！」

下女馬上拿出五張一百元的票子交給他，他趕着葉耀湘說：

「耀湘兄，慢走一步。」

葉耀湘脚步一停，他就趕了上去，把五百塊錢往他手上一塞：

「耀湘兄，說實話，頭寸我調不動，這是我們的菜錢，你拿去用了再說，不必還。」

葉耀湘看看是五張鈔票，又不要他還，完全是打發叫化子的味道，他心裏一氣，把票子往孫仲鳴的臉上一扔，指着孫仲鳴的鼻子罵：

「姓孫的，你不要瞎了眼，你把我當什麽人？如果我也和你一樣，我官做得比你大，財發得比你多，我會要你這兩個臭錢？」

他氣沖牛斗地衝出來，滿頭大汗地跑回家。葉鳴鳳、龍彩雲看他臉色不對，不像平時那麽笑嘻嘻，都不敢作聲。葉太太急切地問他：

「怎樣？孫先生答應了沒有？」葉太太問。

「孫仲鳴不是東西！他太瞧不起人！我指着他的鼻子教訓了他一頓！」葉耀湘脫掉香港衫，拿起一把草扇，邊扇邊說。

「人家是比你搞得好，你憑什麽教訓人家。」葉太太說。

「當年他在大陸貪汚，關起來要槍斃，如果不是我向老長官力保，替他還錢，他小子那有今天？他忘恩負義，我就憑這點教訓他！」

「難道他一個錢也不肯借？」葉太太問。

「他給了我五百塊錢，我沒有要。」葉耀湘說。

「唉，他既然給了你五百塊錢，你怎麽不要？這數目也不算小。」

「他像打發叫化子一樣打發我，我怎麽能要？」

「人窮志短，你收下來也可以作點用途。何必還要充殼子？」

「滾妳媽的蛋，我姓葉的不能丟這個人！」

「爸，借不到算了。彩雲決定考夜間部，我也考夜間部好了。」葉鳴鳳說。

「怎麽，彩雲也不讀淡江？」葉耀湘打量龍彩雲一會說。

「我也讀不起。」龍彩雲說。

「妳們兩人都考夜間部也好，憑妳們的成績，一定可以考取師大。說不定因窮得福，畢業後不愁工作。」葉耀湘說。

「那你給錢我和彩雲一道去報名好了。」葉鳴鳳對父親說。

「妳給鳴鳳一百塊錢，讓她去報名。」葉耀湘對太太說。

「如果你接了孫先生那五百塊錢，這一百塊錢的報名費不就省了？」葉太太抱怨說

「眞是婦道人家，沒有志氣。」葉耀湘搖頭。

「男子漢，大丈夫，賣菜養雞，你有志氣？」葉太太白他一眼。

葉鳴鳳拿了錢，連忙和龍彩雲一道出來。葉鳴鳳嘆口氣說：

「唉！我爸爸眞可憐，他愛面子，爭硬氣，情願自己吃苦賣力，我媽還不瞭解他，常常給他過不去。」

「我從來沒有看見你爸爸生氣，今天他從外面回來，那臉色好難看。」龍彩雲說。

「他一定在外面受了委屈。」葉鳴鳳說：「以後我更要好好地讀書。」

兩人邊走邊說，一會兒就到了龍家。龍彩雲說要去報名，龍太太很高興，連忙拿一百塊錢給她。又笑着對她們兩人說：

「這次妳們兩人一定旗開得勝。」

「要是考不取，這一百塊錢不白丟了？」龍彩雲說。

「日間部都考取了，夜間部還不是十拿九穩？」龍太太輕鬆地說：「我相信妳們都能考進師大，這一百塊錢不會丟進水裏。」

葉鳴鳳說她沒有把握，龍太太拍拍她的肩說：

「妳的功課比彩雲好，準會考取師大夜間部。只怪我們作家長的不會賺錢，要妳們多辛苦一次。」

龍太太最後兩句話，把她們兩人一肚皮的委屈都擺平了。兩人高高興興地再去報名。

她們想到錢婷婷和梁娟娟，順便邀她們去報考夜間部。錢婷婷不在家，梁娟娟聽說她們兩人要報考夜間部，衝着她們說：

「妳們瘋了，考取了日間部不讀，要再去考夜間部？萬一栽了，妳們哭都來不及！」

葉鳴鳳龍彩雲說明原委，梁娟娟嘆了一口氣：

「可惜我不如妳們，要是我考取了淡江，再多的錢我也會讀。」

「閒話少講，言歸正傳，妳到底報不報考夜間部？」龍彩雲問。

「我怕夜間部也考不取？」梁娟娟說。

「試試看，不要錯過了機會。」葉鳴鳳說。

「錢婷婷不考夜間部，她準備明年請槍手。」梁娟娟說

「她同妳談過？」

「這是錢媽媽的意思。」梁娟娟說：「她要婷婷去大飯店夜總會唱歌，她說賺够了錢一切都好辦。」

「剛才我們沒有找到她，」龍彩雲說：「既然她不考，妳就和我們一道去報名好了。」

「好吧，那我就再送一百塊錢，買點經驗。」梁娟娟拿起皮包證件，和她們兩人一道出來。

來師大報名的人還是很多，有不少熟面孔，大都是聯考敗下來的，她們的班長古婉貞也在裏面。她看見龍彩雲葉鳴鳳也來報名，十分奇怪地說：

「我們都是敗將，妳們兩位何必又來報考？那不是又佔了我們的名額？」

「我們也是不得已，不能不來碰碰運氣，不然讀不成。」龍彩雲說。

「這不公平，眞正的不公平。」古婉貞說，不知道她指的是那一方面。

「少說廢話，妳報好了沒有？」梁娟娟問她。

「報好了。」古婉貞點點頭。

「那妳代我報一下。」梁娟娟把證件錢都交給她。

「妳幹什麼？」古婉貞問她。

「我不幹什麼，」梁娟娟回答：「妳是班長，這是最後一次服務。」

古婉貞捶了她一下，領着龍彩雲葉鳴鳳一道報名。

報名手續辦完後，古婉貞提議去動物園玩。梁娟娟自然贊成，龍彩雲葉鳴鳳順路，也點頭同意。

「夜間部考試還有十二天，今天先玩一下再說。」古婉貞說：「這次我們畢業班就只龍彩雲和葉鳴鳳兩人考取日間部，其餘的全部名落孫山，夜間部還不知道能不能考取一兩位？眞不知道我們的校長怎麼有臉見人？」

「妳還忘記了孫元彪和鄭天霸，他們一位考取臺大，一位考取政大，比我們兩人強多了。」龍彩雲說。

「妳不提她們兩個太保還則罷了，一提起他們我都不服，他們憑什麼考取那麼好的學校？」

「憑鈔票！」梁娟娟快口回答。

「鈔票？」古婉貞不解地望着梁娟娟：「大專聯考全憑眞材實料，鈔票有什麼用？」

「以前沒有用，現在的用處可大啦！」梁娟娟拖聲拖氣地說：「孫元彪化了十四萬，鄭天霸化了[illegible]萬，不然他們怎麼能進去？」

古婉貞聽了一怔，過後又輕輕地說：

「妳別造謠，那有這種事？」

「那個忘八蛋造謠，信不信由妳！」梁娟娟有點生氣。

「怪事，這眞是怪事！」古婉貞將信將疑：「聽說學校正準備開慶祝會，慶祝他們高中呢！」

「這正好作廣告，自然要大吹大擂啦！」梁娟娟說：「要是單慶祝他們兩人，我就不去。」

「自然會有龍彩雲和葉鳴鳳在內，說不定還會包括將來夜間部錄取的人呢？也許就有妳？」

「算了，算了！」梁娟娟笑了起來：「憑我這塊料，連夜間部也不會有份。」

古婉貞又問起錢婷婷，梁娟娟說她不會考夜間部。古婉貞問是什麼原因？梁娟娟回答：

「她進可以攻，退可以守。她現在已經是新進玉女歌星了，隨時可以賺大錢，明年聯考可能也進臺大，何必考夜間部？」

「她要是唱歌，當然可以賺大把鈔票，不過那有點可惜。」古婉貞說。

「她媽千方百計想把她引上那條路，一個月賺上萬，怎麼可惜？」

「錢婷婷如果專心讀書，一定很有前途。一變成名女人，就不會有好結局。」

「妳這是什麼鬼話？」

「我也不知道是鬼話人話，妳看那些歌星明星有幾個有好下場？」

「對，俞仙嫁了印度黑炭做姨太太，受夠了印度罪，又偷偷地跑回來，再想嫁個好男人那就辦不到了。」龍彩雲說。

「連林黛都自殺了，賺了那麼多錢還不是一場空？」葉鳴鳳說：「還是作個普普通通的女人好。」

「胖子，作個普通女人也不容易。」梁娟娟說：「像妳那樣死讀書，我和婷婷就辦不到。」她們妳一句，我一句，沒有結果，車子就到了動物園。她們進去時，恰巧碰見錢婷婷和一位三十多歲的男人逛動物園。她們不好問，錢婷婷也有點窘，沒有介紹，只問她們：

「妳們怎麼這麼巧，碰在一塊？」

「我們剛剛報考夜間部，我正奇怪妳怎麼不去報名呢？」古婉貞說。

「反正考不取，何必報什麼名？」錢婷婷回答。

「夜部間的希望比較大，妳何必錯過機會？」

「我媽要我明年讀日間部。」

「日間部妳有把握？」古婉貞奇怪地望着她。

錢婷婷望望古婉貞，又望望梁娟娟她們，然後向古婉貞淡然一笑：

「我媽說她有辦法。」

古婉貞哦了一聲，沒有再說什麼。

錢婷婷已經遊完動物園，正準備出去。梁娟娟她們剛進來，還沒有參觀，加之錢婷婷有個男朋友在旁邊，她們不便邀她再遊，只好分手。錢婷婷抱歉地對她們說：

「對不起，下次妳們到什麼地方去玩，請隨時通知我，我一定奉陪。」

錢婷婷走後，她們幾個人有點迷惘，彷彿失掉一件什麼東西。起初大家都不講話，慢慢地自然又以她作話題，又自然地談到那個男人，不知道他是什麼身份？錢婷婷怎麼會陪她遊動物園？猜來猜去，大家都猜不透，索性一心一意看獅子老虎了。

梁娟娟買了花生米、糖果之類的零食，看見猴子她就拋進鐵柵逗牠們玩，猴子高興得唧唧叫，她們也快樂得像三歲的小孩子蹦蹦跳跳。

她們順着次序看每一個獸欄和鳥籠。她們都是上小學時來的動物園的，有好多年沒有來過。以前有些動物沒有了，現在又新添了一些，開了一番眼界。她們是在都市長大的，平時除了貓狗雞鴨之外，沒有機會看到野生動物，喜鵲、烏鴉是怎樣的？她們也不知道。在這裏看過之後才知道原來如此。

「那頭上有一撮毛的是什麼鳥？」梁娟娟沒有看木牌，指着鳥問古婉貞。

「八哥。」古婉貞連忙看看名牌回答。

「八哥怎麼會是這個樣子？」梁娟娟望着古婉貞說。

「八哥怎麼不會是這個樣子？」古婉貞反問她。

龍彩雲、葉鳴鳳笑了起來。龍彩雲說：

「妳們兩人講的都是廢話。以前我們誰也沒有見過八哥，在這裏看見牠是這個樣子就是這個樣子。如果不是這個樣子，那就不叫八哥了。」

「同樣是烏鴉，爲什麽有的頸子上有白圈，有的又沒有呢？」梁娟娟問。

龍彩雲啞然失笑，她又答不出來。

「我爸說大陸上這兩種鳥兒很普遍。烏鴉落在屋簷上，草堆上，楊樹上；八哥落在牛背上，豬背上。可惜我們生晚了，沒有見過。」葉鳴鳳說：「也許還有別種樣子的八哥烏鴉？」

「喂，那是什麽鳥兒？」梁娟娟忽然指着一隻鴨不像鴨，鵝不像鵝，比鴨大比鵝小，在地上行走的褐色東西問。

她們沒有一個人能夠回答，因爲牌子上的名字太多，籠裏的鳥也太多。木牌上的名字和籠裏的鳥聯不起來。葉鳴鳳說是小鵝，龍彩雲說是大種鴨，古婉貞說是野鵝，大家爭論不休。旁邊一個中年人聽了嗤的一笑說：

「妳們都說錯了，那是雁。薛丁山打雁的雁，雁門關的雁。」

「我好像沒有見過？」古婉貞望望梁娟娟她們。

「那妳們一定會把小麥當作韮菜。」那中年人望望她們笑着走開。

「這人好沒禮貌。」古婉貞望着他的背影說。

「看樣子他是個老粗，連小學都沒有唸過。」梁娟娟說。

「可是人家的學問比我們大。」龍彩雲說。

「那算什麼鬼的學問？」梁娟娟鼻子裏嗤的一聲：「不但我們不認識雁，他就是問人家大學生，也照樣不認識，這有什麼稀奇？」

「本來嘛！」古婉貞接嘴：「不認識雁又不會影響大專聯考。」

「不要說大陸上的事情我們弄不清楚，現在的小學教課書上還說到日月潭要走吊橋呢！要不是報上檢舉，我還以為去日月潭眞要走吊橋啦。」梁娟娟說。

「管它的，我們照書上答準不會錯。」葉鳴鳳說：「要是答去日月潭不走吊橋準會考個大鴨蛋。」

大家嘻嘻哈哈，直玩到太陽下山才出來。

第十八章 優勝劣敗天公道 以假亂真小人心

龍彩雲、葉鳴鳳又考取師大夜間部，梁娟娟、古婉貞又落第了。

龍太太為了嘉獎女兒，又給了她二十塊錢，請她看電影。

龍彩雲現在是眞正開心，她考取的是第一志願國文系。讀夜間部從從容容，下午五點吃過飯後再上學，不必帶便當。吃了十來年便當，倒足了胃口。晚上十一點以前可以到家，不影響睡眠，早晨又不必起早，白天可以專心溫習功課，家裏沒有人吵。要是外面有合適的事做，還可以作事，賺點錢用，學費自己負擔，不必父母張羅。這和當初讀不起私立大學日間部被迫再考夜間部的心情完全兩樣了。

龍士舜看母親又給她二十塊錢，望了她一眼，沒有作聲。她把鈔票在他面前一晃，昂着頭說：

「小鬼，我去看電影，你還有什麼話說？」

「雲姐，妳不請客？」龍士舜嬉皮笑臉地說：「好意思？」

「二十塊錢只能買一張電影票，請什麼客？」龍彩雲回答。

「我們去看半價優待的電影，那不是一舉兩得？」

「你想得倒好！半價優待還有什麼好電影？」

「妳不要有了二十塊錢就發燒，半價優待是薄利多銷，是大戲院首輪電影最後幾天的法寶，怎麼沒有好的？還有國際戲院，專演人家演過的好片子，和半價差不多。」

「你倒是個鬼精靈！」龍彩雲笑着罵他：「專門注意這些鬼事。」

「沒有錢，首輪電影看不起，不鑽這些路子有什麼辦法？」

「好吧，看你說得怪可憐的，我就請你一次，要是錢不够，你可得自己掏？」

「好，我身上還有三塊錢。」龍士舜把褲子口袋一拍：「反正做不了什麼大用途，湊就湊吧，不吃冰棒算了。」

「那就穿衣服走吧！」

「就是這樣不行？」龍士舜指指自己的破汗衫，黃卡其學生褲，塑膠拖鞋說：

「你別丟人丟到外國！你這樣子是十足的太保！我才不同你一道出去。」龍彩雲罵他。

「好，好，我穿雙鞋子去。」龍士舜無可奈何地說。

「不行！一定要穿上衣！」

「眞倒楣！這麼大熱天還要穿上衣。」龍士舜自言自語，忙着穿球鞋上衣。穿好之後往她面前一站說：「這樣子總過得去吧？」

龍彩雲打量了他一眼，嘴裏嗯了一聲，點點頭，領先出門。走到候車站又對他說：

「你在這裏等一會，我去邀葉鳴鳳。」

「雲姐，妳怎麽這樣囉嗦？」龍士舜眉頭一皺。

「你要是不高興，你就別去，我可不巴結你。」龍彩雲邊走邊說。

「好吧，等就等吧！妳有二十塊錢，妳狠！」龍士舜無可奈何地說。

龍彩雲笑着加快脚步，低頭小跑起來。

來到葉鳴鳳家，葉耀湘正打着赤膊躺在雞棚裏乘凉。一身肥肉，一個大肚皮，龍彩雲看了有點不好意思。他連忙把搭在躺椅扶手上的泛黃的破汗衫往身上一套，笑問龍彩雲什麽事？龍彩雲回答：

「邀鳴鳳看電影。」

「唷，二十多塊錢一張票，她看不起。」葉耀湘笑着說。

「葉伯伯，你應該請客。」龍彩雲說。

「二十多塊錢一張票，我怎麽請得起？」葉耀湘故意兩手一攤。

葉鳴鳳聽見他們說話，走了出來。龍彩雲連忙說明來意，葉鳴鳳先是高興，隨後又遲疑地望望父親。龍彩雲對葉耀湘說：

「葉伯伯，我們是去看優待電影，學生半票，你別這麽小器好不好？」

「誰說我小器？」葉耀湘故意坐起來，望望龍彩雲，又對葉鳴鳳揮揮手：「妳去向媽要十塊錢，說是我的意思。」

「你的話沒有用，媽不會給。」葉鳴鳳站着不動。

「妳又丟爸的人。」他用手指指女兒，笑着站了起來：「唉，這點小事也要我親自出馬。」

「你親自出馬也未必有效。」葉鳴鳳笑他。

「胡說，這又不是向外人借錢。妳媽和我二十多年的夫妻，總會給我一點面子。」他笑着蹣跚地走了進去。

過了好半天，他才出來，手裏揚着兩張鈔票，一張五元，一張十元，笑着往女兒手中一塞說：

「怎樣，爸的面子該大吧？」

「你有面子？你能在外面調動萬兒八千那才算數。」葉太太在房裏傳出話來：「死皮賴臉在我手上挖十塊八塊，那算什麼面子？」

葉耀湘頸子一縮，兩肩一聳，笑着把女兒往院子外趕：

「去，去，去！別聽妳媽的話，我就討厭她婆婆媽媽。」

龍彩雲拖着葉鳴鳳跑出來，葉鳴鳳有點沒精打彩。她們一走到車站，龍士舜就衝着龍彩雲問：

「雲姐，妳怎麼搞的？這樣婆婆媽媽？」

「你少廢話，我怎麼婆婆媽媽？」龍彩雲沒好氣的回答。

「已經晚了一班車了，還不婆婆媽媽？」

「晚了就晚了，下班車還不是一樣到臺北？你窮趕個什麼勁？」

「我怕趕不上電影，空跑一趟。」

「那你乾脆別去好了。」

龍士舜氣得乾瞪眼，過後又說：

「今天有了二十塊錢就這麼神氣，要是將來有了兩百萬，那還認得我？」

龍彩雲被他說笑了，葉鳴鳳也展顏一笑：

「錢是最好的東西，也是最壞的東西！」

「錢到了我手上就是最好的，到了雲姐手上就是最壞的。」龍士舜說。

「你好個屁！」龍彩雲罵他：「你有了錢只顧自己吃、玩，從來不請別人，你是什麼好東西？」

葉鳴鳳笑了起來，龍士舜也好笑：

「眞倒楣！爲了看妳一場半票電影，挨了妳一大堆罵。」

「活該！」龍彩雲話未說完，車子就來了。

來到西門町，三人主意還沒有打定，是看國際的廉價電影，還是看其他戲院的半價電影？遲遲不決。龍士舜要看半價的打鬪片子，既刺激，又可以保住身上三塊錢；龍彩雲和葉鳴鳳却想看國際的文藝片，但又捨不得多化兩塊錢。葉鳴鳳想起父親和母親纒了半天，才要到十五塊錢，更捨不得多化。

龍士舜有點不耐煩，便對葉鳴鳳說：

「葉姐姐，妳和雲姐都只十幾歲，就像我媽一樣婆婆媽媽，將來年紀大了，那怎麼得了？」

「你別死相，有什麼不得了？」龍彩雲馬上堵住他。

「如果是交男朋友，妳們這樣左考慮，右考慮，那早被別人搶走了！」龍士舜說。

「你眞死相！你以爲你們男生是個活寶？丟在馬路上都沒有人要，鬼才會搶！」

龍彩雲的話把葉鳴鳳逗得大笑，龍士舜也笑了起來。

「嗨！妳們怎麽在街上瘋瘋癲癲？」突然有人這樣說。

她們兩人一看，原來是錢婷婷和梁娟娟兩人，旁邊還站着孫元彪和鄭天霸，像兩個保鑣。

「眞巧，想不到在這裏碰到妳們。」葉鳴鳳說。

「胖子，妳們高中了就不理我們是不是？」梁娟娟說。

「鬼話，我和龍彩雲正準備明天去看妳們呢。」葉鳴鳳說。

「妳們上街來是不是看電影？」錢婷婷問。

「正是，還不知道看那家好呢？」龍彩雲說。

「我們看『豪華』的『斷魂谷』，妳們有沒有興趣？」

「好，我贊成！」龍士舜馬上舉手。

「這老弟倒很痛快。」鄭天霸以老大哥的口吻說。

「我就歡喜看拳打腳踢，討厭哭哭啼啼。」龍士舜說。

「我們到底是男子漢大丈夫。」孫元彪接嘴。

「不害臊，你是什麼男子漢大丈夫？」錢婷婷清脆地說。

大家都笑了起來，孫元彪一點也不生氣，反而聳聳肩膀望着錢婷婷謟笑。

孫元彪、鄭天霸原來不認識龍士舜，知道他是龍彩雲的弟弟之後，又望望他胸前綉的「建中」兩個字，便不敢在他面前大模大樣，反而矮了一截。龍士舜知道他們是姐姐的同學，對他們兩人便不大在乎。看他們的言談舉止，便知道他們是那一路的貨色。

龍彩雲和葉鳴鳳看他們兩人悠哉游哉地陪錢婷婷、梁娟娟看電影，有點奇怪，禁不住問：

「怎麼你們不上成功嶺受訓？」

「明天就走，所以今天要痛快地玩一下。」鄭天霸說。

龍士舜聽鄭天霸說明天要去成功嶺受訓，心裏有點奇怪，憑他們的學校和他們兩人這副德性也考得取大學？今年他學校畢業班的學生都有好幾位連最差的私立大專都沒有考取，他們兩人算老幾？因此他禁不住問：

「你們考取的是那個大學？」

她們兩人沒有回答，龍彩雲却大聲地對弟弟說：

「他們考取的是臺大、政大，以後你少神氣些，不要再瞧不起我們學校。」

龍士舜臉一紅，更驚奇地望着鄭天霸、孫元彪兩人。

「別唬妳弟弟。」錢婷婷對龍彩雲說：「他和他的同學才是眞金不怕火煉，憑他胸前這兩個字就該神氣。」

「嗨，」龍彩雲脚一頓，指着孫元彪、鄭天霸兩人對錢婷婷說：「我好不容易借他們兩位的光出口氣，妳又長他的威風，以後他又會死相。」

孫元彪、鄭天霸心裏有數，生怕她們談來談去掀了他們的底，連忙岔開：

「時間不早，我們該去買票了。」

「買票用不着這麼多人去，你們兩人足够。」梁娟娟像大人吩咐孩子般地說。

他們兩人交換了一下眼色，孫元彪對鄭天霸說：

「我一個人去買好了，你陪她們。」

「你一個人只能買四張，龍彩雲她們不看？」梁娟娟又刁鑽地說。

孫元彪摸摸後腦殼，龍彩雲連忙說：

「我們自己買，小弟，你去。」

她和葉鳴鳳都把錢交給龍士舜，龍士舜高興地跑開，三步兩步趕上孫元彪。鄭天霸看他走遠了，輕輕地向龍彩雲說：

「妳怎麼能在他面前瞎吹？我和孫元彪的底子妳又不是不知道？」

「他平時在我面前神氣活現，所以剛才我借你們兩張王牌，給他個下馬威。」

「我真怕妳吹炸了。」

「他又不知道你的底牌，你怕什麼？」

「我有點心虛，萬一他隨便出一道題考我們，那怎麼辦？」

「聯考那麼難你們都高中了，還怕他一個高二學生？」梁娟娟說。

「妳別出我的洋相好不好？」鄭天霸向梁娟娟苦笑：「明天我們就去成功嶺，在外人面前妳也替我留點面子。」

「我弟弟也不算外人。」龍彩雲說。

「他們的學校是金字招牌，我們的學校無法相比，妳說我們考取臺大、政大，難免他不生疑？」

「管他怎麼疑，也想不到你請槍手。」梁娟娟說。

「妳輕一點好不好？」鄭天霸壓低聲音湊近她說。

梁娟娟看他那副做賊心虛的樣子，心裏好笑，故意逗他說：

「現在你這麼可憐兮兮，一旦上了大學，你就眼睛長在頭頂上，不認得我們了。婷婷，妳說是不是？」

「那可不是？」錢婷婷清脆地回答：「一旦鴨兒上了樹，自然要充鳳凰了，還會認得我們這些醜鴨子？」

她們兩人一唱一和，弄得鄭天霸啼笑皆非，急得頓腳賭咒發誓：

「忘八蛋才會那樣寡情寡義。」

「不要賭咒發誓的，你們走你們的陽關道，我們過我們的獨木橋，不是很好？」梁娟娟說。

「娟娟，妳怎麼講這種話？」鄭天霸睜大眼睛望着她。

「怎麼，我講錯了？」梁娟娟歪着腦袋問他。

「我是說我們這麼多年的情感——」

「從前我們是同學，以後你們是大學生，我們相差太遠，自然高攀不上了。」梁娟娟又望望錢婷婷，輕盈淺笑地說：「婷婷，妳說對不對？」

「對極了！」錢婷婷點頭拍手，像唱歌一樣：「人就是這麼回事。」

鄭天霸又被她們弄得啼笑皆非，他沒有她們兩人會講話，只好傻笑認輸。

來到豪華門口，孫元彪和龍士舜剛好買到票。孫元彪把票分給鄭天霸、錢婷婷、梁娟娟三人。龍士舜也把票分給葉鳴鳳和龍彩雲。他悄悄地對龍彩雲說：

「先前我和孫元彪看窗櫥裏的樣片，那三個英文字的片名他有兩個不認識，只認識開頭一個「The」字，不知道他是怎麼考取臺大的？」

「你又死相！」龍彩雲瞪他一眼：「聯考硬碰硬，你以為只有你的同學才該考取？我們的同學都是草包？」

龍士舜一下被她唬住了，楞頭楞腦地望着她。

孫元彪看龍彩雲唬龍士舜，連忙過來問：

「什麼事？」

「沒有什麼，」龍彩雲搖搖頭：「他又像在家裏一樣死相。」

「老弟，別和你姐姐一樣，我們是男子漢大丈夫，什麼都不在乎。」孫元彪攬着龍士舜，領先走進戲院。

葉鳴鳳在後面嗤的一笑。

第十九章 初出茅廬勝部長 一紙合約超萬金

龍彩雲、葉鳴鳳、梁娟娟在錢婷婷房裏聊天，聽俞仙的唱片。錢婷婷很欣賞俞仙的歌，說她唱得好。梁娟娟並不佩服俞仙，她撇撇嘴說：

「也沒有什麼了不得，還不是學人家的？可是她還沒有學到家呢。」

「她學誰的？」葉鳴鳳問。

「學周璇的。」梁娟娟回答。

「周璇是誰？」葉鳴鳳又問。

「胖子，妳只會死讀書，連周璇也不知道。」梁娟娟嘆口氣。

「我向來不聽歌嘛，我怎麼知道？」葉鳴鳳說。

「妳以爲她是現在的歌星？人家是上一輩的金嗓子，老早死了！」

「難道妳聽過她的歌？」

「我媽是周璇迷，看過她很多電影，也歡喜她的『鍾山春』和『拷紅』。我也聽過這兩支歌的唱片，人家唱得才眞好。」

「的確，現在的歌星誰也抵不上她。」錢婷婷接嘴：「因此俞仙也就很不錯了。」

「妳怎樣？趕不趕得上她？」龍彩雲問。

「我還差得遠呢！」錢婷婷說。

「婷婷，不是我當面捧妳，妳要是下海，恐怕也只有妳能成爲第二個周璇。」梁娟娟說。

「人家可不賣歌，人家是電影明星。」錢婷婷提高聲音說。

「現在當電影明星也不是難事，妳歌唱得好，還愁將來沒有人請妳當電影明星？」梁娟娟說。

「我看比考大學還難？」

「才不是那囘事！」梁娟娟大聲說：「當電影明星只要人長得漂亮，老闆喜歡，到時都在搶求

「妳好像很內行似的？」葉鳴鳳說。

「胖子，讀書我不如妳，這些鬼事我可比妳懂得多。」梁娟娟自負地說。

外面的門鈴突然響了起來，錢婷婷連忙跑去開門，進來的是一位三十多歲的男人，他笑着打量了她一眼，問：

「請問妳是不是錢婷婷小姐？」

錢婷婷點點頭。他顯得更加客氣，滿臉堆笑地說：

「錢小姐，今天我正爲妳而來呢！」

錢婷婷哦了一聲，不知道是怎麼回事？錢太太從房裏出來，笑盈盈地迎着他說。

「哦，姚先生，幾天不來，你來有什麼貴幹？」

「錢太太，我們總經理特地派我來請令嫒捧捧我們的場。」姓姚的回答。

錢太太眉開眼笑，又馬上收起笑容，打量他一眼，招待他在客廳坐下，又從冰箱裏端出一盤西瓜，擺在几上，從容鎮靜地說：

「俞仙、眞眞、她們不是在你們那兒長期駐唱嗎？」

「現在生意好，歌廳之間的競爭也很厲害，我們決定再加强陣容，所以特地請令嫒助陣。」姚天民說。

錢太太沉吟了一下，才慢吞吞地說：

「婷婷雖然不大願意在歌廳拋頭露面，但她現在比較淸閒，我準備讓她試試。姚先生，恕我先小人後君子，請問你們的合約內容如何？」

姚天民察言觀色，心下明白，滿臉堆笑地說：

「錢太太，草約我帶來了，待遇、時間等等，必須同妳協商後才能填上去，我不敢單獨決定。」

「姚先生，你知道你們總經理打算給婷婷多少酬勞？」錢太太搶機問。

「照我們公司規定，新進歌星月薪最多五千。不過我們總經理特別器重錢小姐，他說可以破例提高一點，但是我們彼此一定要保密，不能讓第三者知道。」

「保密沒有問題，但不知你們總經理到底準備給婷婷[redacted]多少？」

「總經理說特別破例，每月另加錢小姐治裝費一千塊錢。」

錢太太嘴角微微一撇，淡淡一笑：

「一千塊錢治什麼裝？」

「錢太太，一千塊錢雖然不多，但確實是破例？我知道還沒有第二個新人有這種禮遇。」姚天民鄭重其事地說。

錢婷婷乘機溜回自己的房間。姚天民是個精明人，他知道錢太太的胃口不小，六千塊錢打不倒她。他馬上遞給錢太太一枝三五煙，錢太太無精打彩地接了過來，他又把打火機一按，替她點燃，然後笑容可掬地說：

「錢太太，我們是老朋友，妳知道我的情形，要是我作總經理，我決不會這麼小兒科，我們兩人閒話一句就行。可是現在我也是在人家屋簷下，作不得主，請妳說個最低的數目，我好回去報告總經理，我一定替妳力爭。」

「姚先生，請你回去對王總經理說，最少得加一倍。這點錢還不夠做衣服坐車子呢！每月我還得貼幾個。」

姚天民兩眼一楞，半天沒有作聲。錢太太又接着說：

「姚先生，這價錢是最低不過了，還抵不上俞仙，眞眞一半呢！」

「錢太太，沒有這回事！」姚天民連忙否認：「絕對沒有這回事！」

錢太太冷笑一聲，兩眼盯着姚天民說：

「姚先生，眞人面前何必說假話？你以爲我不知道？」

「錢太太，馬路新聞靠不住，妳不要相信謠言。」姚天民連忙解釋：「關於令嫒的事，我一定轉告總經理。如果妳肯承讓，就是總經理不答應，兄弟個人也可以保證。」

「姚先生，你能保證多少？」錢太太故意逗他。

「錢太太，不瞞妳說，我一個月才四五千塊錢，如果總經理不答應，我一個月給千把塊錢也沒有多大的關係，再多我就沒有這個能力。」

「謝謝你，姚先生，我這人作事就歡喜明裏來，明裏去，不要你暗貼。」

姚天民抓抓頭皮，慢慢打開皮包，拿出草約，遞給錢太太，賠着笑臉說：

「錢太太，就算妳買我個薄面好不好？本事上就算八千，此外不管多少，我向總經理力爭。」

他的話如馬耳東風，錢太太沒有回答，她一心看合約，看完後手指一彈，輕輕擲還他說：

「合約上規定每晚三場，每場最少兩支歌，都是最重要的時間，婷婷一點也動彈不得，等於賣給你們了，一萬二我還不願意呢！」

姚天民又是一怔，支吾地說：

「別人也是一樣。」

「俞仙、眞眞她們就不一樣。」錢太太柳眉一豎：「她們不是照樣在別家唱？」

「錢太太，那是她們自己不要命，像從前唱戲的跑龍套一樣，東家客串一下，西家客串一下，她們的合約也是這樣訂的。」

「如果婷婷和你們訂了約，是不是也可以另外客串？」

「這要看節目主任如何安排？如果中間空擋多，未嘗不可以，不過照規定是不行的。」

「那你在合約上改爲兩場好了，我也不想破壞你們的規定，光明正大地在別家歌廳客串不是更好？」錢太太的算盤很精，就是在別家歌廳客串一場，每月也可以多幾千元，那不比釘死在「九重天」一家歌廳更好？

「錢太太，如果改爲夜晚兩場，那價錢又不一樣。」姚天民說：「合約上沒有包括日場已經很客氣了。」

「姚先生，那就免談吧。」錢太太端起茶杯作送客狀：「反正臺北的歌廳不止一家，我們又不靠唱歌吃飯，婷婷還不願意唱呢。」

「錢太太，我這不是白跑一趟嗎？那我怎麼交差呢？」姚天民故意裝孫子。

「姚先生，看你的大面，如果照合約規定，一萬二一文也不能少。此外我們還得來個君子協定：要是有別家請婷婷客串，你們可也不能留難？同意，我就簽約；不同意，就另請高明。」

姚天民看看無法再說，慢慢把合約塞進皮包，站起來對錢太太說：

「錢太太，如果妳堅持要一萬二，那我只好回去報告總經理再說；如果能承讓一點，我就可以作主，我們馬上把這件公事敲定。不知尊意如何？」

錢太太眼睛一轉，叫了一聲「婷婷」，錢婷婷走了出來，她笑問女兒：

「剛才我和姚先生的談話妳都聽見了？」

錢婷婷點點頭。錢太太又問：

「妳的意思怎樣？」

「媽，我說了不要到歌廳去唱嘛！」錢婷婷撅撅嘴，扭扭腰。

錢太太望望姚天民，笑着把兩手一攤：

「姚先生，一萬二你還不能作主，我婷婷還不願唱呢！這可不是我故意討價還價吧？

姚天民望望錢婷婷，錢婷婷轉身進房。姚天民連忙附着錢太太的耳朵輕輕地說：

「錢太太，我想借一步說話。」

錢太太會意，馬上跟了出來。走到大門外，他輕輕對錢太太說：

「錢太太，要是妳眞能作主，一萬二就一萬二，不管總經理同不同意，由我負責。」他用力把胸脯一拍。

「她是我的女兒，只要我簽了字，我自然負責。」錢太太爽快地回答。

「好，那我們一言爲定！」姚天民用力握握錢太太的手。

「口說無憑。」錢太太亦莊亦諧地說。

姚天民識相，連忙打開皮包，拿出兩千塊錢往錢太太手上一塞：

「錢太太，這兩千塊錢妳先收下，我先斬後奏，一兩天內我會通知妳去總經理室簽約。」

「好的，麻煩你了。」

姚天民說了聲「再見」就走了。

錢太太笑着把大門關上，把兩疊鈔票在手上顚顚，又握在掌心，走了進來。

錢婷婷梁娟娟她們都趕了出來。錢婷婷笑問：

「媽，妳把姓姚的打發走了？」

「嗯！」錢太太笑着點頭。

「媽，妳獅子開大口，人家嚇也會嚇跑的。」錢婷婷高興地說。

「他才捨不得跑呢！」錢太太笑着把手一揚，亮出兩千塊錢。

「媽，這是怎麼囘事？」

「定金。」錢太太做聲囘答。

「媽，妳眞要我下海？」

「傻孩子，一萬二千塊錢一個月，只有晚上三場，這麼好的事兒那裏去找？人家當部長的一個月也不過五六千塊。」錢太太摸摸女兒的頭說。

龍彩雲葉鳴鳳聽得目瞪口呆。梁娟娟笑着說：

「錢媽媽，妳眞有兩手兒，他孫悟空還是翻不出妳如來佛的手掌心呢。」

「現在眞是妳們女孩兒吃香！」錢太太說：「婷婷只要在九重天唱上三個月，我保險她的身價會跳到兩萬塊。」

「啊喲！」葉鳴鳳驚叫起來。

「何必大驚少怪？」錢太太望着葉鳴鳳說：「像俞仙，眞眞她們那些老招牌，日場，夜場，再加上客串，一個月賺兩三萬眞太稀鬆平常。」

「媽，賺那麼多錢有什麼用嗎？」

「妳眞是個傻瓜蛋！」錢太太指着女兒笑罵：「錢還會咬人不成？妳看，天天上班，下班，來來往往，天上飛的，地上走的，那一個不是爲了錢？要是沒有錢，妳們還能讀到高中畢業？一旦上了大學，更要大把的錢，哼哼，錢有什麽用？告訴妳，傻瓜蛋！有錢能使鬼推磨，錢的用處大得很呢！」

錢婷婷被母親說得啞口無言。龍彩雲葉鳴鳳也站着發呆。梁娟娟說：

「錢媽媽，我不怕錢多，可是我就不會賺錢。」

「妳等機會吧！」錢太太望望梁娟娟說：「我看妳最好當電影明星，這也是女孩子名利雙收的捷徑。」

「那有那麼好的機會？」

「妳要製造機會。」錢太太說：「要是有人請妳表演舞蹈，不管是阿哥哥，恰恰，民族舞蹈，……妳都要去跳。多露幾次面，自然有人找妳。」

「錢媽媽，可惜我沒有妳這樣能幹的媽。我早就拜托過妳，妳又不肯提拔。」梁娟娟故意撒嬌。

「別急，慢慢來。」錢太太哄她。隨即抽出兩百塊錢交給錢婷婷：「這是妳賺的錢，妳拿去請她們看電影好了，其餘的媽替妳保管。」

錢婷婷隨手把龍彩雲她們一拉，笑嘻嘻地跑了出來。

「婷婷，說眞的，妳平時那麼哼哼唱唱，我以爲沒有什麼意思，想不到現在倒賺了大錢？我們縱然再十載寒窗，也趕不上妳呀！」葉鳴鳳說。

「胖子，這眞是歪打正中。說眞的，連我也莫名其妙呢！」錢婷婷笑着回答。

第二十五章　明星夢名利在望　財神爺金屋藏嬌

錢婷婷正式登臺這天，分送了三張入場券給梁娟娟，龍彩雲，葉鳴鳳三人，龍彩雲和葉鳴鳳從來沒有進過歌廳，有點羞怯。好像這種地方不怎麽光明正大，是專爲男人消遣解悶兒的。她們知道梁娟娟膽子大，去過的地方多，也許進過歌廳？一吃過晚飯就來邀她。梁娟娟正準備出門，樣子十分高興，龍彩雲笑着問她：

「妳這麽興冲冲的，是不是中了愛國獎券？」

「我才不買那種鬼東西！」梁娟娟爽利地回答。

「那還有比中獎券更好的事情？」葉鳴鳳說。

「嗯！」梁娟娟點頭一笑，又附着葉鳴鳳的耳朵說：「胖子，告訴妳一個好消息，……」

「什麽好消息？」龍彩雲湊過來問。

「五鳳電影公司招考男女演員。」梁娟娟說。

「這算什麽好消息？」龍彩雲說。

「妳不想考？」梁娟娟望望她。

「我不是那塊料，」龍彩雲搖搖頭。

「胖子，妳呢？」梁娟娟又轉問葉鳴鳳。

「別罵人吧！」葉鳴鳳自嘲地一笑：「那有一個女明星像我這水桶樣子的？」

「難怪，妳們是大學生了；我走投無路，可要試試。」梁娟娟說。

「婷婷當歌星，妳當明星，那不正好？」龍彩雲說。

「婷婷是篤定了！我還不知道考不考得取呢？」梁娟娟說。

「妳的舞跳得好，又有表演天才，那有什麽問題？」葉鳴鳳說。

「女演員只取兩位，比大專聯考難得多呢！」梁娟娟說。

「聽說上次有家電影公司招考三位女演員，報考的倒有六七百，眞是個大熱門。」龍彩雲說。

「本來嘛！」梁娟娟接嘴：「考不取大學的這麽多，當店員，雇員又只有幾百千把塊錢一個月，還得鑽門路。要是當上了明星，就名利雙收，自然大家都趕熱門兒。」

「像婷婷這樣也很不錯，一出道兒就賺大錢，比當小明星還强。」龍彩雲說。

「臺灣的大明星也未必抵得上她。」梁娟娟說。

「我們別只顧談話，快去捧捧她的場。」葉鳴鳳說。

她們匆匆趕到歌廳樓下。在電梯口有個窗櫥，那裏面釘着十來位歌星的放大照片，每幀照片底下有一行什麽歌后、金嗓子，什麽冠軍之類的頭銜。

錢婷婷的放大照片釘在正中間，下面寫着「本廳新聘廣播電視雙料冠軍玉女歌星錢婷婷小姐」兩行紅字，十分醒目。龍彩雲她們被照片吸引了過去，站在櫥窗前面瞧了半天。

圍在櫥窗前的還有很多男人，他們好像都是來聽歌的。不少人指着錢婷婷的照片議論紛紛：

「這女孩子長的蠻漂亮嘛！」

「她的歌唱得很好。」

「怎麽這麽早下海？」

「還不是爲了鈔票！」

「在電臺上唱唱倒不壞，一下海就不是那麽回事兒了。」

「管她的，我們男人就愛個新鮮。歌廳裏要是沒有鮮花兒，光憑幾隻老母鷄，誰來？」

隨後是一陣哈哈。龍彩雲悄悄地拉拉梁娟娟和葉鳴鳳的裙子，要她們走開。

電梯剛好下來，她們連忙走了過去，那七八個男人也跟了過來，走進電梯。他們打量了她們三人一眼，龍彩雲和葉鳴鳳低着頭，梁娟娟昂着頭不理他們。他們還在談論錢婷婷和那些歌星。

「這裏面歌唱得最好的是俞仙，人長得最漂亮的是葉妮。」

「葉妮被張天戈金屋藏嬌了，你知不知道？」一個蓄小鬍子的男人輕輕地對身邊的胖子說。

「張天成是個大財神，大『鏢』客，這有什麼稀奇？」胖子說：

「新來的這朵鮮花兒將來不知道好給誰？」

龍彩雲越聽越不是味兒，輕輕碰了葉鳴鳳一下，葉鳴鳳望了她一眼，滿臉尷尬，彷彿自己受了侮辱。

電梯停住，那些男人望了她們一眼，先走出去。她們最後出來，望着他們走進歌廳，龍彩雲輕輕罵了一句：

「這些男人都不是好東西！」

「要是婷婷聽見這些話，眞不知道她作何感想？」葉鳴鳳說。

「既然下了海，這些話就計較不得。」梁娟娟說。

「妳好像無所謂似的？」龍彩雲望着梁娟娟說。

「有所謂又怎麼辦？」梁娟娟向她一笑：「歌廳舞廳本來就是男人尋歡作樂的地方。」

「我可受不了這些閒話。」龍彩雲說。

「船到橋頭自然直，」梁娟娟說：「要是妳走上了這條路，受不了也得受。」

「我才不會走這條路。」龍彩雲用力搖頭。

「那自然不會惹騷惹臭了。」梁娟娟一面說，一面領先走進歌廳。

她們在第五排中間對號坐下，立刻有人送上三杯茶來。臺上有位歌星在唱「馬兒的答跑」，裝模作樣。龍彩雲和葉鳴鳳都不知道是誰？梁娟娟說：

「她就是吳姬，櫥窗裏不是有她的照片？」

「誰記得那麼多？」龍彩雲說。

「報紙上也登過她的照片，她也有點小名氣。」梁娟娟說。

臺沿擺了不少花籃，都是送給錢婷婷的。龍彩雲看了有點驚奇，悄悄地說：

「奇怪，怎麼有這麼多人捧她的場？」

「大概是錢媽媽的關係，錢媽媽很會交際。」梁娟娟說。

吳姬唱完後又上來一位歌星，報幕的小姐介紹是名歌星薇薇。薇薇唱了「到底是個多情郎」，和「溜走的愛情」，贏得不少的掌聲和口哨。龍彩雲向四周望望，都是男人發出來的，場子裏的女人很少很少。她們三人坐在一塊特別顯眼。

薇薇唱了兩支歌，聽衆還要她再唱，她又唱了一支「今夕何夕」。她進場後，報幕小姐故作驚人之筆地向觀衆宣佈：

「現在我報告諸位一個好消息：本廳重金禮聘的廣播，電視雙料冠軍，玉女歌星錢婷婷小姐，就要出場了！錢小姐是位天才歌星，音色非常好，今後常在本廳駐唱，歡喜聽錢小姐的歌聲的先生小姐們，請每天晚上準時光臨。現在請諸位鼓掌歡迎錢婷婷錢小姐——」

她領先鼓掌。錢婷婷穿着長及脚背的金邊黑旗袍，戴着長過手肘的白手套，脚登銀色高跟鞋，耳上吊着兩顆綠色大耳墜，姍姍地走到麥克風前。大家嘩嘩啪啪地鼓掌。她向聽衆微微一鞠躬說：

「謝謝諸位賞光，小妹初出茅蘆，唱得不好，請諸位多多指教。」

臺下響起一片掌聲，梁娟娟她們也跟着鼓掌。

「現在我先唱一支『一見你就笑』——」

聽衆馬上怪聲叫好。

這支歌贏得不少掌聲。接着又唱「月光小夜曲」，「多情春風」。唱完後觀衆還要她「再來一個」！她又唱了一支「蘭閨寂寞」。一唱完就深深一鞠躬，跑進後臺。

掌聲嘩嘩啪啪，觀衆唧唧喳喳。

「這四支歌値得一張票價。」坐在龍彩雲前面的光頭說。

「新修的茅坑三天香，唱久了還得賣賣色相。」另一個瘦長個兒的男人接嘴。

「你想不想捧她？」

「探聽一下行情再說，我的錢要化在刀口上，不隨便塞狗洞。」

「我看她値得你投資？」

「那你不妨先做做孝子？」

兩人笑了起來。

龍彩雲聽不下去，拉拉葉鳴鳳起身想走。葉鳴鳳也站了起來，梁娟娟問：

「妳們不打算聽完？」

「我們是來捧婷婷的場，何必老就在這種鬼地方？」龍彩雲說。

梁娟娟只好站起來，跟着她們兩人走出歌廳。

「我們要不要去後臺看看婷婷？」梁娟娟問。

「看了她我會難過。」龍彩雲說。

「她好好的，妳難過什麽？」梁娟娟問。

「剛才那兩個鬼人的話難道妳沒有聽見？」

「只當他們放屁，妳還記在心裏？」

「妳眞好大的度量？」

「連這點度量也沒有，那還能在社會上混？」

龍彩雲和葉鳴鳳都驚奇地望着梁娟娟。過後葉鳴鳳笑嘻嘻地說：

「娟娟，妳說這話眞有點像老油條。」

「胖子，妳眞是少見多怪！唱歌兒是賣嘴不賣身，只要自己主意拿得定，管人家怎麽吃豆腐？」一她們正在電梯口等電梯上來，錢婷婷和她母親一道走了過來。錢婷婷洗去了脂粉和藍眼圈，換了裙裝，又像個學生模樣。錢太太手上提着一個黑色的精緻的小箱子，像個監護人又像個跟班。錢婷婷一看見梁娟娟她們連忙跑過來，問：

「妳們聽了沒有。」

「聽了，」梁娟娟回答：「妳唱得好！」

「娟娟，妳們是老同學，說眞話，妳看婷婷會不會紅起來？」錢太太輕輕地問。

「錢媽媽，婷婷一定會紅得發紫。」

「妳別信口開河，」錢婷婷笑着說：「媽躭心我會砸她的招牌。」

「妳自己就是塊金字招牌，怎麽會砸？」

「妳們聽到聽衆有什麽批評沒有？」錢太太望望她們三人說。

龍彩雲、葉鳴鳳兩人沒有作聲，她們聽到的那些話又不敢講。梁娟娟連忙說：

「錢媽媽，他們說婷婷的四支歌就値回票價。」

錢太太開心地笑了，眼角的魚尾紋現了出來。

下了電梯，走到街上，錢太太突然問梁娟娟：

「五鳳公司招考演員妳知不知道？」

梁娟娟點點頭。

「妳想不想考？」

「自然想考。」梁娟娟回答：「不過考的人一定很多，不知道錢媽媽能不能先打個招呼？」

「我會向五鳳公司的宣傳主任小王關照一下，妳放心考好了。」錢太太說：「憑妳的條件，當明星也是百中挑一的。」

「多謝錢媽媽，我一定好好地考。」梁娟娟說。

「這倒不必準備什麼功課，全靠妳臨場表演。」錢太太說：「記住，大膽一點，導演要妳表演什麼妳就表演什麼，不要害臊。要想在社會上立足，就得先賠點兒老本；要是再往高枝兒上爬，那更得下大本錢。這年頭兒，女孩兒家最容易竄起來，妳的本錢足，很適合走電影這條路。」

「謝謝錢媽媽，要是我能和婷婷一樣成名，我要好好地謝妳。」

「只怕妳一旦成了大明星，就把錢媽媽忘到九霄雲外了？」錢太太笑着打趣。

隨後她又望望龍彩雲，上下打量一番，笑着說：

「可惜妳太瘦了一點，聽說妳姐姐的身材很好，妳不妨轉告妳媽，要妳姐姐去五鳳公司試試，要是當上明星，那比她戴頂方帽子强多了，妳媽也不必天天愁油鹽柴米。」

「我姐姐連電影也不愛看。」龍彩雲說。

「大概是和妳媽一樣的老古板?」錢太太無可奈何地一笑。

隨後她手一招，叫來了一部計程車。她先鑽了進去，錢婷婷拉梁娟娟一道進去。龍彩雲、葉鳴鳳和她們不同路，沒有上去，向她們搖搖手，說聲謝謝，便一道去趕公共汽車。

「婷婷本人很好，我眞躭心錢媽媽會把她帶到歪路上去?」龍彩雲邊走邊說。

「眞巧，我也是這樣想。」葉鳴鳳笑着說：「如果不是錢媽媽老是要她唱歌，這次婷婷會考取聯考。」

第二十一章　考驗做戲真功　上舞台李四張三

報名投考五鳳公司男演員的有四百多人，投考女演員的有八百多人。初試就刷下很多，有的連話都沒有談上兩句就刷下了。留下覆試的男的只有十五名，女的也只有二十四名，梁娟娟在這二十四名之內。

覆試是考表演。梁娟娟特別邀了錢婷婷、龍彩雲、葉鳴鳳三人陪她一道去壯壯膽子。

來參加覆試的不論男女都打扮了一番。女的更像參加選美一樣，花枝招展，爭奇鬪艷。梁娟娟穿着杏黃短袖襯衫，青灰色百褶裙，白高跟鞋，白皮包，畫了藍眼圈，塗了口紅。二十四位小姐統統到齊，一個不少。個個年輕貌美，如花似玉。

梁娟娟，望望別人，看看自己，輕輕地對錢婷婷她們說：

「今天眞是來者不善，善者不來。爭取這兩名女演員可眞不容易！」

「記住我媽的話，膽子放大點就行。」錢婷婷說。

「妳看，有幾位簡直可以當中國小姐。」梁娟娟悄悄地指指那幾位身材苗條，三圍極佳，臉孔漂亮，皮膚白嫩得吹彈得破，和自己年齡不相上下的美人兒說：「我怎麼爭得過她們？」

錢婷婷、龍彩雲、葉鳴鳳三人也嘖嘖稱讚，暗自替梁娟娟躭心。

「她們幾個人胸部一定整了型，不然不會那麽圓鼓鼓的。」錢婷婷悄悄對梁娟娟說：「當初妳怎麽沒有想到這一着？」

「我怕偷鷄不着蝕把米。」梁娟娟回答。

錢婷婷又打量梁娟娟一眼，隨後一笑說：

「妳是貨眞價實。要是主考的人眞有眼光，妳也不會吃虧。」

試場是個舞臺，九點正開始考試。參加覆試的人按着號碼上臺。隨着考試人員臨時分發的劇情和臺詞表演，有的是單獨表演，有的是一男一女演對手戲。攝影師和導演站起臺下椅子上，把鏡頭對準應考的人。

談情說愛的戲，女孩子都有點害羞，擧動很不自然。有個漂亮的女孩子演到接吻那個節骨眼兒時，忽然頭一低，跑進後臺。輪到梁娟娟上臺，她先演了一段獨脚戲，表現喜、怒、哀、樂四種不同的心情，演的眞像那麽回事。導演很滿意，又要他和一個男的演一段纏綿的愛情戲，其中有一個擁抱，一個接吻，她旁若無人地做了，而且恰到好處。龍彩雲、葉鳴鳳看了連忙雙手蒙着眼。導演說了聲OK，笑着揮揮手要他們兩人走開。

梁娟娟一考完就跑過來拖着錢婷婷她們往外跑，邊跑邊用手絹擦嘴。錢婷婷笑着對她說：

「娟娟，妳演得眞好！」

「別提！」她向錢婷婷搖頭一笑：「眞羞人！這是我第一次和男孩子接吻，而且是個生人！」

「這是戲嘛！」錢婷婷說：「說不定妳這次假戲眞做，眞能考上呢？」

「要是這次考不上，我再也不做明星夢了！」梁娟娟說：「我情願向妳學唱歌。」

「我眞奇怪，」龍彩雲笑着對梁娟娟說：「當時妳怎麼做得出來？」

「逼上梁山嘛！」梁娟娟也笑着回答：「我想起錢媽媽的話，心一橫，眼睛一閉，什麼也不管了！」

她們幾個人都笑起來，葉鳴鳳紅着臉說：

「打死我也不幹！」

「胖子，妳別說風涼話！」梁娟娟說：「要是妳和我一樣，沒有考取學校，走投無路，妳不幹也得幹！」

第二十二章 玉女歌星錢婷婷 輕歌曼舞動京城

梁娟娟接到五鳳公司的錄取通知，要她和監護人一道去簽基本演員合約。

她報考五鳳公司演員沒有護她父親母親知道，一則怕自己考不取，丟人；二則怕父親母親不同意，尤其是母親，總希望她好好地讀書，走正當的路子，考夜間部失敗以後就要她進補習班補習，準備明年再考。現在五鳳公司的通知來了，說明要她和監護人一道去簽約，不給母親知道不行。放棄了又太可惜，她想起讓那個不認識的男人吻了一會更不心甘。

她不敢貿然告訴母親，等了好久，看她一個人高興地看電視時，才告訴她。

梁太太聽了女兒的話又驚又喜，隨後又扳着臉對她說：

「丫頭，這樣的大事妳也瞞着我去做？我要妳進補習班補習，明年再參加聯考，妳怎麼不聽我的話？」

「媽，演電影又不是什麼壞事，多少人想當明星還當不上呢！」梁娟娟撒嬌地說。

「這也算不得什麼好事。」梁太太說：「人家沒有錢讀書去演電影，還情有可原，妳有書不讀，捨正路不走，要去搞那些鬼事，將來人都會搞流。」

「媽，妳別老古板好不好？」梁娟娟搖了母親幾下：「現在不是妳那個時代，電影明星人人羨慕，那次凌波回國，全臺北都轟動了，歡迎外國總統也沒有那麼熱鬧，妳又不是不知道？」

「我就不羨慕！」梁太太說：「這次她回來唱歌不怎麼樣？以後更不必說了。」

「媽，女人一生有那麼一次也就行了，妳坐在家有誰知道？有誰爲妳發瘋？」

「媽不要人知道，也不要人爲我發瘋，爲我自殺。……」

「媽，妳看妳扯到那裏去了？」

「哼，我還沒有說林黛自殺呢！」梁太太白了女兒一眼。

梁娟娟啼笑皆非，抓着母親的肩膀一個勁兒猛搖。梁太太用力抓着沙發扶手，勉强穩住身子，瞪着女兒說：

「丫頭，妳瘋了？妳要謀殺我是不是？」

梁娟娟嗤的一聲笑了起來，又揉着她說：

「媽，說眞的，考取五鳳公司的演員可眞不容易。八百多人考，只取兩名，比聯考難的多，妳陪我去嘛！」

「他們出些什麼題目，妳說給我聽聽？」

「這可不同，人家是着重演技。」

「我以為妳眞有什麼大不了的學問？原來只是表演一下。」

「媽，妳不知道，表演更難！」

「妳表演了什麼？」

梁娟娟紅着臉又猛力搖她。她把女兒的手推開，冷淡地說：

「妳要是眞有本事，早考取聯考了！考演員又不要什麼學問，有什麼稀奇？」

「媽，這個學問，教科書上是找不到的，妳別小看它！」

「我也不要看它。」

梁娟娟又啼笑皆非，最後心一狠，和母親攤牌：

「媽，妳到底陪不陪我去？」

「陪妳去又怎樣？不陪妳去又怎樣？」梁太太沒有把她的話當回事。

「陪我去，我就高興；不陪我去，我就自殺！」

梁太太一怔，跳了起來，抓住她說：

「丫頭，妳眞的瘋了？」

「我沒有瘋，」梁娟娟看母親被她唬住了，態度變得十分堅强，用力搖頭說：「妳要是不陪我去，我[illegible]眞會發瘋！」

梁太太軟了下來，一屁股坐在沙發上。過了一會才說：

「我不能作主，這要問妳爸爸。」

「爸爸成天忙着開會應酬，自己的事情都忙不了，他才不會管我的事。」梁娟娟說。他父親從來不管她的功課，也不管她唸什麼學校，家裏的事完全由太太處理，他一心一意忙他自己的事業。

梁太太無法再推，她楞了一會才對女兒說：

「妳執意要當明星，我也沒有辦法。可是我先對妳說明，現在人心不古，女孩子一到那種場合，最容易失足，我不要妳養我，妳可也不能丟我的人？」

「媽，妳放心！」梁娟娟拍拍母親：「好壞全在自己，強盜窩裏也有好人，妳以為我是個糊塗人？」

「我就怕妳糊塗。」梁太太說。

「媽，妳放心，再壞的男人也翻不過我的手掌心！」

梁太太聽她說出這樣的話來，又喜又驚。再看看那樣子很像一個有主見的人，又暗自寬心。只好同意陪她去五鳳公司。

母女兩人特地叫了一部計程車，坐到公司門口。總經理莊來成是個港派人物，花樣很多，翻版了兩部古裝電影，在臺灣很賣座，報紙把他捧成天字第一號的製片家。

梁娟娟母女兩人初見這位大名鼎鼎，四十來歲，精力充沛，一副大爺派頭的總經理，不免有點拘束。他要秘書拿了一份合約先給她們母女兩人看，看完之後莊來成問：

「兩位對合約內容有什麼意見？」

「請問基本演員合約是不是一律五年？」梁太太問。

「本公司一律五年，[redacted]有些公司比這更長。」莊來成回答。

「月薪也都是八百？」

莊來成點點頭。

「將來拍片怎樣計算？」

「每部五千。」

「當主角也是一樣？」

「一樣。不過要是她演得好，我會自動增加報酬。」

她們母女兩人互相望了一眼，梁娟娟有點失望。她覺得這比錢婷婷差遠了。

莊來成看在眼裏，又趁機說：

「梁太太、梁小姐，我坦白告訴妳們，當電影明星是名利雙收的事，真的一登龍門，身價百倍。在這五年之內，經過我們有計劃的宣傳培植，一個默默無聞的人也會成爲一個大明星，到那時候也就名成利就。現在多少聰明漂亮的小姐，想到本公司來當臨時演員還求之不得呢！」

梁娟娟想起那麼多人考，只取兩名，覺得機會難得。反正家裏不靠她賺錢，只要出了名，何愁不賺大錢？想起一當明星，報紙上就會常常出現自己的名字，照片登得那麼大。甚至傷風感冒，偶然跌了一跤，記者也要大寫特寫，不禁心花怒放。因此她對母親說：

「媽，只要總經理肯提拔，我們就不必計較目前的待遇。我還年輕，需要學習，如果戲演得好，公司賺錢，總經理自然不會虧待我的。」

「梁小姐到底是明白人。」莊來成點頭一笑：「過去經我捧出來的大明星，少說也有四五位，今天她們不都紅透了半邊天？梁小姐如果虛心，我保證不出三年，就會和她們一樣紅。」

「那就多謝總經理多多栽培。」梁太太說。

梁娟娟看母親同意，便從皮包裏拿出鋼筆圖章，在合約上簽字蓋章。梁太太也在監護人下面簽字蓋章。

莊來成也在合約上簽了字蓋了章。自己留了一份，交了一份給梁娟娟。隨後他又按按電鈴，叫來攝影師，吩咐攝影師說：

「請你替梁小姐拍幾張宣傳照片，明天要見報。」

攝影師頸子上掛着照相機，就在總經理室替梁娟娟拍了幾張坐姿、立姿、半身、全身的照片。

梁娟娟十分高興地離開五鳳公司，她想像着自己很快地就要成爲人人皆知的電影明星，身子像要飄上天空。她望望電影院門口的大幅宣傳廣告，明星的像畫得很大，名字也非常醒目，她覺得那彷彿就是她自己高高地站在那裏。

第二天，各報影劇版上分別刊出了她的各種姿勢的照片，稱她是「五鳳公司的新星，影壇的生力軍。」照片登得那麼大，使她自己都不敢相信。如果不當電影明星，自己怎麼能上報紙？除非出個大桃色新聞，或是跳樓自殺。

首先來向她道賀的是錢婷婷。隨後龍彩雲、葉鳴鳳、古婉貞都趕了過來，屋子裏像飛來一羣喜鵲。

「到底是妳們兩位强，」古婉貞指着梁娟娟和錢婷婷說：「一個是明星，一個是歌星，都出了大名。」

「我們是落第的考生，怎麼比得上她們？」梁娟娟指指葉鳴鳳、龍彩雲說。

「像我們一輩子也別想上報。」龍彩雲說。

「放榜的那天報上不是有妳的大名？」錢婷婷說。

「那麼三個小字，除了我自己注意之外，別人才不要看。」龍彩雲說。

「那天我們兩人在西門町出次洋相，報上一定會把照片登出來。」葉鳴鳳說。

「那有什麼意思？」龍彩雲接嘴：「她們登照片名利雙收，我們出洋相既丢人又拿不到一文錢，那是何苦？」

「閒話少說，言歸正傳。」古婉貞說：「娟娟，將來妳拍了電影，可得請我們全班同學去看？」

「不知道那一年才輪到我當主角呢？」梁娟娟說。

「遲早總要輪到的，就怕那時成了大明星，早把我們這些老同學忘到九霄雲外了。」古婉貞說。

「今天我們先慶祝她一下，將來她總不好意思不認我們這些老同學。」錢婷婷說。

「我們都是窮光蛋，怎麽慶祝呢？」葉鳴鳳說。

「我作個小東，妳們作陪好了。」錢婷婷說，很有歌星的派頭。

「這倒使得！」古婉貞說：「妳拔根汗毛比我們的腰還粗呢。」

「那我請妳們吃飯，飯後去聽歌好不好？」錢婷婷說。

「婷婷，雖說妳賺的錢多，但妳還不能作主，用不着那麽破費。」梁娟娟說。

「我又不請妳上統一、國賓、中泰。小吃一下，[redacted]又算什麽？」

「既然這麽說，我就先叨妳的光，日後還禮也行。」梁娟娟說。

「將來我們就是大學畢了業，也不過賺千兒八百，那我們就還不起了。」龍彩雲說。

「免了，免了！」錢婷婷笑着說：「現在我們出去吧？」

梁娟娟連忙換了一身新衣，像個準明星的樣子。

她們一道出來吃晚飯，又到冰果店裏坐了一會，然後同錢婷婷一道去聽歌，龍彩雲她們三人看到坐在她們前面的一位中年客人正拿着晚報在看娛樂版，彷彿是查證什麽似的？她們第一眼就看到錢婷婷的照片，標題是：

玉女歌星錢婷婷

輕歌曼舞動京城

那客人把眼光盯在錢婷婷的照片上，像蒼蠅叮着蜜糖。

第二十三章 大霧茫茫人不見 前途渺渺想高飛

龍彩雲、葉鳴鳳上學以後，就沒有時間和錢婷婷、梁娟娟兩人在一塊玩。往往一兩個月不見一面。過陰曆年她們有兩個多禮拜的假，梁娟娟、錢婷婷約她們去住兩天。好久不見，更加親熱。

龍彩雲覺得錢婷婷和梁娟娟長大了很多，完全像個大人。錢婷婷已經大紅大紫，不過並不快樂。龍彩雲不知道是什麼緣故？幾次想問，又不便啓齒。

梁娟娟一直沒有拍片，也沒有初進五鳳公司時那麼興奮。

她們四人都住在錢婷婷家裏，一晚上都沒有睡着。天未亮龍彩雲就爬了起來，看窗外迷濛濛的一片，說了聲「好大的霧！」梁娟娟聽了一骨碌地爬了起來，而且把錢婷婷、葉鳴鳳拉起。

她們臉未洗就跑到院子裏去。梁娟娟忽發奇想，要去新公園看看霧中的椰子樹和亭臺樓閣到底是怎樣的形象？是不是像霧裏看花一般美？聽她這樣提議，錢婷婷也雅興勃發，攔了一部計程車，直開新公園。

公園裏模糊一片，博物館若隱若現，大王椰子，八角亭子，彷彿雲中神龍見首不見尾。小花、小樹一片迷茫。

梁娟娟和錢婷婷信步往前走，像魚在水裏游。龍彩雲問：

「妳們走到那裏去嘛？」

「前途茫茫，走到那裏算那裏。」錢婷婷說。

「婷婷，我們最羨慕妳了，大清早妳怎麽說這種話？」葉鳴鳳說。

「胖子，妳羨慕我什麽？」錢婷婷問。

「妳名也有，利也有，世界上那有比這更好的事兒？怎麽不教人羨慕？」葉鳴鳳說。

「胖子，妳別只看見表面光，我這碗飯並不好吃。」錢婷婷說。

「妳比我還好。」梁娟娟說。

「我怎麽比妳好？」錢婷婷問。

「除了錢比我多，也沒有我那麽多麻煩。」梁娟娟說。

「我和妳一樣，麻煩的事兒一樣也少不了。除了獻花、剪綵之外，還要應付許多下三濫的人。有錢的大爺們還想把我金屋藏嬌呢！」

「眞氣人！」梁娟娟吁了一口氣，和霧混在一起。

「她不氣，妳氣什麽？」葉鳴鳳問梁娟娟。

「胖子，氣人的事兒多，妳懂個屁！」

梁娟娟的話把錢婷婷她們都逗笑了。龍彩雲忍住笑說：

「娟娟，我眞不明白妳去五鳳公司那麽久，我除了在報上看見妳獻花、剪綵，泳裝照片之外，怎麽沒有看見妳當主角，拍片子？」

「別提！」梁娟娟搖搖頭：「我情願不拍電影，也不讓他們糟踏！」

「當初我們要是像她們兩人一樣用功讀書，就不會有這些煩惱，嘔這些髒氣。」

「我現在想通了，我決定過了年就去補習班補習，準備暑假再參加聯考，好好地讀書。」梁娟娟說。

「公司的合約怎麽辦？」錢婷婷問。

「能解除就解除，不能解除就拖，反正我不想犧牲血本去當主角，他們對我也沒有什麽辦法。」梁娟娟說。

「我也想去義大利學聲樂。」錢婷婷說。

「那比我考大學還難」梁娟娟說。

「凃金鳳最近從意大利回來，現在九重天客串，我和她談起去意大利學聲音的事，她說她願意幫忙，另外我的音樂老師王伯誠也有朋友在羅馬，也可以幫忙。」錢婷婷說。

「那很好。」梁娟娟她們同聲說。她們知道凃金鳳以前也是歌星，後來去意大利學了好幾年聲樂，最近才回來，報紙上登過這件事。

「我們太年輕，太早到社會上混會吃虧，尤其是女孩子。」錢婷婷說：「社會上五花八門，到處是陷阱。胖子，還是妳們規規矩矩讀書好，有了資格，有了學問，再到社會上來，才有點貢獻，才不會吃虧。當歌星明星都是犧牲色相的，沒有什麼意思。」

「婷婷，妳眞是大人了！」龍彩雲說。

「妳這些話我們在課本上讀不到的。」葉鳴鳳說。

「胖子，女人不能靠年輕漂亮混飯吃，這樣準會吃大虧；一定要自己有點成就，才能永遠站得住脚，在家裏可以作個好太太，在社會上可以作個好職業婦女。我不瞞妳們說，我眞吃了我媽的虧。」錢婷婷沉痛地說：「我媽婚姻失敗，不能完全怪我父親，她自己也太愛虛榮。父親不回家，她內心空虛，就更愛熱鬧，帶着我到處跑。她發現我會唱歌，硬把我拖上這條路，金錢、虛榮，她都有了，可是我心裏却非常痛苦。因此我決定遠走高飛，完成我當初學聲音的志願，決不再在歌廳鬼混了。」

「婷婷，惟願妳能稱心如願。」龍彩雲[redacted]說。「妳比我們都聰明，妳一定會有成就。」

「成就現在還不敢講，但我一定要走正路。」錢婷婷說。

她們邊走邊說，頭髮上，衣服上都沾滿了粟米般的銀亮的水珠。

霧漸漸散了，花木顯得格外淸新，八角亭顯得格外莊嚴美麗。她們深深地呼吸了一口新鮮空氣。

第二十四章 安分守己無奢望 到老清平也安心

龍彩雲在他父親學校找到一份抄寫工作，葉鳴鳳也在一個軍事機關找到一份管理檔案工作。兩人白天上班，晚上上學，半工半讀，十分愉快。

葉鳴鳳的父親賣菜的生意越做越好，每天除了一家人吃的菜之外，還可以淨賺百把塊錢。他正決定把來亨雞全部賣掉，除了還飼料欠款外，還可以買一部三輪機車。可是這時他却接到輔導會輔導就業的通知，這倒使他有點心猿意馬起來。

「妳們看，鐵路局的這個差事我幹不幹？」他徵求太太和女兒的意見。

「爸，賣菜太辛苦，公家的事不外上班下班，比較安定，你年紀大了，我看還是去幹好些。」葉鳴鳳說。

「那也要看是什麽工作？」葉太太說：「如果是清湯寡水的小職員，還不如賣菜。」

「太太，妳別打歪主意！」葉耀湘笑着說：「我幹了一輩子軍人，清清白白；再當公務員還能去撈油水？」

「你一個人清白，我娘兒們可要喝西北風了！」葉太太抱怨地說。

「苦雖苦，可還沒有餓飯。」葉耀湘說：「皇天不負苦心人，現在好運不是來了？」

「你告訴我，那倒底是個什麼職務？」葉太太問。

「課員！」葉耀湘說。

「課員有多大？」葉太太又問。

「公務員和軍人不同，這很難說。」葉耀湘說。

「抵不抵得三朵梅花？」

「那當然抵不上。」

「那有什麼好幹的？」

「可是現在人浮於事，要不是輔導會的力量，憑我自己去鑽，鑽破了頭也找不到這樣的工作。」

「好，我們不談大小，」葉太太改變口氣：「我問你，課員有多少錢一月？」

「公務員嘛，不都是千多兩千塊。」葉耀湘回答：「妳以為有金礦可開？」

「那還不如你賣菜，何必去幹？」葉太太大聲說。

「媽，爸五十歲的人了，賣菜要力氣，風裏雨裏都得去，賺錢實在很辛苦；公家的事雖然少幾個錢，人不會那麼累，我看可以去。」

「妳的口氣倒不小！」葉太太白女兒一眼：「妳要知道少幾百千把塊錢，我們就過不去。現在五十歲的人還不能算老，人家不是說人生七十才開始嗎？妳爸還差的遠呢！再說，他的身體好，本錢足，再賣十年也沒有問題。到那時候妳們兄弟姐妹都大了，自然用不着他再賣菜，我會讓他享幾年晚福。」

「我倒不想享福，妳稍微抬舉我一點就行。」葉耀湘笑着說。

「你不是坐轎的人，我怎麼抬舉你？」葉太太白他一眼。

「我雖然不是坐轎的人，我倒想像老王一樣坐三輪機車。」葉耀湘詼諧地說。

「別做夢，你那來的錢買三輪機車？」葉太太說。

「太太，我有個計劃想和妳商量，不知道妳贊不贊成我的計劃？」

「王小二賣豆腐，想來想去還不是賣豆腐？你有什麼好計劃？」

「我想把雞賣掉。」

葉太太望着他半天不說話。過了很久才問：

「養了這幾年，你捨得賣？」

「捨不得也要捨，」葉耀湘說：「反正沒有什麼賺頭，不如賣掉還飼料錢，餘下來的可以買部三輪機車，不但人省力，菜也可以多買很多，薄利多銷，最少也可以多賺一倍，那真比作事强多了。」

葉太太知道老王的情形，聽丈夫這樣說，馬上贊成：

「這樣也好，多賺是一回事，也免得聞鷄屎臭。」

「爸，鐵路局的事你不打算幹了？」葉鳴鳳問。

「妳媽是財政部長，她的算盤打得比我精；爸又是勞碌命，不能過官癮。」葉耀湘笑着回答。

「那你對輔導會怎麽交代？」葉鳴鳳問。

「我自然要親自去道謝，這是一件大事情，爸不會糊塗得不通人情。」葉耀湘說。「說去就去，妳把香港衫遞給我。」

葉鳴鳳看掛在牆上的香港衫已經髒了，領上有汗臭氣，拿在手上對他說：

「爸，你再換件乾淨的去，這麽髒兮兮的不像樣子。」

「爸不是十八歲，用不着愛漂亮，還是本色一點好，輔導會的人也決不會嫌我髒。」葉耀湘接過香港衫，穿在身上，和女兒一道出來。

他帶着通知，到輔導會找到了承辦人王先生，向他道謝道歉，說他不能去。

「你是不是嫌這個職務不好？」王先生懷疑地問他。

「不，絕對不是這個意思？」葉耀湘誠懇地回答；「不瞞你說，半年前我開始賣菜，生意很好，一個月可以淨賺三千來塊；現在我正準備把鷄賣掉，買三輪機車，這樣最少可以多賺一倍，我的生活問題已經完全解決，不必麻煩你了。同時這個職務也可以讓給亟需工作的人，替別人解決一個困難，那不是很好？」

王先生哦了一聲，顯得很高興，很坦白地對葉耀湘說：

「葉先生，這個缺很不容易弄到，有很多人需要這個工作，能幹這個工作。因爲你的子女多，所以我才先通知你。旣然你的問題已經自己解決，那是最好不過了！我會另外通知別人。」

「謝謝王先生，我雖然沒有去，心裏還是照樣感激。」葉耀湘說。

「不必客氣，我很佩服你吃苦耐勞，自力更生。」王先生也客氣地說。

離開輔導會，他就順便到那家鷄販子那邊去，帶他來提鷄。鷄販子有部三輪機車，另外還帶了一個助手騎着脚踏車來。葉耀湘坐在三輪機車上，免得再搭公共汽車。

所有的鷄都作十四塊錢一斤賣掉，一共賣了六千多塊錢。一百多隻鷄，鷄販子一次就拖走了。葉太太望着空空的鷄架子和滿地的鷄毛，不禁落淚。葉耀湘心裏更有一種說不出的空虛和悵惘，那些鷄都是他一手養大的，雖然沒有賺到錢，他和鷄却有深厚的情感。

第二天他就買了一部新三輪機車回來，而且裝了一車菜。龍彩雲一出來就碰見他，看他踏得那麼輕快，咧開嘴嘻嘻笑，衝着他說：

「葉伯伯，你眞的發財了？」

「快了，快了」他笑着回答，又輕輕地對龍彩雲說：「要妳媽到我這邊來買菜，價錢特別公道。」

第二十五章 借演員手舞足蹈 保晚節樂道安貧

「槍手案」揭發了！報上登出了孫元彪和鄭天霸的名字。

龍彩雲、葉鳴鳳跑到錢婷婷、梁娟娟這邊來，她們兩人也很高興，尤其是梁娟娟，她摟着葉鳴鳳說：

「胖子，今年我一定能考取！再沒有誰敢請槍手了！」

「妳的功課準備得怎樣？」葉鳴鳳問她。

「我天天補習，進步很快！」梁娟娟愉快說：「不信妳可以考我一下。」

「妳本來就很聰明，浪子回頭金不換，只要用功，今年聯考當然沒有問題。」龍彩雲說。

「怎麼最近報紙上沒有看到妳的照片和消息？到底是怎麼回事？是不是離開了五鳳公司？」葉鳴鳳問梁娟娟。

「最近我很少到公司去，離開也不容易。」梁娟娟說。

「這樣妳不是永遠沒有拍片的機會？」錢婷婷說。

「那倒也不。」梁娟娟說：「最近公司裏將我借出去了。」

「人怎麼可以借？」葉鳴鳳奇怪地問。

「公司裏沒有片子給我拍，別家公司需要一個會跳舞的演員當第二女主角，公司裏就把我借給人家。」

「那麼慷慨？」葉鳴鳳說。

「慷慨？」梁娟娟鼻子哼了一聲：「借出去的代價是六萬元。」

「妳得多少？」葉鳴鳳又問。

「總經理說給我五千，還不知道能不能兌現？」梁娟娟說。

「五千塊也不少。」葉鳴鳳笑着說。

「胖子，妳眞沒有見過錢！」梁娟娟笑着罵她：「拍一部片子要幾個月，妳說一個月能賺多少？」

葉鳴鳳啞然失笑。隨後又問：

「什麼時候開拍？」

「本來下月就開拍，我要求等我聯考以後再拍。」

「人家同意？」

「我都是內景戲，延後一點沒有關係。」

「妳說了半天，還沒有告訴我們什麼片名。」錢婷婷說。

「片子叫『龍鳳呈祥』，有幾個歌舞場面，用得着我。」梁娟娟說。

「那妳可以大顯身手了。」龍彩雲說。

「不丟人就行。」梁娟娟說：「我已經好久沒跳舞了。」

「到時候妳可得請我們去參觀？」錢婷婷說。

「那還用說？」梁娟娟爽朗地一笑：「如果我考取了聯考，心裏高興，我要好好地請一次客。

「婷婷，今年聯考妳要不要試試？」龍彩雲問。

「聯考我是不參加了，我倒在加緊學意大利文和英文。」錢婷婷說。

「怎麽？妳眞準備出國？」龍彩雲高興得叫了起來。

「那邊已經接洽好了，九重天的合約一滿我就動身。」錢婷婷說。

「那太好了！」龍彩雲、葉鳴鳳高興得拍手：「大約什麽時候？」

「在娟娟聯考以後。」

「那更好！」梁娟娟說：「希望我們兩人雙喜臨門。」

「那我們眞要大慶祝一下。」龍彩雲對葉鳴鳳說。

「對，現在我們可以作東了。」葉鳴鳳說。

「胖子，妳發了財？」梁娟娟問。

「不是發了財。」葉鳴鳳說：「我和龍彩雲都找到了工作，一個月也有六七百塊錢呢！」

「可憐的胖子！」梁娟娟摟着葉鳴鳳笑說：「我眞不忍心吃妳的！」

「怎麼妳突然慈悲起來了？」錢婷婷笑着問梁娟娟：「以前妳吃孫元彪和鄭天霸的怎麼那麼狠心呢？」

「他們的錢來路不明，還癩蛤蟆想吃天鵝肉，我不狠心吃他們吃誰？」梁娟娟笑着回答：「胖子和龍彩雲是辛辛苦苦賺的，又只有那麼幾百塊錢，妳說我怎麼忍心吃？」

「有道理，有道理！」錢婷婷笑着點頭：「不過現在就是想吃孫元彪他們的也吃不到了！」

「眞的，看樣子他們非坐牢不可！」梁娟娟說。

「很快就要宣判，恐怕他們的家長也脫不了干係。」錢婷婷說。

「這眞是自作自受，要是不破案，說不定今年還有很多人如法泡製呢？」梁娟娟說。

「妳是不是也想如法泡製？」葉鳴鳳笑着問她。

「胖子，我已經決定重新做人，今年就是有機會我也不做，要是去年我就幹了！」梁娟娟說。

「那妳現在要準備坐牢了。」龍彩雲說。

「可不是？男生眞是亡命之徒！槍手案一個女生也沒有。」梁娟娟說。

「做人做事還是規規矩矩的好，不要投機取巧。」葉鳴鳳說：「我爸情願賣菜，也不爲非作歹。」

「眞的？」梁娟娟跳起來抓住葉鳴鳳說：「妳爸當過上校呀！他肯賣菜？」

「不信妳問龍彩雲好了？」葉龍鳳指指龍彩雲說：「以前我都不好意思對妳和婷婷講，現在我覺得非常驕傲，心安理得。」

「葉伯伯是眞了不起！」龍彩雲說：「如果老師再出『我最尊敬的人』這個作文題目，我一定寫他。」

「胖子，說眞的，我們一直不知道妳有這麼個好父親？」錢婷婷說。

「以前我也不覺得他有什麼了不起，」葉鳴鳳說：「現在我一天天大了，懂得多了，覺得要眞做到我爸爸那樣可不容易。連我媽現在還不知道他的偉大呢！」

「胖子，說實話，以前我也覺得妳那樣死用功是書呆子，現在才知道妳是對的，我已經耽誤一年了。今年還不知道考不考得取呢？」

「只要妳和她們兩人一樣用功，一定考得取。」錢婷婷指指葉鳴鳳和龍彩雲說。

第二十六章

條條大路通羅馬
行行事業出狀元

時間過得很快，轉眼又到暑假了。

龍彩雲的哥哥和姐姐同時畢業。她哥哥登記了國民中學教師，審查合格，安心去馬祖服兵役了。姐姐成績好，系主任留她在學校當助教。大使酒店的工作也辭了。她作這件事一直沒有人知道。現在輪到她弟弟考聯考，他不像龍彩雲那樣死啃書，他看看書，又丟下書本自己去想，該玩的時候還是照樣玩，因此龍彩雲常常罵他：

「你這樣吊兒郎當，一定會名落孫山！」

「我不像妳那樣讀死書，死背死記，自己不用腦筋想，所以妳的數學差點考零蛋。我玩的時候照樣玩，考起來又保險比妳好！」龍士舜輕輕鬆鬆地回答。

「你別死吹！小心吹炸了！」龍彩雲說。

「放心，我不考取第一志願臺大物理系，也要考取臺大別的系。」龍士舜說。

「嘢！嘢！」龍彩雲用食指在臉上劃：「我眞沒有看見你這樣死吹牛的人！你功課旣然這麼好，建中爲什麼不保送你進臺大？」

「保送臺大的是前三名，而且總平均成績要八十五分以上，我的總平均成績只有八十四點五，自然輪不到我。」龍士舜說：「但是我們學校的分數扣得緊，就以總平均八十四點五來講，六門功課就有五百零七分，考臺大還不是十拿九穩？告訴妳，數學[illegible]我很可能拿一百分。」

龍彩雲睜大眼睛望着他，眞的被他鎮住了！去年她兩次考試，數學都只拿十幾分，這一門就相差好遠。英文他平時也是八、九十分，有時也拿一百。國文是自己最拿手的，但作文也趕不上他，三民主義也不比他好。這四門共同科目都不如他，理化就不必談了。他考高中時也是這樣，一點不緊張，大家都躭心他考不取，他說他能考取建中，結果他眞考取了。想到這裏。龍彩雲就只好一笑了之，不敢再和他爭。她母親對他參加聯考的事也不像對她那樣緊張，今年家裏好像沒有人考大學似的。

考試的頭天晚上，他十點就睡覺，呼呼的睡到天亮，起來後精神很好，不慌不忙，龍太太要龍彩雲陪他去考，他搖搖頭，不要她陪。

「我討厭雲姐和我一道，她婆婆媽媽，妳給十塊錢好了，一切我自己來。」

龍太太聽了好笑，給了他十五塊錢。龍彩雲却笑着罵他：

「你好命？我陪你！將來榜上無名還怪我陪壞了，我才不擔這個罪名。」

「要是我考取臺大，那又怎麼講？」龍士舜笑着問她。

「你做夢！」龍彩雲故意氣他。

「昨夜我是做了一個夢，我已經進了臺大。」龍士舜說。

「你好不要臉！」龍彩雲舉起手來想要打他，被龍太太捉住了。

「今天弟弟去考，妳也說幾句吉利話啥，怎麼老潑他的冷水？」龍太太對龍彩雲說。

「媽，他是個牛皮大王，不能再獎他，不然他更會昏了頭。」龍彩雲說。

「我頭腦非常清楚！」龍士舜指指自己的腦殼說：「所有的答案都在這裏面，到時候抓出來就行。」

「不要臉！不要臉！」龍彩雲指着他笑罵龍太太也好笑。

龍士舜笑着揹起書包就走，龍太太趕上一步問：

「你眞的不要雲姐陪？」

「我討厭她婆婆媽媽。」他回轉頭來說。

「我更討厭你這個牛皮大王！」龍彩雲馬上回嘴。

龍士舜出門以後，龍太太對女兒說：

「現在他走了，不是我誇獎他。他讀書從來沒有要我操心，玩也玩了，書也讀了，他要考取什麼學校就考取什麼學校，沒有考試以前，他算算自己的分數，看看各校歷年的錄取標準，就能決定，好像用不着再考。他這次既然誇下海口，十成有八成又進臺大。」

「媽，妳總是寵他！」龍彩雲笑着抗議。

「不是我寵他，他是有這個本事。」龍太太說：「就是妳哥哥姐姐考學校，也沒有像去年我對妳那麼操心。」

「好，全家就算我賴！」龍彩雲假裝生氣地說。

「妳也不賴，比起別人來還算好的。」龍太太拍拍女兒說：「從今以後，管它怎麼考法？我都不耽心了！」

龍彩雲因爲學校放假，沒有什麼東西抄寫，她也用不着天天上班。弟弟不要她陪，她想起梁娟娟今天也參加考試，她連忙趕到女生試場來看看梁娟娟。

她沒有找到梁娟娟，却發現了錢婷婷，連忙趕過去。錢婷婷看見她非常高興，跑過來迎接。

「妳陪誰來考？」龍彩雲問錢婷婷。

「我陪娟娟，她要我給她壯壯膽。」錢婷婷說：「妳陪誰？」

「我特地趕來看娟娟的。」龍彩雲回答。

「我帶妳去看看她，那她會更高興。」

錢婷婷邊說邊拉她走，走到樓下第二十九試場的門口，就看見梁娟娟在自己的位子上埋頭讀書。

錢婷婷叫了她一聲，她一抬頭，看見龍彩雲，連忙跑過來抱住她說：

「到底是老同學，妳來了我的膽子更大！」

「放心，這次一定考取。」龍彩雲安慰她。

「這次再考不取那眞對不住人！」她輕輕地說，生怕別人聽見。

「妳快去讀書，我和婷婷在操場邊等妳。」龍彩雲把她推進教室說：「現在是分秒必爭。」

梁娟娟乖乖地走到自己的位子上，又低頭讀書。龍彩雲和錢婷婷悄悄走開。

「娟娟變得眞快。」錢婷婷說。

「她本來就是聰明人，以前是沒有到社會上受過教訓。」龍彩雲說：「浪子回頭金不換，以後可能更好。」

她們兩人談得很高興，又談起彼此的生活情形。龍彩雲說暑假她不上學，也不必天天上班，有事就去，生活倒很輕鬆。

「還是妳這樣好。」錢婷婷說：「胖子呢？」

「她白天還要上半天班，所以我沒有邀她來。」龍彩雲說。「妳的日子怎樣打發？」

「除了晚上唱歌以外，白天我到一個神父那裏學意大利文，另外請人專教英語會話，很少空閒。」錢婷婷說：「人一專心，學什麼都快，老師都很誇獎我呢。」

「妳以前要是專心讀書，那還了得？」龍彩雲說。

「過去的追不回來，以後我希望能把聲樂學好，眞正成爲一個聲樂家。」

「妳一定辦得到。」

「我這次能去意大利，王老師和涂大姐的幫助最大。涂大姐這次是回來探親，預備再和我一道去羅馬。」

「妳媽捨得妳走？」

「她本來不想我去，我和王老師兩人才說服她。我父親也贊成我去，[redacted]。所以她捨不得也只好捨。」

「妳走了以後她不更寂寞？」

「我希望父親能回心轉意。」

她們兩人在一塊談談頗不寂寞，現在不比從前，不能天天在一塊，所以話也特別多。她們直等到梁娟娟考完，才一道離開。梁娟娟怕躭誤錢婷婷學外文，自動對她說：

「明天妳不必來，現在妳也是分秒必爭，彩雲陪我就行了。」

「今天妳考得怎樣？」錢婷婷問她。

「取不取不敢講，比去年是好多了。」梁娟娟說。

聯考放榜，龍士舜依第一志願考取臺大物理系，一家人高興自不必說。

梁娟娟也考取藝專影劇科，龍彩雲比自己弟弟考取臺大還高興，她連忙邀葉鳴鳳一道去道賀。她們兩人到時，錢婷婷已先到一步，四個人像瘋了一樣摟在一塊。梁娟娟意猶未足地說：

「說老實話，我第一志願是臺大外文系，考取藝專影劇科並不理想。」

「妳別不知足？」錢婷婷罵她：「考取藝專影劇科已經很不錯了，這和妳當演員也正符合。」

「我倒不想學表演，我決定選編劇。」梁娟娟說。

「那也好，總是一條正路。」錢婷婷說。

龍彩雲提議給梁娟娟慶祝一下，葉鳴鳳、錢婷婷自然同意，她們四人一道上「滇北平」小吃。她們邊吃邊談，自然又談到孫元彪和鄭天霸，他們已經判了五個月徒刑，正在坐牢。

「我們去看看她們好不好？」錢婷婷提議。

「好，以前總是吃他們的，這次娟娟考取了，如果他們不坐牢，一定又是他們請客。」葉鳴鳳說。

「現在去看看他們倒也無妨，現在我們都比他們好，他們想想也不敢高攀，以後可以免掉許多麻煩。」梁娟娟說。

「我主張買點水果去，還他們的情。」龍彩雲說。

「妳這提議很好！」梁娟娟說：「以前他們作寃大頭，我狠吃猛敲，不還一次情心裏過不去。」

「總算妳還有良心。」錢婷婷笑着罵她，首先掏出五十塊錢。

她們三人也一人掏出五十，湊了兩百塊，一道去買了兩簍水果，坐了一部計程車去看守所。

她們說明身份和來意後，看守人員很客氣，把他們兩人叫到會客室來。他們一看是她們四位，又高興又慚愧，半天說不出話來。還是鄭天覇老練些，他先對梁娟娟說：

「我看了報，知道妳考取了藝專。」

「考得不好，本來我的目標是臺大。」梁娟娟說。

孫元彪馬上臉一紅，梁娟娟反應快，連忙說：

「對不起，我是無心的，請你不要見怪。」

「如果去年我不請槍手，好好地補習一年，今年也許有希望。」孫元彪說。

「一切都完了，現在還有什麽好說？」鄭天覇白了孫元彪一眼說。

「你們還年輕得很，以後重新做人還來得及。」看守說。

「可是我們沒有大學文憑，以後又有什麽前途？」鄭天覇說。

「行行出狀元，不一定要大學畢業才有辦法。」看守說：「像王雲五，他中學都沒有畢業，可是他的學問事業很多留學生也趕不上。任何人只要努力，就有辦法，就會成功，不一定要大學畢業。像那不認識幾個字的華僑林國長，他不是開了中泰賓館嗎？不是有很多大事業嗎？」

「眞的！我要不是受了教訓，努力用功，今年也不會考取藝專。」梁娟娟說。「我還希望將來能夠成爲一個編劇家呢。」

「我去羅馬也是想成爲聲樂家。」錢婷婷說。

「對了！俗話說：條條大路通羅馬，就是說不管你走那條路，都能達到目的地。」梁娟娟對孫元彪和鄭天覇說：「只要你們以後走正路，不管幹那一行，都會成功。」

孫元彪點點頭，又輕輕地向錢婷婷說：

「妳眞的要去羅馬？」

「嗯，下個月就走。」錢婷婷說。

「怎麼走得這麼快？」孫元彪幾乎是哭泣的自言自語。

梁娟娟她們安慰了他幾句就起身告辭，把兩簍水果交給他們，他們感動得哭了起來。孫元彪哭着說：

「婷婷，妳走時我不能送妳……」

「不必送，你好好地讀書做人就是。」錢婷婷說。

孫元彪更伏在椅子上哭了起來。她們連忙走開。鄭天覇還叫了一聲「娟娟」。

「這眞是一失足成千古恨，」梁娟娟感慨地對錢婷婷說：「看樣子孫元彪那個活寶是眞愛妳！如果妳要他殺人那傻小子都會幹。」

「管他愛不愛我，這種沒有頭腦的男人我決不愛他。」錢婷婷說。

「希望這次教訓能夠改變他們，」龍彩雲說。「那他們將來的前途還是未可限量的。」

第二十七章　魚龍混雜無大礙　龍鳳呈祥在自家

錢婷婷出國的這天，梁娟娟、龍彩雲、葉鳴鳳都趕到松山機場送行。此外還有她的父親、母親和音樂老師，以及「九重天」的姚先生和幾位歌星。

錢婷婷今天穿着天藍色的旗袍，戴黑眼鏡，穿白皮鞋，風度優雅。頸上套着花圈，更增加了幾分嫵媚。

她母親顯得特別難過，眼睛紅紅的，有點失魂落魄的樣子。她對父親說：

「爸，我不在家，媽更寂寞，你應該常在家裏陪媽。」

她父親不置可否，只叫她專心學業，時常來信。

她和梁娟娟她們更依依不捨。梁娟娟對她說：

「可惜妳早走兩天，不然可以看我拍『龍鳳呈祥』。」

「希望妳一舉成功，將來能運到國外去，我在羅馬看它。」錢婷婷說。

「唯願托妳的福。」梁娟娟說。

「過去我們那麼多同學，眞是魚龍混雜，現在事實證明，我們到底成龍成鳳了。」錢婷婷感慨地對她們三人說。

「鄭天霸、孫元彪兩個寶貝還在坐牢，眞是種瓜得瓜，種豆得豆。一切全在自己，怪不得誰。梁娟娟說。

「以後我們更要好好努力，不能再像中學時代那麼糊裏糊塗。」錢婷婷說。

「我們的懵懵運已經走過了，以後決不會糊塗。」梁娟娟說。

「她們兩位是好榜樣，」錢婷婷指指龍彩雲、葉鳴鳳對梁娟娟說：「我們應該學她們。」

「婷婷，妳怎麼尋我們開心？」龍彩雲說。

「不，我說的是眞心話，我受妳們兩人的影響很大。」錢婷婷說。

擴音器催旅客上飛機，錢婷婷連忙和她們擁抱了一下，又接受她父母的親吻，錢太太已經泣不成聲。

錢婷婷進機場後她們又趕到樓上去，看着她走上飛機，看着飛機在跑道上滑動，騰空而去。

她們三人你望望我，我望望你，若有所失，眼淚不禁奪眶而出。

墨人博士著作書目（校正版）

書目	類別	出版者	出版時間
一、自由的火焰	詩集	自印（左營）	民國三十九年（一九五〇）
二、哀祖國	詩集	大江出版社（臺北）	民國四十一年（一九五二）
三、最後的選擇	短篇小說	百成書店（高雄）	民國四十二年（一九五三）
四、閃爍的星辰	長篇小說	大業書店（高雄）	民國四十二年（一九五三）
五、黑森林	長篇小說	香港亞洲社	民國四十四年（一九五五）
六、魔障	長篇小說	暢流半月刊（臺北）	民國四十七年（一九五八）
七、孤島長虹（全集中易名爲富國島）	長篇小說	文壇社（臺北）	民國四十八年（一九五九）
八、古樹春藤	中篇小說	九龍東方社	民國五十一年（一九六二）
九、花嫁	短篇小說	九龍東方社	民國五十三年（一九六四）
一〇、水仙花	短篇小說	長城出版社（高雄）	民國五十三年（一九六四）
一一、白夢蘭	短篇小說	長城出版社（高雄）	民國五十三年（一九六四）
一二、颱風之夜	短篇小說	長城出版社（高雄）	民國五十三年（一九六四）

（一、二）與《山之禮讚》合併易名《墨人新詩集》

一三、白雪青山	長篇小說	長城出版社（高雄）	民國五十四年（一九六五）
一四、春梅小史	長篇小說	長城出版社（高雄）	民國五十四年（一九六五）
一五、洛陽花似錦	長篇小說	長城出版社（高雄）	民國五十四年（一九六五）
一六、東風無力百花殘	長篇小說	長城出版社（高雄）	民國五十四年（一九六五）
一七、合家歡	長篇小說	臺灣省新聞處（臺中）	民國五十四年（一九六五）
一八、紅樓夢的寫作技巧	文學理論	臺灣商務印書館（臺北）	民國五十五年（一九六六）
一九、塞外	短篇小說	臺灣商務印書館（臺北）	民國五十五年（一九六六）
二〇、碎心記	長篇小說	小說創作社（臺北）	民國五十六年（一九六七）
二一、靈姑	長篇小說	小說創作社（臺北）	民國五十七年（一九六八）
二二、鱗爪集	散　文	水牛出版社（臺北）	民國五十七年（一九六八）
二三、青雲路	短篇小說	臺灣商務印書館（臺北）	民國五十八年（一九六九）
二四、變性記	短篇小說	臺灣商務印書館（臺北）	民國五十八年（一九六九）
二五、龍鳳傳	長篇小說	幼獅書店（臺北）	民國五十九年（一九七〇）
二六、火樹銀花	長篇小說	立志出版社（臺北）	民國五十九年（一九七〇）
二七、浮生集	散　文	聞道出版社（臺南）	民國六十一年（一九七二）
二八、墨人詩選	詩　集	臺灣中華書局（臺北）	民國六十一年（一九七二）
二九、鳳凰谷	長篇小說	臺灣中華書局（臺北）	民國六十一年（一九七二）

三〇、墨人短篇小說選　短篇小說　臺灣中華書局（臺北）　民國六十一年（一九七二）
三一、斷腸人　短篇小說　臺灣學生書局（臺北）　民國六十一年（一九七二）
三二、詩人革命家胡漢民傳　傳記小說　近代中國社（臺北）　民國六十七年（一九七八）
三三、心猿　長篇小說　學人文化公司（臺北）　民國六十八年（一九七九）
三四、山之禮讚　詩　集　秋水詩刊（臺北）　民國六十九年（一九八〇）
三五、心在山林　散　文　中華日報社（臺北）　民國六十九年（一九八〇）
三六、墨人散文集　散　文　學人文化公司（臺中）　民國六十九年（一九八〇）
三七、山中人語　散　文　臺灣商務印書館（臺北）　民國七十二年（一九八三）
三八、花市　散　文　江山出版社（臺北）　民國七十四年（一九八五）
三九、三更燈火五更雞　散　文　江山出版社（臺北）　民國七十四年（一九八五）
四〇、墨人絕律詩集　詩　集　臺灣商務印書館（臺北）　民國七十六年（一九八七）
四一、全唐詩尋幽探微　文學理論　臺灣商務印書館（臺北）　民國七十六年（一九八七）
四二、第二春　短篇小說　采風出版社（臺北）　民國七十七年（一九八八）
四三、全唐宋詞尋幽探微　文學理論　臺灣商務印書館（臺北）　民國七十八年（一九八九）
四四、小園昨夜又東風　散　文　黎明文化公司（臺北）　民國八　十年（一九九一）
四五、紅塵（上、中、下三卷）　長篇小說　臺灣新生報社（臺北）　民國八　十年（一九九一）
四六、大陸文學之旅　散　文　文史哲出版社（臺北）　民國八十一年（一九九二）

四七、紅塵續集	長篇小說	臺灣新生報社（臺北）	民國八十二年（一九九三）
四八、墨人半世紀詩選	詩　選	文史哲出版社（臺北）	民國八十四年（一九九五）
四九、張本紅樓夢（上下兩巨冊）	修訂批註	湖南出版社（長沙）	民國八十五年（一九九六）
五〇、紅塵心語	散　文	圓明出版社（臺北）	民國八十五年（一九九六）
五一、年年作客伴寒窗	散　文	中天出版社（臺北）	民國八十六年（一九九七）
五二、全宋詩尋幽探微	文學理論	文史哲出版社（臺北）	民國八十九年（二〇〇〇）
五三、墨人詩詞詩話	詩詞・理論	詩藝文出版社（臺北）	民國八十九年（二〇〇〇）
五四、娑婆世界（定本）	長篇小說	昭明出版社（臺北）	民國八十八年（一九九九）
五五、白雪青山（定本）	長篇小說	昭明出版社（臺北）	民國八十九年（二〇〇〇）
五六、滾滾長江（定本）	長篇小說	昭明出版社（臺北）	民國八十九年（二〇〇〇）
五七、春梅小史（定本）	長篇小說	昭明出版社（臺北）	民國八十九年（二〇〇〇）
五八、紫燕（定本）	長篇小說	昭明出版社（臺北）	民國九　十年（二〇〇一）
五九、紅樓夢的寫作技巧（定本）	文學理論	昭明出版社（臺北）	民國九　十年（二〇〇一）
六〇、紅塵六卷（定本）	長篇小說	昭明出版社（臺北）	民國九　十年（二〇〇一）
六一、紅塵法文本	巴黎友豐（you fonq）書局出版		二〇〇四年初版

附　註：

▲北京中國文聯出版社　二〇〇三年出版　大陸教授羅龍炎・王雅清合著《紅塵》論專書

▲臺北市昭明出版社出版墨人一系列代表作，長篇小說《娑婆世界》、一百九十多萬字的空前大長篇《紅塵》（中法文本共出五版）暨《白雪青山》（兩岸共出六版）、《滾滾長紅》、《春梅小史》、《紫燕》，短篇小說集、文學理論《紅樓夢的寫作技巧》（兩岸共出十四版）等書。臺灣中華書局出版的《墨人自選集》共五大冊，收入長篇小說《白雪青山》、《靈姑》、《鳳凰谷》、《江水悠悠》（爲《東風無力百花殘》易名）、《短篇小說・詩選》合集。《哀祖國》及《合家歡》皆由高雄大業書店再版。臺北詩藝文出版社出版的《墨人詩詞詩話》創作理論兼備，爲「五四」以來詩人、作家所未有者。

▲臺灣商務印書館於民國七十三年七月出版先留英後留美哲學博士程石泉、宋瑞等數十人的評論專集《論墨人及其作品》上、下兩冊。

▲《白雪青山》於民國七十八年（一九八九）由臺北大地出版社第三版。

▲臺北中國詩歌藝術學會於一九九五年五月出版《十三家論文》論《墨人半世紀詩選》。

▲《紅塵》於民國七十九年（一九九〇）五月由大陸黃河文化出版社出版前五十四章（香港登記，深圳市印行）。大陸因未有書號未公開發行僅供墨人「大陸文學之旅」時與會作家座談時參考。

▲北京中國文聯出版公司於一九九二年十二月出版長篇小說《春梅小史》(易名《也無風雨也無晴》)；一九九三年四月出版《紅樓夢的寫作技巧》。

▲北京中國社會科學出版社於一九九四年出版散文集《浮生小趣》。

▲北京群眾出版社於一九九五年一月出版散文集《小園昨夜又東風》；一九九五年十月京華出版社出

版長篇小說《白雪青山》大陸版，第一版三千冊，一九九七年八月再版一萬冊。

▲長沙湖南出版社於一九九六年一月初出版墨人費時十多年精心修訂批註的《張本紅樓夢》，分上下兩大冊精裝一萬一千套。立即銷完、因未經墨人親校，難免疏失，墨人未同意再版。

Mo Jen's Works

1950 *The Flames of Freedom*（poems）《自由的火焰》
1952 *Lament for My Mother Country*（poems）《哀祖國》
1953 *Glittering Stars*（novel）《閃爍的星辰》
The Last Choice（short stories）《最後的選擇》
1955 *Black Forest*（novel）《黑森林》
The Hindrance（novel）《魔障》
The Rainbow and An Isolated Island（novel）《孤島長虹》（全集中易名爲富國島）
1963 *The spring Ivy and Old Tree*（novelette）《古樹春藤》
1964 *Narcissus*（novelette）《水仙花》
A Typhonic Night（novelette）《颱風之夜》

Ms.Pei Mong-lan（novelette）《白夢蘭》
The Joy of the Whole Family（novel）《合家歡》
Flower Marriage（novelette）《花嫁》
1965 *White Snow and Green Mountain*（novel）《白雪青山》
The Short Story of Miss Chung Mei（novel）《春梅小史》
The Powerless Spring Breeze and Faded Flowers（novel）《東風無力百花殘》(《江水悠悠》)
Flower Blossom in Loyang（novel）《洛陽花似錦》
1966 *The Writing Technique of the Dream of Red Chamber*（literature theory）《紅樓夢的寫作技巧》
Out of The Wild Frontier（novelette）《塞外》
1967 *A Heart-broken Story*（novel）《碎心記》
1968 *Miss Clever*（novel）《靈姑》
Trifle（prose）《鱗爪集》
1969 *The Road to Promotion*（novelette）《青雲路》
1970 *A Sex-change Story*（novelette）《變性記》
The Biography of the Dragon and the Phoenix（novel）《龍鳳傳》
1971 *A Brilliantly lighted Garden*（novel）《火樹銀花》
1972 *My Floating Life*（prose）《浮生記》

Selection of Mo Jen's Poems《墨人詩選》

A Heart-broken Woman（novelette）《斷腸人》

Phoenix Valley（novel）《鳳凰谷》

Mo Jen's Works（five volumes）《墨人自選集》

Selection of Mo Jen's short stores《墨人短篇小說選》

1978 *Hu Han-ming, the Poet and Revolutionist*（novel）《詩人革命家胡漢民》

1979 *The Mokey in the Heart*（i.e. The Purple Swallow renamed）《心猿》

1980 *The Hermit*（prose）《心在山林》

A Collection of Mo Jen's Prose（prose）《墨人散文集》

A Praise to Mountains（poems）《山之禮讚》

1983 *Mountaineer's Remarks*（prose）《山中人語》

1985 *My Candle Burns at Both Ends*（prose）《三更燈火五更雞》

Flower Market（prose）《花市》

1986 *A Mundane World*（novel, four volumes, over 1.9 million words）《紅塵》

1987 *Remarks on All Poems of the Tang Dynasty*（theory）《全唐詩尋幽探微》

1988 *Remarks On All Tsyr*（prose poem）*of the Tang and Sung Dynasties*（theory）《全唐宋詞尋幽探微》

1991 *The Breeze That Came From The East Last Night in My Little garden Again*（prose）《小園昨夜又東風》

1992 *Travel for Literature in Mainland China*（prose）《大陸文學之旅》

1995 *Selection of Mo Jen's Poems, 1992-1994*《墨人半世紀詩選》

1996 *I'll look upon the World*《紅塵心語》

Chang Edition of the Dream of Red Chamber《張本紅樓夢》（修訂批註）

1997 *Cherish thy guests and the Muses*《年年作伴寒窗》

1999 *Saha Shih Gai*《娑婆世界》

1999 *Remarks on All Poems of the sung Dynasties*《全宋詩尋幽探尋》

1999 *Mo Jen's Classical Poems and Prose Poems*《墨人詩詞詩話》

2004 *Poussiere Rouge*《紅塵》法文譯本

墨人博士創作年表（二〇〇五年增訂）

年度	年齡	發表出版作品及重要文學紀錄摘要
民國二十八年己卯（一九三九）	十九歲	在東南戰區《前線日報》發表〈臨川新貌〉。淪陷區著名的上海《大美晚報》隨即轉載。
民國二十九年庚辰（一九四〇）	二十歲	在《前線日報》發表〈希望〉、〈路〉等新詩作品。
民國三十年辛巳（一九四一）	二十一歲	在《前線日報》發表〈評夏伯陽〉書評等文。
民國三十一年壬午（一九四二）	二十二歲	在各大報發表〈苦難的行列〉、〈贛州禮讚〉（長詩）、〈老船夫〉、〈盲歌者〉、〈自己的輓歌〉、〈抹去那怯弱的眼淚吧〉、〈生命之歌〉、〈快割鳥〉、〈鷂鷹與雲雀〉等詩及散文多篇。
民國三十二年癸未（一九四三）	二十三歲	在各大報發表長詩〈鋤奸隊長〉、〈搜索連長〉、〈遙寄〉、〈寫在第七個七七〉、〈父親〉、〈受難的女神〉、〈城市的夜〉及〈火把〉、〈擊柝者〉、〈橋〉、〈古鐘〉、〈汽笛〉、〈山居〉、〈沙灘〉、〈夜行者〉、〈孤芳〉、〈蚊蟲〉、〈蒼蠅〉、〈園圃〉、〈陽光〉、〈深秋〉、〈贈某詩人兼寫自己〉、〈哀亡命詩人〉、〈自供〉、〈白屋詩抄〉、〈哀歌〉、〈生活〉、〈給偶像崇拜者〉、〈戰書〉、〈燈下獨白〉、〈夜歸〉、〈失眠之夜〉、〈悼〉、〈殘英〉、〈黃昏曲〉、〈補綴〉、〈復活的季節〉〈擬戀歌〉、〈晨雀〉、〈春耕〉、〈天空的搏鬥〉等長短抒情詩。另發表散文及短篇小說多篇。

民國三十三年甲申（一九三九）	二十四歲	發表〈山城草〉五首及〈沒有褲子穿的女人〉、〈襤褸的孩子〉、〈駝鈴〉、〈無聲的哭泣〉、〈長夜草〉、〈春夜〉、〈擬某女演員〉、〈蛙聲〉、〈麥笛〉等詩及散文多篇。
民國三十四年乙酉（一九四五）	二十五歲	發表〈最後的勝利〉及〈煉獄裏的聲音〉、〈神女〉、〈問〉等長詩與散文多篇。
民國三十五年丙戌（一九四六）	二十六歲	發表〈夢〉、〈春天不在這裡〉等詩及散文多篇。
民國三十六年丁亥（一九四七）	二十七歲	發表〈冬天的歌〉、〈流浪者之歌〉、〈手杖、煙斗〉及長詩〈上海抒情〉等與散文多篇。
民國三十七年戊子（一九四八）	二十八歲	主編軍中雜誌、撰寫時論，均不署名。
民國三十八年己丑（一九四九）	二十九歲	七月渡海抵臺，發表〈呈獻〉、〈滿妹〉，及長詩〈自由的火燄〉、〈人類的宣言〉等及散文多篇。
民國三十九年庚寅（一九五〇）	三十歲	發表〈站起來，捏死他！〉、〈滾出去，馬立克！〉、〈英國人〉、〈海洋頌〉等詩。出版《自由的火燄》詩集。
民國四十年辛卯（一九五一）	三十一歲	發表〈春晨獨步〉、〈炫與殉〉、〈悼三閭大夫屈原〉、〈詩聯隊〉、〈心靈之歌〉、〈子夜獨唱〉、〈真理、愛情〉、〈友情的花朵〉、〈啊，西風啊！〉、〈歲暮吟〉、〈師生〉、〈往事〉、〈天書〉、〈歷程〉、〈雨天〉、〈火車飛馳在海岸淥上〉、〈帶路者〉、〈送第一艦隊出征〉等詩，及〈哀祖國〉長詩。
民國四十一年壬辰（一九五二）	三十二歲	發表〈未完成的想像〉、〈廊上吟〉、〈窗下吟〉、〈白髮吟〉、〈秋夜輕吟〉、〈秋訊〉、〈渴念，追求〉、〈寂寞、孤獨〉、〈冬眠〉、〈我想把你忘記〉、〈想念〉、〈成人的悲歌〉、〈訴〉、〈詩人〉、〈詩〉、〈貝絲〉、「春天的懷念」五首，〈和風〉、〈夜雨〉、〈臺灣海峽的霧〉等及散文、短篇小說多篇。出版《哀祖國》詩集。

民國四十二年癸巳（一九五三）	三十三歲	發表〈寄台北詩人〉等詩及散文短篇小說多篇。高雄百成書店出版短篇小說集《最後的選擇，收入〈華玲〉、〈生死戀〉、〈梅蘭馨〉、〈敵人的故事〉、〈最後的選擇》、〈蔣復成〉、〈姚醫生〉等七篇。大業書店出版長篇小說《閃爍的星晨》一、二兩冊。
民國四十三年甲午（一九五四）	三十四歲	發表〈雪萊〉、〈海鷗〉、〈鳳凰木〉、〈流螢〉、〈鵝鸞鼻〉、〈海邊的城〉、〈長夏小唱〉及散文、短篇小說多篇。
民國四十四年乙未（一九五五）	三十五歲	發表〈雲〉、〈F-86〉、〈題GK〉等詩及散文、短篇小說多篇。香港亞洲出版社出版長篇小說《黑森林》，並獲中華文獎會國父誕辰長篇小說第二獎（第一獎從缺）。
民國四十五年丙申（一九五六）	三十六歲	發表〈四月〉等詩及散文、短篇小說多篇。
民國四十六年丁酉（一九五七）	三十七歲	發表〈月亮〉、〈九月之旅〉、〈雨和花〉等詩及長篇小說《魔障》。
民國四十七年戊戌（一九五八）	三十八歲	暢流半月刊雜誌社出版長篇連載小說《魔障》。
民國四十八年己亥（一九五九）	三十九歲	發表短篇小說、散文多篇。文壇雜誌社出版長篇小說《孤島長虹》（全集中易名為《富國島》）。
民國四十九年庚子（一九六〇）	四十歲	發表〈橫貫小唱〉等詩及散文、短篇小說多篇。
民國五十年辛丑（一九六一）	四十一歲	發表〈熱帶魚〉、〈豎琴〉、〈水仙〉等詩及短篇小說甚多。奧國維也納納富出版公司編選的《世界最佳小說選》選入短篇說〈馬腳〉，同時入選者有諾貝爾文學獎得主威廉福克納、拉革克菲斯特等世界各國名作家作品。

民國五十一年壬寅（一九六二）	四十二歲	發表〈青鳥〉、〈兩腳獸〉、〈晚會〉、〈祈禱〉等詩及短篇小說甚多。奧國維也納納富出版公司又將短篇小說《小黃》（以江州司馬筆名撰寫者）選入《世界最佳小說選》，同時入選者有諾貝爾獎得主蕭洛霍夫，郭沫若及世界各國名作家作品。
民國五十二年癸卯（一九六三）	四十三歲	香港九龍東方文學出版社出版中篇小說《古樹春藤》。發表短篇小說、散文甚多。
民國五十三年甲辰（一九六四）	四十四歲	香港九龍東方文學社出版短篇小說集《花嫁》，收入〈教師爺〉、〈劉二爹〉、〈二媽〉、〈異鄉人〉、〈花嫁〉、〈扶桑花〉、〈南海屠鮫〉、〈高山曲〉、〈古寺心聲〉、〈誘惑〉、〈隱情〉、〈美珠〉、〈新苗〉、〈心聲淚影〉等十四篇。高雄長城出版社出版中短篇小說集《水仙花》，收入〈水仙花〉、〈銀杏表嫂〉、〈圓房記〉、〈江湖兒女〉、〈天鵝〉、〈賭徒〉、〈搶親〉、〈黃龍〉、〈風雪歸人〉、〈花子老趙〉、〈景雲寺的居士〉、〈人與樹〉、〈過客〉、〈阿婆〉、〈馬腳〉、〈小黃〉等十六篇。高雄長城出版社出版中短篇小說集《白夢蘭》。收入〈情敵〉、〈空手〉、〈師生〉、〈斷夢〉、〈黃昏曲〉、〈白夢蘭〉、〈平安夜〉、〈凱塞琳、萊蒙托夫與我〉、〈陽春白雪〉、〈亂世佳人〉、〈傷心之旅〉、〈白衣清淚〉、〈護士與病人〉、〈如夢記〉、〈除夕〉等十五篇。　高雄長城出版社出版《中華日報》連載的二十五萬字長篇小說《白雪青山》。　發表短篇小說、散文甚多。
民國五十四年乙巳（一九六五）	四十五歲	高雄長城出版社出版連載長篇小說《洛陽花似錦》、《春梅小史》、《東風無力百花殘》三部。　發表短篇小說、散文甚多。省政府新聞處出版長篇小說《合家歡》。
民國五十五年丙午（一九六六）	四十六歲	是年五月赴馬尼拉華僑文教講習會講授「紅樓夢的寫作技巧」及新詩課程一個月。商務印書館出版文學理論專著《紅樓夢的寫作技巧》，全書共十五萬字。商務印書館出版中短篇小說集《塞外》。收入〈塞外〉、〈鬍子〉、〈百合花〉、〈天山風雲〉、〈白金龍〉、〈白狼〉、〈秋圃紫鵑〉、〈曹萬秋的衣缽〉、〈半路夫妻〉、〈百鳥聲喧〉、〈風竹與野馬〉、〈美人計〉、〈夜襲〉、〈花燭劫〉等十四篇。

民國五十六年丁未（一九六七）	四十七歲	發表短篇小說、散文甚多。 小說創作社出版連載長篇小說《碎心記》。
民國五十七年戊申（一九六八）	四十八歲	小說創作社出版《中華日報》連載長篇小說《靈姑》。水牛出版社出版散文集《鱗爪集》，收入〈家鄉的魚〉、〈家鄉的鳥〉、〈雪天的懷念〉、〈秋山紅葉〉、〈學問與創作之間〉等散文七十六篇、舊詩三首。。
民國五十八年己酉（一九六九）	四十九歲	商務印書館出版中短篇小說集《青雲路》。收入〈世家子弟〉、〈青雲路〉、〈空棺記〉、〈久香〉等四篇。
民國五十九年庚戌（一九七〇）	五十歲	商務印書館出版中短篇小說集《變性記》。收入〈變性記〉、〈嬌客〉、〈歲寒圖〉、〈泥龍〉、〈祖孫父子〉、〈秋風落葉〉、〈老夫老妻〉、〈恩愛夫妻〉〈布販與偷雞賊〉、〈芳鄰〉、〈沙漠王子〉、〈沙漠之狼〉、〈世界通先生〉、〈寶珠的祕密〉、〈奇緣〉等十五篇。 幼獅文化事業公司出版長篇小說《龍鳳傳》。臺北立志出版社出版長篇《火樹銀花》出版全集時易名《同是天涯淪落人》。
民國六十年辛亥（一九七一）	五十一歲	立志出版社出版長篇小說《火樹銀花》。 發表散文多篇及在高雄《新聞報》連載長篇小說《紫燕》。
民國六十一年壬子（一九七二）	五十二歲	聞道出版社出版散文集《浮生集》。收入〈文藝的危機〉、〈貝克特高風〉、〈五十年華〉等散文十三篇，舊詩六首。學生書局出版短篇小說散文合集《斷腸人》。收入短篇小說〈斷腸人〉、〈薇薇〉、〈相見歡〉、〈滄桑記〉、〈恩怨〉、〈夜宴〉等七篇及散文〈文學系與文學創作〉、〈大學國文教學我見〉、〈作家之死〉等十五篇。　中華書局出版《墨人自選集》五大冊。包括長篇小說《白雪青山》、《靈姑》、《鳳凰谷》、《江水悠悠》（《東風無力百花殘》易名）及《短篇小說、詩選》（精選短篇小說二十八篇，抒情詩一〇六首），共一百五十萬字。
民國六十二年癸丑（一九七三）	五十三歲	發表散文多篇。 列入英國劍橋國際傳記中心（International Biographical Centre Cambridge England）出版的《國際詩人名錄》（*International Who's Who in Poetry. 1973*）。

民國六十三年甲寅（一九七四）	五十四歲	出席第二屆世界詩人大會。發表散文多篇。
民國六十四年乙卯（一九七五）	五十五歲	列入正中書局出版的《中華民國文藝史》（1975）。發表〈臺北的黃昏〉新詩一首及散文多篇。
民國六十五年丙辰（一九七六）	五十六歲	列入英國劍橋國際傳記中心出版的 *Men of Achievement. 1976* 發表〈歷史的會晤〉新詩及散文、短篇小說多篇。
民國六十六年丁巳（一九七七）	五十七歲	應 I.B.C 邀請於三月間赴義大利翡冷翠出席國際文藝交流大會（The 3rd I.B.C. International Congress on Arts and Communications）。會後環遊世界。發表〈羅馬之雲〉、〈羅馬之松〉、〈翡冷翠的女郎〉、〈翡冷翠之柳〉、〈塞納河〉等詩及羅馬掠影」、〈單城記〉、〈威尼斯之旅〉、〈藝術之都翡冷翠〉、〈西雅奈與比薩斜塔〉、〈美國行〉、〈江戶、皇宮、御苑〉、〈環球心影〉等遊記。在《中國時報》發表有關中國文化論文〈中國文化的三條根〉，在《新生報》發表〈文藝界的『洋』瘋癲〉等多篇。
民國六十七年戊午（一九七八）	五十八歲	近代中國社出版長篇傳記小說《詩人革命胡漢民傳》。列入英國劍橋國際傳記中心出版的《國際名人辭典》（*Dictionary of International Biography.1978*）。《國際知識分子名錄》（*International Who's Who of Intellectual.1978*、《國際人名剪影》 *International Register of Profiles*）、《國際社會名人錄》（*International Who's Who in Community Service*），發表〈六月之荷〉詩一首。在各報發表〈中國文化的宇宙觀〉、〈中國文化的真面目〉、〈文化、社會形態與當代文學創作（爲亞洲文學會議而作）〉、〈人與宇宙自然法則〉等。出席亞洲文學會議。 列入中華書局出版的《中華民國當代名人錄》（*Who's Who of R.O.C. 1978*） 列入行政院新聞局編印的一九七八年英文《中華民國年鑑名人錄》（*China Yearbook Who's Who*）。

民國六十八年己未（一九七九）	五十九歲	學人文化事業有限公司出版長篇小說《心猿》（《紫燕》易名）。發表短篇小說〈春〉、〈杏林之春〉、長詩〈哀吉米・卡特〉及〈山之禮讚〉五首。短篇〈客從故鄉來〉、〈人瑞〉。理論〈中國古典小說戲劇〉、〈抗戰文學的整理與再創作〉（《中央日報》）等多篇。
民國六十九年庚申（一九八〇）	六十歲	秋水詩刊社出版詩集《山之禮讚》、收集六十四年以後新詩四十四首及七言絕律詩十首。　中華日報社出版散文集《心在山林》、收集〈花甲雲中過〉、〈老當益壯〉、及抒情寫景散文數十篇。 臺中學人文化事業出 版有限公司出版《墨人散文集》收集〈文化、社會形態與當代文學創作〉、〈人與宇宙自然法則〉、〈中國文化的三條根〉、〈宇宙爲心人爲本〉、〈文藝界的『洋』瘋癲〉等理論性散文數十篇。 在《中央日報・副刊》發表〈紅樓夢研究的正確方向〉，《中華日報・副刊》發表〈人生六十樹常青〉，《青年戰士報・新文藝副刊》發表〈山中人語〉專欄文章〈山水之間〉、〈生命長短價值觀〉、〈寶刀未老〉、〈七進七出鬼門關〉、〈報人甘苦〉、〈杏壇生涯〉等。 接受《大華晚報》採訪組副主任程榕寧兩次訪問，一爲談胡漢民生平，一爲談《易經》、《道德經》、命學，並發表〈醫學命學與人生〉專文。
民國七十年辛酉（一九八一）	六十一歲	繼續撰寫《山中人語》專欄。 應臺中市《自由日報》特約撰寫《浮生小記》專欄。 應行政院新聞局邀請參觀本省農漁畜牧事業單位，並在《中央日報》發表〈人在福中〉散文。 接受臺灣廣播公司《成功之路》節目訪問，於四月廿七日晚八時半播出。 在高雄《新聞報》發表〈撥亂反正說紅樓〉（六月十七、十八日）論文。
民國七十一年壬戌（一九八二）	六十二歲	九月赴漢城出席第二屆中韓作家會議，並在東京參加中日作家會議，曾暢遊南韓、北海道、大阪至東京名勝地區，歸後撰寫〈韓國掠影〉、〈秋遊北海道〉，發表於《中央日報》。 列入中華民國名人傳記中心出版的《中華民國現代名人錄》。

		列入英國劍橋國際傳記中心出版的《傑出男女傳記》（*Men and Women of Distinction*）並附照片。列入美國 MarQuis 公司出版的《世界名人錄》（*Who's Who in the World*）第六版。接受義大利藝術大學授予的文學功績證書。
民國七十二年癸亥（一九八三）	六十三歲	商務印書館出版散文集《山中人語》，收集散文七十篇。
民國七十三年甲子（一九八四）	六十四歲	商務印書館出版《論墨人及其作品》上、下兩冊，包括評論文章六十餘篇。列入義大利 Accademia Itlia 出版英、法、德、義四種文字的《國際文學史》（*The History of International Literature*）及《百科全書：當代人物（*The Encyclopadeia: Contemporary Personalities*）。端午節（六月四日）開筆撰寫已構思準備十餘年的一百餘萬字的大長篇小說《紅塵》，年底完成初稿四十餘萬字。十月在韓國漢城舉行的第四屆中韓作家會議，事忙未能出席，但提出一萬餘字的論文〈古典與現代〉一篇。
民國七十四年乙丑（一九八五）	六十五歲	由江山出版社出版《三更燈火五更雞》、《花市》散文集等兩本，前者收入散文，理論二十四篇，後者收入散文遊記二十七篇。八月一日退休，專心寫作《紅塵》，於十二月底完成九十二章，告一段落，共一百二十萬字，超出《紅樓夢》十餘萬字，內有絕律詩（聯）三十一首。
民國七十五年丙寅（一九八六）	六十六歲	年初開始研讀《全唐詩》，撰寫《全唐詩尋幽探微》，十一月完成，共十二萬餘字，一面在《新聞報・西子灣》發表，並連同歷年所作絕律詩三十七首，定名爲《墨人絕律詩集》，一併交與臺灣商務印書館簽約出版。列入美國 A.B.I.出版的 5000 Personalities of the World；英國 I.B.C.出版的 *The International Authors and Writers Who's Who.*

民國七十六年丁卯（一九八七）	六十七歲	訪問考察東南亞地區、國家馬來西亞、新加坡、泰國、菲律賓、香港十七天，並出席多次座談會。 商務印書館出版《全唐詩尋幽探微》（附《墨人絕律詩集》）。 《紅塵》長篇小說於三月五日開始在（臺灣新生報）連載。 七月四、五日出席在臺北市召開的抗戰文學研討會。 八月一日出席在高雄市召開的第七屆中韓作家會議。
民國七十七年戊辰（一九八八）	六十八歲	元月二日完成《全唐宋詞尋幽探微》（附《墨人詩餘》）全書十六萬字。設於美國深受世界尊重的「國際大學基金會」（The Marguis Giuseppe Scicluna 1855-1907 Intemarional University Foundation）（Founded 1973）授予榮譽文學博士學位。
民國七十八年己巳（一九八九）	六十九歲	臺灣商務印書館出版《全唐宋詞尋幽探微》。 臺北大地出版社三版長篇小說《白雪青山》。 世界大學（World University）授予榮譽文學博士學位。
民國七十九年庚午（一九九〇）	七十歲	五月應大陸黃河文化實業公司邀請，作四十天文學之旅，與北京、上海、杭州、九江、武漢、西安、蘭州等地作家座談中華文化、文學創作，坦誠交換意見，獲得一致共識、真摯友情與尊敬，廣州電視臺並全程錄影，製作專輯播出，六月底返臺後即撰寫《大陸文學之旅》專著。 艾因斯坦國際學院基金會（Albert Einstein 1879-1955 Intemational Academy Foundation）授予榮譽人文學博士學位。 榮列英國劍橋國際傳記中心出版的 IBC Book of Dedications.占全書篇幅五頁，刊登照片五張，介紹五十年創作生涯，十分翔實，篇幅之大，爲全書冠，並禮聘爲 IBC 副總裁。
民國八十年辛未（一九九一）	七十一歲	二月底新生報出版《紅塵》，二十五開本，上、中、下三鉅冊。黎明文化事業公司出版《小園昨夜又東風》散文集。 應香港廣大學院禮聘爲中國文學研究所客座指導教授。 《紅塵》榮獲新聞局著作金鼎獎及嘉新優良著作獎。

民國八十一年壬申（一九九二）	七十二歲	文史哲出版社出版《大陸文學之旅》。 應聘香港廣大學院中研所客座指導教授。 一月五日開筆寫《紅塵續集》，自九十三章起至一百二十章止，共四十萬字，六月十日完稿，《紅塵》全書共一百九十萬字。續集自十二月一日開始在《臺灣新生報・副刊》連載近年，雙破長篇鉅著及連載紀錄。中國廣播公司《中廣小說選播》節目，亦於十二月一日十四時三十分，在AM657千赫第一廣播網開始播出長篇鉅著《紅塵》上、中、下三冊，由戴愛華小姐導播，集該公司播音精英，通力合作，龍老夫人一角由播音元老白銀飾演，其餘人物均爲一時之選，效果奇佳，前所未有。　北京「中國文聯出版公司」出版《也無風雨也無晴》。 墨人故鄉九江《師專學報》，於本年起開闢《墨人研究》專欄，與《陶淵明研究》、《黃山谷研究》，並稱三大專欄，甚受教育、學術界重視。
民國八十二年癸酉（一九九三）	七十三歲	十月下旬，偕《秋水》詩刊同仁涂靜怡、雪柔、麥穗、汪洋萍、風信子、林蔚穎等爲慶祝《秋水》創刊二十周年，訪問哈爾濱、北京、西安三大都市，與當地詩人座談交流，水乳交融，兩岸詩人因而建立深厚友誼。十一月初，隻身訪問昆明、探親，昆明作協主席曉雪、八十多歲老作家李喬、小說家張昆華、《春城晚報》副總編輯熊廷武、副刊主編原因、理論家教授余斌、作家湯世傑、李錦華等集會歡迎，其中多爲白族、彝族等少數民族作家，乃以雲南少數民族文化資源努力創作相勉，深獲共鳴。資深作家彭荊風，晚間並來下榻處暢談。 繼續應聘香港廣大學院中研所客座指導教授三年。 十二月新生報社出版《紅塵續集》，全書共四大冊，其實前後一貫，爲一整體，該報爲方便，乃以《續集》名之。一生心願心血得以完成，在輕、薄、短、小及商品文學獨占市場情況下，亦一大異數。北京「中國文聯出版公司」出版《紅樓夢的寫作技巧》。

民國八十三年甲戌（一九九四）	七十四歲	一月開始研讀自北京購回的《全宋詩》，擬續寫《全宋詩尋幽探微》。 四月十一日接受臺北復興廣播電臺《名人專訪》節目主持人裴雯小姐訪問：談一生寫作歷程及大長篇《紅塵》寫作經過。 臺北《世界論壇報》副社長兼副刊主編詩人評論家周伯乃先生，特自五月三十一日起一連三天出版特刊，慶祝七十晉五誕辰暨創作五十五周年，除刊出〈小傳〉、〈七五人生一首詩〉、〈中國新詩與傳統詩詞的整合〉、〈叩開生命之門〉三篇新作外，並刊出蒙古族女詩人作家薩仁圖婭的〈墨人：屈原風骨中華魂〉，及馬來西亞霹靂州立女子中學校長，詩詞家、散文作家彭士麟女士論《紅塵》與大陸作家作品比較的書信，墨人著作校長，詩詞家、散文作家彭士麟女士論《紅塵》與大陸作家作品比較的書信，墨人著作目錄、美國兩個榮譽文學博士、一個人文學博士照片三張，《紅塵》獲獎照片一張，及周伯乃〈無限的祝禱〉文等。 八月七日，中國時報系的《工商日報・讀書版・大書坊》刊出蓓齡的《紅塵》墨人專訪文章，並配合攝影記者何日昌拍攝的墨人及《紅塵》四冊照片。 大陸廣州暨南大學中文系教授兼臺港暨海外華文文學研究中心主任、評論家潘亞暾，費時月餘撰寫《紅塵續集》論文達一萬餘字的〈偉大史詩的歸結〉，於九月二十一至二十五日在臺北市《世界論壇報・副刊》全文刊出，見解不凡，對《續集》的成功更使他大吃一驚，因此，更肯定《紅塵》的史詩價值、地位。 八月二十八日第十五屆世界詩人大會在臺北召開，僅提出〈中國新詩與傳統詩詞的整合〉論文一篇，並未出席、論文則由《中國詩刊》主編曾美霞女士代讀。
民國八十四年乙亥（一九九五）	七十五歲	一月，臺北文史哲出版社出版《墨人半世紀詩選》（一九四二—一九九四）。 一月十日應臺北廣播電臺《藝文夜話》主持人宋英小姐訪問，許導播秀玲決定十日開播《紅塵》全書四冊，每日廣播兩次。 中國詩歌藝術學會主辦、中國文藝協會協辦，於五月二十二日在臺北市中國文藝協會舉行《墨人世半紀詩選》學術研討會，與會詩人、評論家六十餘人，討論情況熱烈，並印發海峽兩岸評論家王常新、古繼堂、古遠清、李春生、楊允達、周伯乃等十三家論文專集。各家均推崇、肯定新舊詩兩方面的成就與半個多世紀的貢獻。

		英國劍橋國際傳記中心頒贈二十世紀文學傑出成就獎。榮列一九九五年英國劍橋國際傳記中心出版的 The Definitive Book of the Deputy Directors General of the IBC.佔全書篇幅五頁，刊登照片五張，爲全書之冠。
民國八十五年丙子（一九九六）	七十六歲	臺北圓明出版社出版涵蓋儒、釋、道三家思想的散文集《紅塵心語》。卷首有珍貴的文學照片十餘張。 臺北中國詩歌藝術學會出版《十三家論文》論《墨人半世紀詩選》。
民國八十六年丁丑（一九九七）	七十七歲	臺北中天出版社出版與《紅塵心語》爲姊妹集的散文集《年年作客伴寒窗》，各篇亦均以五、七言詩作題，內中作者詩詞亦多，並附錄珍貴文學資料訪問記、特寫、著作目錄等十餘篇。出任「乾坤」詩刊顧問，並主編該刊古典詩詞。完成《墨人詩詞詩話》、《全宋詩尋幽探微》兩書全文。
民國八十七年戊寅（一九九八）	七十八歲	構思六年的以佛學精義結合修行心得化爲文學創作的長篇小說《娑婆世界》，於三月二十八日開筆，十二月脫稿。共三十八章，五十多萬字。 英國劍橋國際傳記中心（IBC）出版《二十世紀傑出人物》以照片配合文字將墨人傳記刊卷首重要位置，並頒發獎狀。大陸中國國際經濟文化交流促進會、燕京國際文化藝術研究會等七大單位編纂出版的《世界華人文學藝術界名人錄》，中國國際交流出版社出版的《世界名人錄》，均爲十六開巨型中文本。
民國八十八年己卯（一九九九）	七十九歲	本年爲來臺五十周年，創作六十周年，中國習俗八十歲，昭明出版社出版長篇小說《娑婆世界》。 美國傳記學會（ABI）出版二十世紀《五百位有影響力的領袖》，以照片配合文字將墨人傳記刊於卷首重要位置並頒發獎狀。照片及詩詞五首編入中國《當代吟壇》巨著。　美國「世界智庫」與艾因斯坦國際學會基金會」聯合頒贈墨人傑出成就榮譽獎，以紀念千禧年，並榮列中國出版的《中華精英大全》。美國傳記學會頒贈墨人「二十世紀成就獎」。

民國八十九年庚辰（二〇〇〇）	八十歲	臺北昭明出版社陸續出版定本長篇小說《白雪青山》、《滾滾長江》、《春梅小史》；文學理論《紅樓夢的寫作技巧》，連同民國八十八年出版的長篇小說《娑婆世界》，並列爲墨人一系列代表作品，以慶祝墨人八十整壽。 臺北詩藝文出版社出版《墨人詩詞詩話》。 臺北文史哲出版社出版《全宋詩尋幽探微》。
民國九十年辛巳（二〇〇一）	八十一歲	臺北昭明出版社出版長篇小說定本《紅塵》全書六冊及長篇小說《紫燕》定本。
民國九十一年壬午（二〇〇二）	八十二歲	五月三日偕長子選翰赴上海訪友小住。 英國劍橋國際傳記中心授予「終身成就獎」。
民國九十二年癸未（二〇〇三）	八十三歲	八月底偕夫人及在臺子女四人經上海轉往故鄉九江市掃墓探親並遊廬山。
民國九十三年甲申（二〇〇四）	八十四歲	準備出版全集（經臺北榮民總醫院檢查無任何疾病。）巴黎 you-Feng 書局出版豪華典雅法文本《紅塵》。
民國九十四年乙酉（二〇〇五）	八十五歲	此後五年不遠行，以防交通意外，準備資料。計劃百歲前開筆撰寫新長篇小說。 北京「中央出版社」出版《強國丰碑》，以著名文學家張萬熙爲題刊出墨人傳略，爲臺灣及海外華人作家唯一入選者。並先後接到北京電話、書函邀請寄送資料編入《一代名家》、《中華文化藝術名家名作世界傳播錄》。
民國九十五年丙戌（二〇〇六）至民國一百年（二〇一一）——	八十六歲至九十二歲——	重讀重校全集，已與臺北市文史哲出版社簽訂出版《墨人博士作品全集》合約，民國一百年年內可以出版。此爲「五四」以來中國大陸與臺灣所未有者。